高速公路智能车路协同系统
集成应用关键技术丛书

高速公路
智能车路协同系统
集成技术研究及应用

RESEARCH AND APPLICATION OF INTEGRATION
TECHNOLOGY FOR INTELLIGENT COOPERATIVE VEHICLE-
INFRASTRUCTURE SYSTEM ON HIGHWAYS

崔玉萍　罗石贵　李红芳　李　立　李鹏举　编著

人民交通出版社股份有限公司

北　京

内 容 提 要

本书为"高速公路智能车路协同系统集成应用关键技术丛书"之一,主要介绍高速公路智能车路协同系统集成应用关键技术,以及在国内重点项目开展的典型应用案例。全书主要分为绪论、关键技术、案例分析三大部分。绪论部分主要论述高速公路车路协同系统背景、发展趋势等内容。关键技术部分详细论述了车路协同应用场景构建及系统功能清单生成、车路协同路侧多源感知设备组合布设方法、系统效能评估与智慧运维、系统运行状态分析等系列关键技术。在案例分析部分介绍广州—连州高速公路、滨州—莱芜高速公路等6个高速公路车路协同建设方案及示范应用情况。

本书主要供从事智能车路协同科学研究、智慧公路设计咨询的人员参考阅读,可为智慧高速公路的建设与运营提供支撑。

图书在版编目(CIP)数据

高速公路智能车路协同系统集成技术研究及应用 / 崔玉萍等编著. —北京:人民交通出版社股份有限公司,2023.12

ISBN 978-7-114-19149-7

Ⅰ.①高… Ⅱ.①崔… Ⅲ.①高速公路—交通运输管理—智能系统—研究 Ⅳ.①U495

中国国家版本馆 CIP 数据核字(2023)第 248759 号

Gaosu Gonglu Zhineng Chelu Xietong Xitong Jicheng Jishu Yanjiu ji Yingyong

书　　名:	高速公路智能车路协同系统集成技术研究及应用
著 作 者:	崔玉萍　罗石贵　李红芳　李　立　李鹏举
策划编辑:	杨丽改
责任编辑:	屈闻聪
责任校对:	孙国靖　刘　璇
责任印制:	张　凯
出版发行:	人民交通出版社股份有限公司
地　　址:	(100011)北京市朝阳区安定门外外馆斜街3号
网　　址:	http://www.ccpcl.com.cn
销售电话:	(010)59757973
总 经 销:	人民交通出版社股份有限公司发行部
经　　销:	各地新华书店
印　　刷:	北京虎彩文化传播有限公司
开　　本:	787×1092　1/16
印　　张:	14
字　　数:	323千
版　　次:	2023年12月　第1版
印　　次:	2023年12月　第1次印刷
书　　号:	ISBN 978-7-114-19149-7
定　　价:	80.00元

(有印刷、装订质量问题的图书,由本公司负责调换)

《高速公路智能车路协同系统集成技术研究及应用》编写组

中国公路工程咨询集团有限公司

崔玉萍　罗石贵　杨春晖　潘　勇　刘　彬　赵　勇
安泽萍　姚翔林　孟　虎　郭　沛　魏云凤　闫梦如
范栋男　黄群龙　谭瑞梅　闫向阳

中咨泰克交通工程集团有限公司

李红芳　谭小刚　张　伟　李太芳　贺　静　张　艳
彭　敏　郭骁炜　裴月玲　张　涛

长安大学

李　立　龚思远

东南大学

丁　璠　戴昀琦

北京理工大学

谭华春

中交第四航务工程局有限公司/
中交广连高速公路投资发展有限公司

李鹏举　周长军　胡永光　林　凯

山东高速信息集团有限公司

王金亮　童　星　曹正彬

智能车路协同技术是当今国际智能交通领域的前沿技术和必然发展趋势，是保证安全、提高效率、优化能耗、降低排放的有效手段，将从根本上改变人们对传统道路交通的认识和实践，同时，也将极大地影响交通系统的发展模式。我国国家级政策及战略规划引领和推动了智能车路协同技术发展。从中共中央、国务院发布的《交通强国建设纲要》，到国家发展改革委等11部委联合印发的《智能汽车创新发展战略》，再到交通运输部发布的《关于加快推进新一代国家交通控制网和智慧公路试点的通知》《关于促进道路交通自动驾驶技术发展和应用的指导意见》等政策文件，都强调要推动车路协同系统的探索与建设。在交通运输科技"十四五"发展规划中，交通运输智能化信息化共性关键技术被确定为重点研发方向，并将"车路协同"作为交通运输今后重大技术领域和应用攻关方向。因此，智能车路协同技术将是智能交通领域今后的重点发展方向，发展此技术既是社会发展的需求、国家战略的重点，同时也得到了行业政策的大力支持。面对我国大幅增长的交通需求所带来日益严重的交通问题，车路协同系统将在优化利用道路资源、提升交通安全水平和运行效率方面起到重要作用。

高速公路交通运行环境相对封闭简单、主体权责清晰、路侧机电设施齐全，具备开展车路协同创新示范的良好条件。但目前，我国的高速公路车路协同技术体系架构尚未建立，智能车路协同系统与既有高速公路业务系统之间的关系亟待梳理，各业务系统之间的信息互通存在一定障碍，相关标准规范缺失。同时，随着智能网联汽车快速发展，由不同智能程度车辆组成的混合交通流的管理与控制技术有待突破，不同网联车辆渗透率下的路侧管控算法适应性不高。此外,智能车路协同系统中的车载装置和路侧设备产品的集成程度不高,高速公路典型场景下的部署灵活性较差。因此,在高速公路领域,迫切需要开展我国自主研发的智能车路协同系统的示范应用与研究成果验证工作,推动智能车路协同系统规模化应用,支撑国家"新基建"融合基础设施建设,提升我国高速公路行业的信息化水平和智能化水平。

本书主要介绍高速公路智能车路协同系统集成应用关键技术,以及在国内重点项目开展的典型应用案例。全书主要分为绪论、关键技术、案例分析三大部分。绪论部分主要论述高速公路车路协同系统背景、发展趋势等内容。关键技术部分详细论述了车路协同应用场景构建及系统功能清单生成、车路协同路侧多源感知设备组合布设方法、系统效能评估与智慧运维、系统运行状态分析等系列关键技术。案例分析部分介绍广州—连州高速公路、滨州—莱芜高速公路等高速公路车路协同示范工程建设方案及示范应用情况。

作 者
2023 年 11 月

目录

第一部分 绪论

第一章 综述 …… 003

　第一节 高速公路智能车路协同系统的背景 …… 003

　第二节 高速公路智能车路协同系统研究及应用概述 …… 004

　第三节 高速公路智能车路协同系统的发展趋势 …… 006

　第四节 高速公路智能车路协同系统集成应用关键技术体系框架 …… 007

第二部分 关键技术

第二章 高速公路智能车路协同系统集成方法 …… 011

　第一节 高速公路智能车路协同系统集成方法研究现状 …… 011

　第二节 高速公路智能车路协同系统应用需求分析 …… 012

　第三节 高速公路智能车路协同系统应用场景构建技术 …… 015

　第四节 高速公路智能车路协同系统功能清单生成技术 …… 030

第三章 高速公路车路协同路侧设备组合布设方法 …… 038

　第一节 高速公路车路协同路侧设备组合布设方法研究现状 …… 038

第二节 常见智能路侧设备梳理 ·· 041
第三节 新型路侧感知设备需求量化方法 ·· 043
第四节 新型路侧感知设备布设方法 ·· 050
第五节 路侧设备感知间隙补偿与布设位置调整方法 ································ 052

第四章 高速公路智能车路协同系统效能评估与智慧运维技术 ·················· 066

第一节 车路协同系统效能评估与智慧运维技术研究现状 ········ 066
第二节 系统应用效能评估技术 ·· 068
第三节 系统智慧运维方法 ·· 077

第五章 高速公路智能车路协同系统运行状态分析技术 ························ 094

第一节 高速公路智能车路协同系统的核心参数 ···················· 094
第二节 高速公路智能车路协同系统运行状态评估 ·················· 101

第三部分 案例分析

第六章 广州—连州高速公路智能车路协同系统 ································ 111

第一节 广州—连州高速公路基本情况 ·· 111
第二节 车路协同建设方案 ·· 113
第三节 项目亮点 ·· 120

第七章 滨州—莱芜高速公路智能车路协同系统 ································ 121

第一节 滨州—莱芜高速公路基本情况 ·· 121
第二节 车路协同建设方案 ·· 122
第三节 项目亮点 ·· 136

第八章 北京—雄安新区智慧高速公路（北京段） ······························ 138

第一节 北京—雄安新区高速公路（北京段）基本情况 ·············· 138

　　　　第二节　智慧高速公路建设方案 …………………………………………… 141

　　　　第三节　项目亮点 ………………………………………………………… 150

第九章　北京—台北智慧高速公路（山东段）………………………………………… 151

　　　　第一节　北京—台北高速公路（山东段）基本情况 …………………… 151

　　　　第二节　智慧高速公路建设方案 …………………………………………… 153

　　　　第三节　项目亮点 ………………………………………………………… 162

第十章　北京—台北高速公路（北京段）（高级别自动驾驶示范区
　　　　智能网联汽车测试道路）………………………………………………… 164

　　　　第一节　北京—台北高速公路（北京段）基本情况 …………………… 164

　　　　第二节　车路协同系统建设方案 …………………………………………… 165

　　　　第三节　项目亮点 ………………………………………………………… 171

第十一章　昭阳西环智慧高速公路 …………………………………………………… 172

　　　　第一节　昭阳西环高速公路基本情况 …………………………………… 172

　　　　第二节　智慧高速公路建设方案 …………………………………………… 174

　　　　第三节　项目亮点 ………………………………………………………… 202

参考文献 ………………………………………………………………………………… 203

第一部分

PART 1

绪论

第一章 综述

第一节 高速公路智能车路协同系统的背景

智能车路协同技术是当今国际智能交通领域的前沿技术和必然发展趋势,是保证安全、提高效率、优化能耗、降低排放的有效手段,将从根本上改变人们对传统道路交通的认识和实践,同时,也将极大地影响交通系统的发展模式。我国国家级政策及战略规划引领和推动了智能车路协同技术发展。从中共中央、国务院发布的《交通强国建设纲要》,到国家发展改革委等11部委联合印发的《智能汽车创新发展战略》,再到交通运输部发布的《关于加快推进新一代国家交通控制网和智慧公路试点的通知》《关于促进道路交通自动驾驶技术发展和应用的指导意见》等政策文件,都强调要推动车路协同系统的探索与建设。在交通运输科技"十四五"发展规划中,交通运输智能化信息化共性关键技术被确定为重点研发方向,并将"车路协同"作为交通运输今后重大技术领域和应用攻关方向。因此,智能车路协同技术将是智能交通领域今后的重点发展方向,发展此技术既是社会发展的需求、国家战略的重点,同时也得到了行业政策的大力支持。面对我国大幅增长的交通需求所带来日益严重的交通问题,车路协同系统将在优化利用道路资源、提升交通安全和运行效率等方面起到重要作用。

高速公路交通运行环境相对封闭简单、主体权责清晰、路侧机电设施齐全,具备开展车路协同创新示范的良好条件。但目前,我国的高速公路车路协同技术体系架构尚未建立,智能车路协同系统与既有高速公路业务系统之间的关系亟待梳理,各业务系统之间的信息互通存在一定障碍,相关标准规范缺失。同时,随着智能网联汽车的快速发展,由不同智能程度车辆组成的混合交通流的管理与控制技术有待突破,不同网联车辆渗透率下的路侧管控算法适应性不高。此外,智能车路协同系统中的车载装置和路侧设备产品的集成程度不高,高速公路典型场景下的部署灵活性较差。因此,在高速公路领域,迫切需要开展我国自主研发的智能车路协同系统的示范应用与研究成果验证工作,推动智能车路协同系统规模化应用,支撑国家"新基建"融合基础设施建设,提升我国高速公路行业的信息化水平和智能化水平。

第二节 高速公路智能车路协同系统研究及应用概述

一、理论研究方面

1. 国外研究概况

车路协同概念在发达国家产生于20世纪五六十年代,为减少车辆行驶中在一些特殊场景的碰撞事故,以美国为代表的部分发达国家提出了车车通信(V2V Communication)技术,随后得到美、日、欧各国高度重视,先后启动了不同层次的发展战略规划和国家研究计划,对一系列的推进机制进行了研究,并将其付诸实践。1997年8月举行了公开演示,在演示中使用了车辆通信和基于滑模变结构的控制方法,证明了充分协作的车队系统可以达到的车距和乘坐舒适性优于驾驶人所能达到的水平。出于降低交通消耗、改善交通安全性、提高交通效率、增加乘车舒适性等多方面的考虑,2009年9月,由欧洲委员会及7个重要合作单位资助的"SARTRE"项目(Safe Road Trains for the Environment Project)希望通过共同努力,利用车辆自适应巡航系统和附加传感器,并添加车车或车路无线通信,在高速公路上实现车队的行驶。该项目给出了一些特定场景下车辆运动的策略,如车车交会策略、车辆加入或驶离车队策略等。欧洲委员会的另一个重大项目"车路协同系统"(Cooperative Vehicle-Infrastructure System,CVIS)从2006年开始到2010年结束。项目构建的信息平台是基于无线通信、传感探测等技术获取车辆和道路信息并进行交互和共享,最终实现车与车、车与路之间的智能协同和配合,达到优化利用系统资源的目标。

国际上,对车车协同的研究和开展的相关项目还有很多,例如20世纪90年代欧洲的"Promote Chauffeur"(远程驾驶)等,它们都对车车、车路协同控制的原始概念和技术可行性进行了深入研究和分析,协同控制技术的应用推动着智能交通的发展。

在美、日、欧等智能交通系统(Intelligent Transportation System,ITS)建设和应用比较先进的国家和地区,车路协同系统发展正处于产业化形成和规模化应用阶段。经过十几年的发展,基于车路协同技术的行车安全被公认为继安全带、安全气囊后的新一代交通安全技术,基于此理念形成的示范系统有:美国密歇根大学无人驾驶小镇MCity、瑞典AstaZero主动安全测试区及日本机动车研究所J-town试验场地等。为加快车路协同技术的应用,美国密歇根大学、明尼苏达大学等提出并建立了针对智能网联汽车评价的硬件在环仿真测试环境,2015年美国交通部在纽约市、坦帕市和怀俄明州3地启动了智能网联汽车测试。

2. 国内研究概况

我国车路协同研究发展起步相对较晚。结合新一代互联网和传感器网络技术,从获取人、车、路环境的全时空交通信息出发,我国研究学者们在20世纪初同步提出了车路协同概念,并于2011年得到国家支持,开始全面推进相关研究。2011年科技部在"863计划"中设立了我国首个车路协同关键技术研究项目,2014年清华大学牵头的项目团队完成了首个车路协同关键技术项目,研发了智能车路协同集成测试验证试验系统,并在河北省廊坊市搭建了实际交通环境下的车路协同测试系统。随后,我国分别在上海、重庆等地建立了智能网联汽车测试示范区。继首个"863 计划"主题项目"智能车路协同关键技术研究"完成以来,我国又在"十三五"重点研发计划中设立了车路协同相关基础理论研究、关键技术研发及示范应用建设等多个项目,在基于车路协同的智能交通系统体系框架、多模式无线通信、交通环境协同感知、群体智能决策与控制、车路协同的自动驾驶和"五跨"(即跨通信模组、跨用户终端、跨汽车企业、跨地图厂商、跨安全平台)互通互联功能集成等方面,取得了整体国际先进、部分国际领先的卓越成果。

随着智能车路协同系统的进一步发展和推广应用,基于全时空交通信息的协同感知、融合和交互,实现车辆群体智能决策与协同控制,并推进基于车路协同的自动驾驶中国发展路线,已成为我国智能交通的战略发展内容。国外近年来越发关注以智能网联车辆为对象的新型混合交通协同管控问题,但较少关注"智能的路"在提升交通管控性能中的重要作用,相关研究仍处于初级阶段,尚未形成系统的理论与方法体系;国内依托智能车路协同技术及其系统建设的发展优势,基于车路协同的智能交通系统体系框架,在由协同感知、协同决策与控制、仿真测试验证及车路协同自动驾驶形成的智能车路协同系统应用关键技术方面,开展了一系列相关研究工作,尤其是在交通群体协同决策与控制方面,提出了较国内外现有方法效果更优的策略。

尽管上述研究成果有目共睹,但智能车路协同技术与系统在应用过程中也面临诸多挑战。智能车路协同系统的建设与应用是一个系统工程,需要分阶段、分层次进行;要较好地发挥其核心功能的作用,建成的系统和参与应用的实体应达到一定的规模。在智能车路协同系统应用的初始期,由于道路基础设施智能化不够、智能汽车的网联化不足,可供共享的信息主要为道路交通系统管控信息,能较好地支撑诸如交通信息共享、在途危险状态预警和单车速度引导等初级应用。目前,车路协同的核心功能应用有限,公众出行体验感欠缺,社会经济效益难以明显体现,甚至使相关管理部门和项目设施单位产生疑惑,质疑智能车路协同系统建设的必要性。

纵观现状和当前面临的问题,我们需要加深对智能车路协同内涵理解,把握智能车路协同的技术实质,提升智能车路协同系统的服务体验,并适度尽快推进智能车路协同技术的示范建设及规模化应用。

二、试验应用方面

1. 国外概况

在车路协同应用测试方面,国外已经开展了大量示范测试验证工作。据报道,美国当前50%的州已经开始进行车路协同的示范建设,其中怀俄明州、纽约市和佛罗里达州坦帕市的示范最为典型。

欧洲早在 2009 年就启动了 CVIS 项目,目前逐步发展到了地平线计划(Horizon 2020)。日本则以车路通信系统(Vehicle Infrastructure Communication Systems,VICS)项目为基础,提出了 SmartWay 计划,发展成今天的 ETC2.0 项目。

2. 国内概况

在我国,车路协同系统已由理论技术研发阶段逐步向工程应用阶段演进。随着交通强国发展战略等政策的引领以及全国交通控制网和智慧公路试点建设的不断开展,各省都逐步开展了智慧高速公路的建设,智能车路协同系统作为智慧高速公路建设的主要组成部分之一,其建设需求和规模不断增加。据相关数据初步统计,随着智慧公路试点及智慧高速公路如火如荼地建设实施,全国有超6000km高速公路已经或将要在其部分路段开展车路协同创新示范工作,主要包括北京、天津、河北、山东、江苏、浙江、福建、河南、广东、湖南、湖北、海南、四川、广西、贵州、安徽等多省区市。典型的有北京延崇高速公路和新机场高速公路、杭绍勇高速公路、河南机西高速公路、山东京台高速公路(泰枣段)等高速公路项目,开辟了高速公路车路协同创新示范应用新高潮,积累了宝贵的实施经验。

我国还通过建立车联网示范区发展车路协同信息交互技术。我国在上海、重庆等地建立了多个智能网联示范区,开放道路进行自动驾驶或车路协同测试的省市总数已经超过10个。北京建立了高级别自动驾驶测试示范区,重点推进自动驾驶的"车路协同"模式。2015年6月,工信部批准国家级智能网联汽车上海示范区建设,示范区以服务智能汽车、车联网(V2X)网联通信两大类关键技术的测试及演示为目标,根据产业技术进步需求,分4个阶段展开建设——封闭测试区与体验区、开放道路测试区、典型城市综合示范区、城际共享交通走廊,从而逐步形成系统性评价体系和综合性示范平台。

第三节 高速公路智能车路协同系统的发展趋势

车路协同技术作为国内外现代智能交通发展的方向,已纳入我国《交通强国建设纲要》,是国家"十四五"规划中智能交通建设的重要内容之一。智能车路协同系统的规模化应用涉及面广、建设周期长,需要分阶段、分层次进行。

车路协同概念从提出到实现已有近20年的历程,发展至今已经取得了突出的阶段性成果。随着关键技术的成熟、产业应用的起步,以及5G、人工智能(Artificial Intelligence,AI)和自动驾驶的蓬勃发展,智能车路协同系统已从理论研究逐步向系统建设及测试验证发展。然而,智能车路协同系统在建设和推广应用的过程中,在车路协同概念的理解、技术的更新、产业的发展等方面遇到了新的挑战。

车路协同技术的实质不是智能网联和信息共享技术,而是基于智能网联和信息共享实现的以交通群体协同决策与控制为主的协同管控服务功能,包括车辆协同安全驾驶、路口/匝道信号与车辆协同控制、快速路可变限速协调控制等。在车路协同相关技术的应用进程中,应当逐步提升车路协同系统在车辆安全行驶和高效出行上的服务体验,改善出行舒适度,以体现智能车路协同系统在改善民众交通出行质量中所发挥的重要作用。推进车路协同规模化应用,应在构建道路基础设施和智能汽车网联化的同时,有效推进智能车路协同系统的规模化应用,最大程度地发挥其在改善民众生活质量中的作用,体现车路协同技术研究与应用的价值。

智能车路协同系统是多学科交叉、多技术集成的产物,既包含系统的构建和应用关键技术,也涉及复杂系统协同决策与智能控制的基础理论和方法。随着智能车路协同系统理论研究、技术发展和应用推广,将产生智能网联系统复杂性分析、智能群体协同决策和新型混合交通系统优化控制等新理论和新方法,对交通系统工程、交通信息与控制以及系统学科的建设发挥重要作用。

未来,随着车路协同方法和技术研究的不断深入,新型复杂混合交通系统在状态感知、信息交互、协同控制和仿真验证层面,必将催生从低维传感器信息融合向多维网联协同感知,从离散交通主体主动、被动协同控制向大规模群体智能群策群控,从智能网联支持的实时信息交互向混合交通主体间的可信交互,从小规模运行效能仿真分析向大规模虚实结合与硬件在环仿真验证的演化趋势,成为智能车路协同系统研究和应用的重要内容。

第四节 高速公路智能车路协同系统集成应用关键技术体系框架

根据研究及高速公路车路协同系统建设需求,高速公路智能车路协同系统集成应用关键技术主要可以分为车路协同系统集成方法、车路协同系统路侧设备组合布设、车路协同系统效能评估与智慧运维、车路协同系统运行状态分析、高速公路车路协同系统示范五大部分(图1-1)。

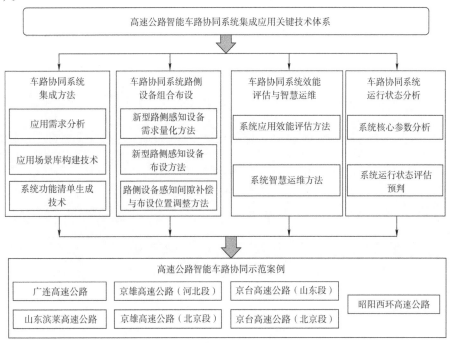

图1-1 高速公路智能车路协同系统集成应用关键技术体系框架

高速公路车路协同系统集成方法部分主要进行高速公路车路协同系统应用需求分析、高速公路车路协同系统应用场景分析及场景库构建、高速公路车路协同系统功能清单生成技术3个方面的研究介绍。

高速公路车路协同系统路侧设备组合布设部分主要根据车路协同应用及建设需求,针对路侧感知设备,进行信息路侧感知设备需求量化方法分析、新型路侧感知设备布设方法、路侧设备感知间隙补偿与布设位置调整方法3个方面的研究和介绍。

高速公路车路协同系统效能评估及智慧运维部分主要包括效能评估和智慧运维两个方面。一方面,针对高速公路车路协同系统建成后的运行情况及运行效能进行分析评估,分析车路协同系统建成后对高速公路在运行安全、效率、服务方面的提升能效;另一方面,针对高速公路车路协同系统建成后布设的外场车路协同设备进行运行状态监测及运维管理,实现智慧运维,提高运维管理效率。

高速公路车路协同系统运行状态分析部分主要介绍车路协同系统核心参数分析、车路协同系统运行状态评估两个方面。

高速公路车路协同系统示范案例部分主要介绍广州—连州高速公路(简称"广连高速公路")、山东滨州—莱芜高速公路(简称"滨莱高速公路")、北京—雄安新区智慧高速公路(简称"京雄智慧高速公路")(北京段)、北京—台北高速公路(简称"京台高速公路")(山东段)、京台高速公路(北京段)(即高级别自动驾驶示范区智能网联汽车测试道路)、昭阳西环高速公路等国内典型高速公路的车路协同系统建设方案。

第二部分

PART 2

关键技术

CHAPTER 2 第二章

高速公路智能车路协同系统集成方法

第一节　高速公路智能车路协同系统集成方法研究现状

高速公路智能车路协同系统是提高现有高速公路运行安全、通行效率与用户体验的重要手段，是辅助智能网联车辆或自动驾驶车辆安全运行的有效载体，近年来已成为国内智慧高速公路建设的热点内容。

截至目前，我国多个部委已经先后出台了一系列政策文件，以推动车路协同系统的落地实施。其中，交通运输部印发的《关于加快推进新一代国家交通控制网和智慧公路试点的通知》中提出路运一体化车路协同等六大试点方向，将选取有代表性的高速公路开展车路信息交互等研究。国家发展和改革委员会等11部委联合印发的《智能汽车创新发展战略》中提出要建立健全智能汽车测试评价体系，鼓励构建自动驾驶测试场景库。交通运输部印发的《关于推动交通运输领域新型基础设施建设的指导意见》中指出推进车路协同等设施建设，丰富车路协同应用场景。

除国家政策外，在研究层面，近年来国内外学者在车路协同场景库构建、测试评估方法等方面也做了大量研究[1]。其中，Feng建立了智能网联车辆测试场景库的系统框架，从而对车路协同场景进行测试评估，通过分析得出，与道路实测相比，该框架能以较少的试验次数获得准确的评价结果[2]。在此基础上，Feng又提出了一种自适应测试场景库生成方法，为验证方法的有效性，以高速公路分合流区为例进行了安全性和功能性评价[3]。Christian描述了一种利用真实驾驶数据评估自动驾驶场景的方法，该方法能够处理场景的特定特征，量化复杂应用场景对自动驾驶的影响[5]。在国内，孙敏等在对车路协同系统架构和技术特点分析的基础上，提出了城市道路与高速公路两个场景下车路协同的具体应用[6]；常振廷等在对城市公交车运营管理实际需求分析的基础上，分析提出了面向城市公交运营管理的车路协同十大应用场景[7]；周桥立等在5G+北斗应用的时代背景下，从车路协同实现的硬件、软件、场景规划与解决方案入手，提出了面向开放道路的交通效率和信息服务类应用场景及场景描述[8]；高艺嘉等主要研究了恶劣天气条件下高速公路车路协同应用场景，并对其关键技术和基本功能进行了分析，主要面向交通安全[9]；李新洲等介绍了国际国内各组织对车路协同应用场景的定义，并在分析高速公路特点的基础上，对高速公路车路协同应用场景的适用性进行了分析[10];李智对行业内已提出的多种车路协同应用场景对高速公路的适用性进行了探讨,并提出了高速公路四大区域划分方法,对各区域下车路协同应用场景需求进行了分析[11];刘华基于V2X车路协同系统,描述了在开放道路下交通安全相关的实际应用场景,并叙述了如何通过技术手段进行实现[12];余冰雁等分析了移动边缘计算(Mobile Edge Computing,MEC)与C-V2X融合能够支撑的车路协同应用场景,包括车路交互场景、车辆间交互场景、车辆与MEC交互场景、车辆与MEC及智能路侧设备交互等场景[13]。

在标准方面,移动通信伙伴联盟第3代合作伙伴计划(the 3rd Generation Partnership Project,3GPP)服务需求工作组技术报告文件(Service Aspects Technique Report,SA1)(3GPP TR 22.885)定义了基于LTE-V2X的车路协同应用,主要包括V2V、V2I、V2N、V2P等4种类型共27个车路协同辅助驾驶应用场景,涵盖主动安全、交通效率、信息服务等方面[14]。3GPP TR 22.886定义了基于5G-V2X的自动驾驶应用场景功能,包含车路协同基础功能、车辆编队形式、扩展传感器、高级驾驶、远程驾驶等5大类功能,共25种应用场景[15]。在中国汽车工程学会团体标准《合作式智能运输系统 车用通信系统应用层及应用数据交互标准》(T/CSAE 53—2017)中,根据车路协同应用功能提出定义了涵盖安全、效率和信息服务3大类的17种应用场景,其中包括安全类场景12个、效率类场景4个、信息服务类场景1个;《合作式智能运输系统 车用通信系统应用层及应用数据交互标准 第二阶段》(T/CSAE 53—2020)在第一阶段T/CSAE 53—2017标准基础上,结合C-V2X技术迭代与行业需求演进,定义了第二阶段的12个应用场景和9个新交互消息,进一步丰富了V2X应用场景,使得车路协同应用场景拓展至29个,分别涵盖安全、效率、交通管理、信息服务、高级驾驶等多个方面[16]。

可以看出,目前的研究多集中在车路协同场景库构建、测试评估方法等方面,但在高速公路实际应用过程中,从用户需求出发,研究较为迫切的典型车路协同场景,进而构建功能完备的应用场景库,对智慧高速公路的建设以及车路协同的推广应用具有重要意义。

第二节 高速公路智能车路协同系统应用需求分析

高速公路智能车路协同系统能够充分发挥高速公路的业务功能属性,集成先进的感知技术、传输技术、信息处理技术、控制技术、信息对外发布技术,形成开放共享的基础平台系统,以安全、高效、便捷、绿色为目标,结合多样、开放的运营管理与服务模式,为人和货物的快速运输提供可靠的网络化通行服务,为车车、车路交互提供自由的通信服务,为应急事件提供全时可响应的应急服务,为公众出行者提供精细化、自主化的出行服务,为交通管理者提供便捷化、高效化的道路交通综合管理服务。

本书结合当前在国内高速公路运营过程中存在的共性与特性问题,以及车路协同相关前沿技术的发展趋势和相关政策,分析并梳理了当前高速公路智能车路协同系统的相关需求,重点针对高速公路道路属性及用户属性进行分析。

一、道路属性分析

现有国内外道路场景构建,均是从车辆和交通运营效用的角度出发,没有充分考虑高速公路道路线性、设施构造、地理位置等道路环境属性。我国高速公路网辽阔、覆盖区域广,不同的地域性质导致高速公路的建设环境和气候条件有很大的区别,此外,城郊高速公路车流量较大,旅游性质的高速公路需要更优质的信息服务等。因此,在高速公路车路协同应用场景构建时,应针对不同道路差异化的交通需求与道路环境特点,建设有特色的、适合道路本身特点的高速公路车路协同典型场景。同时,高速公路车路协同典型场景构建及建设实施,是在局部路段还是连续路段,也是场景构建时需要考虑的因素之一。

因此,在高速公路车路协同应用场景构建过程中,要从道路物理环境出发,考虑交通需求与道路环境双重因素,逐步向安全、效率、服务类场景延伸,从而构建更加适合不同高速公路需求的、功能完备、场景丰富、要素齐全的高速公路车路协同应用场景库,满足新基建与智慧高速公路建设应用需求,从而缓解交通拥堵,提升路网的通行能力,实现更安全、更快速高效、更绿色便捷的出行和货物运输。

二、用户属性分析

本书重点考虑智能车路协同系统服务的两类用户主体——公众出行者与交通管理者,其中公众出行者包括重点营运车辆(不含货车)、货车、应急救援车辆、普通汽车(非网联车辆)、具备智能网联功能的汽车职业驾驶员或普通驾驶人等;交通管理者包括交通运输主管部门、交警、应急管理部门、医疗救援部门等。本书分别为各类用户主体进行了编号及英文命名,两类用户的编号、中英文名称见表2-1。

高速公路车路协同用户主体　　表2-1

编号	中文名称	英文名称	英文缩写
U1	公众出行者	Public Traveler	PT
U1.1	重点营运车辆(不含货车)驾驶员	Key Operating Vehicles	KOV
U1.2	货车驾驶员	Truck	T
U1.3	应急救援车辆驾驶员	Emergency Rescue Vehicle	ERV
U1.4	普通汽车(非网联车辆)驾驶人	Ordinary Car	OC
U1.5	具备智能网联功能的汽车驾驶人	Intelligent Connected Vehicle	ICV
U2	交通管理者	Traffic Manager	TM
U2.1	交通运输主管部门	Transportation Department	TD
U2.1.1	道路管理者	Road Manager	RM
U2.1.2	运营管理者	Operation Manager	OM
U2.2	交警	Traffic Police	TP
U2.3	应急管理部门人员	Emergency Management Department	EMD
U2.4	医疗救援部门人员	Medical Rescue Department	MRD

不同用户对智能车路协同系统的应用需求不同。针对公众出行者,智能车路协同系统需要能够为用户提供精细化、自主化的出行服务;针对交通管理者,智能车路协同系统需为其提供便捷化、高效化的道路交通综合管理服务。本书分别针对两类用户在普通需求及特殊需求等方面的应用需求进行了详细梳理。

在面向公众出行者(U1)层面,智能车路协同系统需为重点营运车辆驾驶员(U1.1)考虑的普通需求包括:提前发布临时管控路段以及针对重点营运车辆的限行路段;提前确定综合考虑费用、时间、安全等因素后的最优行驶路径;提前提供加油、加气等针对重点营运车辆的服务信息;提升在途路况及服务区信息推送服务水平;提前告知针对重点营运车辆的收费、查超限信息;安全驾驶辅助信息等。需为重点营运车辆驾驶员考虑的特殊需求包括:预约服务区休息;描绘驾驶行为图谱,为驾驶习惯矫正提出建议;事故风险预警;违法风险提示等。

智能车路协同系统需为货车驾驶员(U1.2)考虑的普通需求包括:提前发布临时管控路段以及针对货车的限行路段;提前确定综合考虑费用、时间、安全等因素后的最优行驶路径;提前发布加油、加气等针对货车的服务信息;提升在途路况及服务区信息推送服务水平;提前告知针对货车的收费、查超限信息;安全驾驶辅助信息等。需为货车驾驶员考虑的特殊需求包括:服务区休息预约;描绘驾驶行为图谱,为驾驶习惯矫正提出建议;事故风险预警;违法风险提示等。

智能车路协同系统需为应急救援车辆驾驶员(U1.3)考虑的普通需求包括:精准确定事故地点、提前确定时间最优行驶路径等。需为应急救援车辆驾驶员考虑的特殊需求包括提前为应急救援车辆清出安全通道等。

智能车路协同系统需为非网联车辆驾驶人(U1.4)考虑的普通需求包括:提前发布旅游景点信息;提升在途路况及服务区信息推送服务;提前发布应急救援车辆信息,以便为应急救援车辆让路;提前发布路段临时管控和限行信息等。需为非网联车辆驾驶人考虑的特殊需求包括服务区休息充电预约、车辆疏导信息等。

智能车路协同系统需为具备智能网联功能的汽车驾驶人(U1.5)考虑的普通需求包括完善车路信息交互机制、针对单车的信息精准推送等。需为具备智能网联功能的汽车驾驶人考虑的特殊需求包括完善与智能网联汽车事故后追责相关的法律法规等。

在面向交通管理者(U2)层面,针对道路管理者(U2.1.1),主要考虑两方面内容:①提升智慧化管理水平,联网联控统一管理,需进行高速公路统一联网联控管理和协调应急调度,及时了解和掌握可能影响整个路网运行的重要节点、重要路段(如易拥堵路段、事故多发路段、大型桥隧等)和重要突发事件(如交通拥堵、道路临时管控、交通事故等影响交通正常运行的突发事件),以及突发事件的影响程度和处置情况;②数据融合与数据链建设管理,包括高速公路联网中心肩负着高速公路路网的实时监控、跨区域应急、联网收费、信息服务、客服管理、运行维护等工作,以及与公安、气象等单位的数据交换共享等工作。因此,需要接入专用短程通信(Dedicated Short Range Communication,DSRC)定位数据、微波交通检测数据、气象环境数据、基础设施结构状态监测数据、车辆收费数据、道路养护数据、百度或高德互联网地图数据等多源数据,实现路网交通流状态、车辆行为、气象状态、基础设施结构状态等高速公路运行多要素、大范围、高可靠性的采集。

针对运营管理者(U2.1.2),智能车路协同系统需要考虑以下需求:降低高速公路运营成本、运行状态感知与监测、交通事件感知与预案管控、出行信息服务管理、收费管理、机电设备维护管理、智慧养护管理等。

针对交警(U2.2),智能车路协同系统要考虑提升车辆违法智慧化处理水平、提升道路交通安全等需求。针对应急管理部门(U2.3),智能车路协同系统要考虑提升应急处置效率等需求。针对医疗救援部门(U2.4),智能车路协同系统要考虑提升与其他部门联动效率等需求。

针对其他管理者,智能车路协同系统要考虑实现同一功能系统的有效重复利用、避免重复建设造成资源浪费等需求。

第三节 高速公路智能车路协同系统应用场景构建技术

一、基于智能化分级的应用场景分类方法

车路协同场景是一定时间和空间范围内环境与驾驶行为的综合反映,描述了道路、交通设施、气象条件、交通参与物等外部状态以及自车的驾驶任务和状态等信息,包括道路线形、拓扑结构、地图等道路基础要素,信号灯、标志标线等交通安全设施要素,冰、雨、雪、雾等气象环境要素,交通运行状态要素以及车辆微观行为要素等。

不管是车路协同还是自动驾驶,其最终实现应该是通过车辆、道路基础设施以及运行管控有机融合。我国高速公路网辽阔、覆盖区域广,地域性质的不同,导致高速公路的建设环境和气候条件有着很大的区别:东北部的高速公路多冰雪,西南部的高速公路多雨雾;山区高速公路桥隧比较高;沿海的高速公路需考虑台风的影响;城郊高速公路车流量较大;需要满足旅游交通需求的高速公路应提供更优质的信息服务等。

因此,在 ICVIS-II 车路协同应用场景构建过程中,应针对不同道路差异化的交通需求与道路环境特点,从道路物理环境出发,考虑交通需求与道路环境双重因素,逐步向安全、效率、服务类场景延伸,从而构建更加适合不同高速公路需求的功能完备、场景丰富、要素齐全的高速公路车路协同应用场景库,满足新基建与智慧高速公路建设应用需求,从而缓解交通拥堵,提升路网的通行能力,实现更安全、更快速高效、更加绿色便捷的出行和货物运输。

在需求分析与智慧高速公路系统智能分级的基础上,将应用场景按照道路环境、功能应用等不同属性进行划分。按照道路环境可划分为直线路段、弯道路段、坡道路段、合流区、分流区、隧道、服务区、桥梁、收费站等类别;按照功能应用可划分为安全类、效率类、信息服务类等类别。针对每一场景,以信息流为核心基础,将其作为场景、设备、功能的媒介,完成场景库的功能服务及所需信息的初步梳理,从而生成功能完备、场景丰富、要素齐全的 ICVIS-H 场景库的功能清单。

车路协同系统应用场景库构建方法框架如图 2-1 所示。

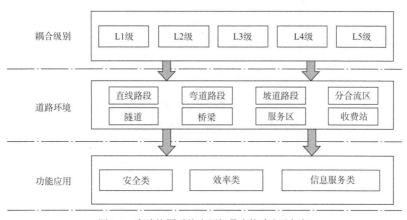

图 2-1 车路协同系统应用场景库构建方法框架

二、基于智能化分级的场景库构建

根据以上应用场景分类构建思路,本书构建了详细的智能车路协同系统应用场景库,可为高速公路车路协同示范应用提供选择和参考,具体见表2-2。

智能车路协同系统应用场景库　　　　表2-2

耦合级别	道路环境	功能应用	场景名称
L1级	直线路段	安全类	各种气象条件下的车辆安全提醒、各种气象条件下的标志/标线识别、各种光照条件下的车道保持、交通事件提醒、道路施工提醒、前方道路拥堵提醒、夜间防眩目提示、前方车道减少提醒
		信息服务类	恶劣天气车路通信
	弯道路段	安全类	弯道提醒、各种气象条件下的车辆安全提醒
	坡道路段	安全类	长陡坡提醒、减速区预警
	隧道	安全类	前方隧道提醒、前方减速区预警、隧道交通事件报警
	桥梁	安全类	前方桥梁提醒、各种气象条件下的车辆安全提醒
L2级	直线路段	安全类	可变限速管理
		效率类	电子收费、路径规划、重点营运车辆管理、车速规划
		信息服务类	智能网联交通标志信息发布、智能突起路标信息发布、长直路段车路通信、定点交通流信息采集及状态感知
	弯道路段	安全类	可变限速管理
	坡道路段	信息服务类	定点交通流信息采集及状态感知
	合流区	安全类	车辆汇入预警
		效率类	车速引导
	分流区	安全类	车辆汇出预警
		效率类	车速引导
	隧道	信息服务类	隧道车路通信、车辆故障报警
	收费站	效率类	电子不停车收费(Electronic Toll Collection,ETC)
	服务区	效率类	智能停车引导、自动停车服务
L3级	直线路段	安全类	并道提醒、超车预警、紧急制动预警、前向碰撞预警、侧向碰撞预警、应急车道停车预警、车辆盲区警示、障碍物识别
		效率类	生态驾驶引导
		信息服务类	车辆轨迹识别及行为分析、电子地图信息发布、多模式集成出行引导、个性化动态诱导、电动汽车动态路径规划和充电路径规划、货运车辆路径规划、智能调度、能耗、排放采集分析
	弯道路段	安全类	弯道超速预警、弯道紧急制动预警、护栏碰撞预警、车辆侧翻预警、弯道最小跟车距离预警、弯道应急车道停车预警
		效率类	紧急身份信息发布
		信息服务类	电子地图信息发布、智能网联交通标志信息发布、能耗、排放采集分析、车辆轨迹识别及行为分析

续上表

耦合级别	道路环境	功能应用	场景名称
L3级	分合流区	信息服务类	电子地图信息发布、智能网联交通标志信息发布、个性化动态诱导
	隧道	信息服务类	电子地图信息发布、智能网联交通标志信息发布、高精度定位信息
	服务区	信息服务类	电子地图信息发布、多模式集成出行引导
L4级	直线路段	效率类	专用车道柔性管理与控制
		信息服务类	车辆通过柔性管理专用道的识别与轨迹监测
L5级	直线路段	效率类	协作式车队管理、编队加/减速行驶、编队换道、自适应编队、驶入编队、驶出编队

三、应用场景描述

在构建高速公路车路协同系统应用场景库的基础上,下面对每类场景的功能进行分析和描述,并对实现该场景所需要的信息和外场设备进行了简单的约定。

1. L1级场景功能

L1级场景功能描述及各场景所需的信息、设备及其相应用户主体见表2-3。

L1级场景　　　　　　　　　　　　　　　表2-3

道路环境	场景名称	功能概述	所需信息	所需设备	用户主体
直线路段	各种气象条件下的车辆安全提醒	车辆在道路上行驶,向车辆进行各种气象条件安全提醒	雨、雪、雾、霾、路面结冰、结霜、积水、湿滑,车辆身份信息、位置	能见度检测器、气象监测器、路面状态检测器、车载单元(On-board Unit,OBU)、边缘计算(Mobile Edge Computing,MEC)设备、路侧单元(Road Side Unit,RSU)	公众出行者
	各种气象条件下的标志/标线识别	车辆在道路上行驶,识别设置/施画在道路上的标志/标线	车辆身份信息、位置、标志/标线信息	车辆检测器、车载摄像机、智能网联标志	公众出行者
	各种光照条件下的车道保持	车辆在道路上行驶的过程中具备的车道保持功能	车辆身份信息、位置、标线信息	车辆检测器、车载摄像机	公众出行者
	交通事件提醒	车辆在道路上行驶,前方发生交通事件时,对车辆进行预警	车辆身份信息、位置、交通事件信息	OBU、摄像机、MEC、RSU	公众出行者

续上表

道路环境	场景名称	功能概述	所需信息	所需设备	用户主体
直线路段	道路施工提醒	车辆在道路上行驶，在距离施工区一定范围时，向车辆进行道路施工预警	车辆身份信息、位置、速度、施工区长度、所占车道、限速	智慧锥桶、雷达、摄像机、OBU、MEC、RSU	公众出行者、交通管理者
	前方道路拥堵提醒	车辆在道路上行驶，距离拥堵路段一定距离时，向车辆进行前方道路拥堵提醒	车辆身份信息、速度、位置	路侧雷达、OBU、MEC、RSU、手机App	公众出行者
	夜间防眩目提示	夜间，车辆在道路上行驶，当前方或者道路光线眩目、刺眼影响驾驶时，对车辆进行预警提示	车辆身份标识信息、速度、位置、道路信息、一定区域范围内照度、亮度等信息	OBU、摄像机、RSU等	公众出行者
	前方车道减少提醒	车辆在道路上行驶，前方车道减少时，对车辆或驾驶人进行预警	车辆身份信息、位置、前方道路信息	OBU、摄像机、MEC、RSU	公众出行者
	恶劣天气车路通信	恶劣天气条件下车路通信服务	道路气象信息、车辆位置、车辆速度、道路信息、路侧设备布设信息	气象监测器、OBU、RSU、通信设备	公众出行者
弯道路段	弯道提醒	车辆即将驶入弯道危险路段时，主动向驾驶人员或者网联车/自动驾驶车辆驾驶人发出危险提醒。通信方式：广播。信息发布：手机App、手机短信、车载终端、导航等	车辆速度、车辆位置、车辆距离弯道段的距离、弯道路段的长度、道路信息等	路侧雷达、路侧摄像机、车载雷达、车载摄像机、OBU、MEC、RSU	公众出行者
	各种气象条件下的车辆安全提醒	当检测到雨、雪、雾等恶劣天气时，向车辆或驾驶人发出行车安全提醒。通信方式：广播。信息发布：可变信息标志、手机App、手机短信、车载终端、智能道钉、导航等	道路气象信息、车辆位置、车辆速度等	OBU、RSU、气象监测设备、MEC、可变信息标志、智能道钉等	公众出行者

续上表

道路环境	场景名称	功能概述	所需信息	所需设备	用户主体
坡道路段	长陡坡提醒	车辆在道路上行驶,距离陡坡前一定范围时,向车辆进行前方陡坡提醒	车辆身份信息、位置、陡坡长度	采集:OBU。计算:MEC。发布:RSU	公众出行者
坡道路段	减速区预警	车辆在道路上行驶,距离减速区前一定范围时,向车辆或驾驶人发出前方减速区预警	车辆身份信息、位置、减速区长度	采集:OBU。计算:MEC。发布:RSU	公众出行者
隧道	前方隧道提醒	车辆在道路上行驶,距离隧道前一定范围时,向车辆或驾驶人发出前方隧道提醒	车辆身份信息、位置、隧道长度	采集:OBU。计算:MEC。发布:RSU	公众出行者
隧道	前方减速区预警	车辆进入减速区前一定范围时,向车辆或驾驶人发出前方减速区预警	车辆身份信息、位置、减速区长度	采集:OBU。计算:MEC。发布:RSU	公众出行者
隧道	隧道交通事件报警	隧道内发生交通事件后,自动向后方车辆或驾驶人以广播的形式进行报警	事件信息、位置、占据车道,后方车辆身份信息、位置、速度	雷达、摄像机、OBU、MEC、RSU	公众出行者
桥梁	前方桥梁提醒	车辆在道路上行驶,距离桥梁前一定范围时,向车辆或驾驶人发出前方桥梁提醒	车辆身份信息、位置、桥梁长度	采集:OBU。计算:MEC。发布:RSU	公众出行者
桥梁	各种气象条件下的车辆安全提醒	车辆在桥梁附近行驶,向车辆或驾驶人发出各种气象条件安全提醒	雨、雪、雾、霾,路面结冰、结霜、积水、湿滑,车辆身份信息、位置	能见度检测器、气象监测器、路面状态检测器、OBU、MEC、RSU	公众出行者

2. L2 级场景功能

L2 级场景功能描述及各场景所需的信息、设备及其相应用户主体见表 2-4。

L2 级场景 表 2-4

道路环境	场景名称	功能概述	所需信息	所需设备	用户主体
直线路段	可变限速管理	车辆驶入可变限速路段时,路侧以广播的形式向车辆或驾驶人实时发布当时的限速	车辆身份信息、位置	OBU、MEC、RSU	公众出行者、交通管理者
	电子收费	车辆在道路上行驶,在出入口进行电子收费	车辆身份信息、车牌号、当前位置、始发地、收费标准等	OBU、MEC、RSU、自动电子收费装置	公众出行者、交通管理者
	路径规划	车辆在道路上行驶,当前方拥堵或者事故时,可向车路动态提供可选的绕行路径或者最佳路径	车路身份标识信息、速度、位置,道路线性信息、路网信息、道路交通运行信息、车路目的地信息	RSU、雷达、OBU、车辆检测器、MEC、App	公众出行者
	重点营运车辆管理	针对道路上行驶的重点营运车辆进行管理	重点营运车辆信息、位置、驾驶人信息、路径	OBU、摄像机、重点营运车辆监管平台	公众出行者(重点营运车辆)
	车速规划	车辆在道路上行驶,根据道路交通运行情况,规划车辆行车速度,并实时向车辆提示建议行车速度	车辆身份标识信息、速度、位置,道路平均车速等	车辆检测器、雷达、OBU、MEC、RSU	公众出行者
	智能网联交通标志信息发布	当车辆驶入布设智能网联交通标志的路段时,智能网联交通标志对车辆或驾驶人发布信息	车辆身份信息、位置、速度、所处车道,智能网联交通标志位置、类型等	智能网联交通标志内置传感器、通信设备、RSU、OBU	公众出行者
	智能突起路标信息发布	当车辆驶入布设智能突起路标的路段时,智能凸起路标对车辆或驾驶人发布信息	车辆身份信息、位置、速度、所处车道	凸起路标内置传感器、通信设备、发光设备	公众出行者
	长直路段车路通信	在长直路段情况下的车路通信服务	车辆身份信息、位置、速度,道路信息、路侧设备布设信息	OBU、RSU、通信设备	公众出行者
	定点交通流信息采集及状态感知	在特定路段或地点,采集交通流信息及道路运行状态信息	交通流、车辆行驶速度、车辆密度等交通流信息	车辆检测器、摄像机、雷达	公众出行者

续上表

道路环境	场景名称	功能概述	所需信息	所需设备	用户主体
弯道路段	可变限速管理	车辆在弯道路段运行时，根据道路情况设置动态可变限速标识，动态提醒驾驶人员或者网联车/自动驾驶车辆调整车辆速度。 通信方式：单播/广播。 信息发布：可变信息标志、手机App、手机短信、车载终端、导航等	车辆速度、车辆位置，距弯道路段的距离，弯道路段的长度，道路信息、限速值等	OBU、RSU、MEC、可变信息标志等	公众出行者
坡道路段	定点交通流信息采集及状态感知	采集该坡道路段某重点区域的交通流状态	车流量、车速、密度等	车辆检测器、雷达、摄像机等	公众出行者
隧道	隧道车路通信	车辆在隧道内行驶，车辆与路侧之间进行信息通信	车辆身份信息	采集：OBU。 计算：MEC。 发布：RSU	公众出行者
隧道	车辆故障报警	车辆在隧道内行驶，当车辆发生故障时，向管理中心进行报警	车辆身份信息、距离隧道出口位置	雷达、摄像机	公众出行者
合流区	车辆汇入预警	①主车在主路行驶，当匝道有他车汇入时，向主车进行预警； ②主车由匝道汇入主路，当主路有他车行驶时，向主车进行预警	①主车身份信息、所处车道、与合流点距离、速度，他车身份信息、与合流点距离、速度； ②主车身份信息、与合流点距离、速度，他车身份信息、所处车道、与合流点距离、速度	采集：智能道钉、雷达、摄像机。 计算：MEC。 发布：智能道钉、App、智能网联标志	公众出行者
合流区	电子收费	车辆从匝道驶入合流区（驶入高速公路）时，路侧自动记录车辆身份、驶入时间等收费信息	车辆身份信息、驶入时间、互通立体交叉设施（简称"立交"）信息等	路侧感应装置、车检器、摄像机等	公众出行者

续上表

道路环境	场景名称	功能概述	所需信息	所需设备	用户主体
分流区	车辆驶出预警	车辆均在主路行驶：①当主车驶出时，距离分流点一定范围时，向主车进行驶出提醒，并向他车进行变道预警；②当他车驶出时，距离分流点一定范围时，向他车进行驶出提醒，并向主车进行变道预警	①主车身份信息、所处车道、与分流点距离、速度、周边车辆数，他车身份信息、所处车道、行驶速度；②主车身份信息、所处车道、速度、周边车辆数，他车身份信息、所处车道、与分流点距离、行驶速度	采集：OBU、雷达、摄像机。计算：MEC。发布：App、智能网联标志	公众出行者
	电子收费	车辆驶入分流区（驶出高速公路）时，路侧设备自动记录车辆身份、驶出时间等收费信息	车辆身份信息、驶出时间、互通立交信息等	路侧感应装置、车检器、摄像机等	公众出行者
收费站	ETC快速收费	车辆经过收费站时，收费站与车载电子标签通信，自动扣除通行费用	车辆身份信息、高速公路位置	车载电子标签、路侧微波天线	公众出行者、交通管理者
服务区	智能停车引导	车辆驶入服务区后，对车辆进行停车位实时引导	车位信息（数量、位置）、车辆身份信息	雷达、摄像机、OBU、MEC、RSU	公众出行者
	自动停车服务	车辆驶入停车区后，为车辆自动停车提供支撑	车辆身份信息、位置、速度	路侧雷达、路侧摄像机、车载雷达、车载摄像机	公众出行者

3. L3级场景功能

L3级场景功能描述及各场景所需的信息、设备及其相应用户主体见表2-5。

L3 级场景 表 2-5

道路环境	场景名称	功能概述	所需信息	所需设备	用户主体
直线路段	并道提醒	①车辆在道路上行驶,在主车发生并道行为前,检测到侧向其他车辆,向主车进行侧向车辆提醒；②车辆在道路上行驶,检测到主车前方有车辆变道时,向主车进行并道提醒	①主车身份信息、所处车道、速度,侧向身份信息、所处车道、速度,车头时距/间距；②主车身份信息、所处车道、速度,侧向身份信息、所处车道、速度,车头时距/间距	车辆检测器、雷达、摄像机、OBU、MEC、RSU	公众出行者
	超车预警	车辆在道路上行驶,后车超车时,向前车发出超车预警	后车身份信息、速度,前车身份信息、速度,超车时长	雷达、摄像机、OBU、MEC、RSU	公众出行者
	紧急制动预警	车辆在道路上行驶,当前方有障碍物时,向车辆发出紧急制动预警	障碍物信息,车身身份信息、速度、所处车道	雷达、摄像机、OBU、MEC、RSU	公众出行者
	前向碰撞预警	两车在同一车道跟车行驶,主车距离同车道前方车辆过近时,向主车发出前向碰撞预警	主车身份信息、速度、位置,前车身份信息、速度、位置,车头时距/间距	车辆检测器、摄像机、OBU、MEC、RSU	公众出行者
	侧向碰撞预警	两车在不同车道并排行驶,侧向间距过近时,向两车发出侧向碰撞预警	两车身份信息、速度、位置	车辆检测器、摄像机、OBU、MEC、RSU	公众出行者
	应急车道停车预警	主车在应急车道停车时,分别对主车及侧后方来车进行预警	主车身份信息、停车位置,后车身份信息、速度、实时位置	路侧雷达、路侧摄像机、车载雷达、车载摄像机、OBU、MEC、RSU	公众出行者
	车辆盲区警示	车辆在道路上行驶,当前方可能存在的视觉盲区时,对车辆进行预警	车辆身份标识信息、速度、位置,道路信息	OBU、车载摄像头、雷达、MEC、RSU 等设备	公众出行者

续上表

道路环境	场景名称	功能概述	所需信息	所需设备	用户主体
直线路段	障碍物识别	车辆在道路上行驶,当前方有障碍物时,对车辆进行预警	车辆身份信息、位置、前方障碍物信息	OBU、摄像机、MEC、RSU	公众出行者
	生态驾驶引导	车辆在道路上行驶,通过V2X车路协同控制和引导,保证道路资源有效利用,同时保证每辆车都处于最佳行驶速度	车辆身份信息、速度、位置,道路信息	OBU、雷达、摄像机、MEC、RSU等	公众出行者
	车辆轨迹识别及行为分析	对车辆运行轨迹进行分析	车辆身份信息、始发位置、当前位置	路侧雷达、摄像机、OBU、MEC、RSU	公众出行者
	电子地图信息发布	当车辆驶入某特定直线路段时,向车辆实时发布该路段周边一定范围内的高精度地图信息	车辆身份标识信息、速度、位置,道路信息(包括道路线形、附属设施、旅游景点、交安设施等)、周边环境信息(包括建筑物、地形地貌、绿化等)等	OBU、高精度地图信息采集设备	公众出行者
	多模式集成出行引导	向用户提供多模式的出行选择与引导服务	出行目的、始发地点、目的地、路网信息	RSU、OBU、MEC、高精度定位	公众出行者
	个性化动态诱导	根据用户需求,提供个性化动态诱导服务	出行目的、始发地点、目的地、路网信息	RSU、OBU、MEC、高精度定位	公众出行者
	电动汽车动态路径规划和充电路径规划	针对新能源电动车辆,提供动态路径规划和寻找充电装置路径规划引导服务	车辆身份信息、位置、速度、可用充电装置位置、数量	OBU、可变信息标志、App	公众出行者
	货运车辆路径规划	针对货运车辆,提供动态路径规划服务	货运车辆身份信息、始发位置、当前位置、目的地、路网信息	OBU、雷达、App、路侧设备	公众出行者(货车)

续上表

道路环境	场景名称	功能概述	所需信息	所需设备	用户主体
直线路段	智能调度	在服务区、停车区、接驳区等特殊路段，提供车辆智能调度服务	车辆类型、车辆数量、调度需求、调度规则、线路信息	OBU、信息发布屏	交通管理者
直线路段	能耗、排放采集分析	车辆在道路上行驶，采集车辆能耗与排放数据	车辆身份信息、行驶速度、油耗指标	路侧雷达、摄像机、OBU	公众出行者
弯道路段	弯道超速预警	车辆在弯道路段行驶时，如车辆行驶速度大于弯道限速值，向车辆发出超速预警，提醒驾驶人注意	车辆身份信息、车速、弯道限速值等	OBU、RSU、MEC	公众出行者
弯道路段	弯道紧急制动预警	车辆在弯道路段行驶，当前方突发紧急事件时，向车辆发出紧急制动预警	车辆身份信息、车速、位置、紧急事件信息等	路侧摄像机、RSU、MEC、OBU	公众出行者
弯道路段	护栏碰撞预警	车辆在弯道路段行驶，当转弯距离过大、行驶速度过快时，易驶出车道，发生护栏碰撞事件，提前向车辆发出护栏碰撞预警，提醒驾驶人注意	车辆身份信息、车速、位置、行驶车道、转弯半径等	路侧雷达、摄像机、RSU、MEC、OBU	公众出行者
弯道路段	车辆侧翻预警	车辆在弯道路段行驶，当转弯速度过快时，易发生侧翻，提前向车辆发出侧翻预警，提醒驾驶人注意	车辆身份信息、车速、位置、行驶车道、转弯半径等	路侧雷达、摄像机、RSU、MEC、OBU	公众出行者
弯道路段	弯道最小跟车距离预警	两车在弯道路段同一车道行驶，当两车跟车距离过近时，向后车发出预警	两车身份信息、两车行驶速度、位置、所处车道信息等	路侧雷达、摄像机、RSU、MEC、OBU、智能凸起路标	公众出行者

续上表

道路环境	场景名称	功能概述	所需信息	所需设备	用户主体
弯道路段	弯道应急车道停车预警	车辆在应急车道停车时,分别对车辆及侧后方来车进行预警	主车身份信息、停车位置、后车身份信息、行驶速度、实时位置等	路侧雷达、摄像机、RSU、车载雷达、摄像机、OBU、MEC、智能突起路标	公众出行者、交通管理者
	紧急身份信息发布	救护车、消防车、军车等特殊紧急车辆,向前方车辆或者周边车辆进行信息发布,提醒车辆避让并预留出路	特殊紧急车牌号、车辆类型、位置、速度等	车辆检测器、OBU、RSU	公众出行者
	电子地图信息发布	当车辆驶入某弯道路段时,向车辆实时发布该路段周边一定范围内的高精度地图信息	车辆身份标识信息、行驶速度、位置,道路信息(包括道路线形、附属设施、交安设施等)、周边环境信息(包括建筑物、地形地貌、绿化等)等	OBU、高精度地图信息采集设备	公众出行者
	智能网联交通标志信息发布	向驶过某智能网联交通标志的车辆提供信息发布服务,实时发布道路运行情况、天气等服务信息	车辆身份信息、位置,道路信息,交通标志位置、类型等信息,道路运行情况信息,气象信息,路面状态信息等	车辆检测器、OBU、MEC、RSU、气象监测器等	公众出行者
	能耗、排放采集分析	车辆在道路上行驶,车辆的能耗、排放数据被采集记录	车辆身份信息	OBU	公众出行者
	车辆轨迹识别及行为分析	车辆在道路上行驶,车辆行驶轨迹信息被采集后并记录	车辆身份信息、车速、行驶轨迹信息等	车辆检测器、雷达、摄像机等	公众出行者

续上表

道路环境	场景名称	功能概述	所需信息	所需设备	用户主体
隧道	电子地图信息发布	车辆驶入隧道后,向车辆实时发布周边一定范围的高精度地图信息	道路信息(包括隧道长度、线形、车道、附属设施、交安设施等)、周边环境信息(包括周边建筑物、绿化、地貌地物等)	高精度地图信息采集设备	公众出行者
隧道	智能网联交通标志信息发布	车辆在隧道内行驶,智能网联交通标志向车辆以广播的形式进行信息发布	需发布的交通信息	智能网联交通标志、雷达、摄像机等	公众出行者
隧道	高精度定位信息	车辆在隧道内行驶,实时对车辆进行高精度定位	车辆身份信息、高精度定位信息、速度	车辆检测器、高精度定位装置	公众出行者
合流区	电子地图信息发布	车辆驶入该合流区路段后,向车辆实时发布周边一定范围的高精度地图信息	道路信息(包括线形、车道、附属设施、交安设施等)、周边环境信息(包括周边建筑物、绿化、地貌地物等)	高精度地图信息采集设备	公众出行者
合流区	智能网联交通标志信息发布	车辆在合流区行驶,智能网联交通标志向车辆以广播的形式进行信息发布	需发布的交通信息	智能网联交通标志、雷达、摄像机等	公众出行者
合流区	个性化动态诱导	根据用户需求,提供个性化动态诱导服务	出行目的、始发地点、目的地、路网信息	RSU、OBU、MEC、高精度定位	公众出行者
分流区	电子地图信息发布	车辆驶入该分流区路段后,向车辆实时发布周边一定范围的高精度地图信息	道路信息(包括线形、车道、附属设施、交通安全设施等)、周边环境信息(包括周边建筑物、绿化、地貌地物等)	高精度地图信息采集设备	公众出行者

续上表

道路环境	场景名称	功能概述	所需信息	所需设备	用户主体
分流区	智能网联交通标志信息发布	车辆在分流区行驶,智能网联交通标志向车辆以广播的形式进行信息发布	需发布的交通信息	智能网联交通标志、雷达、摄像机等	公众出行者
	个性化动态诱导	根据用户需求,提供个性化动态诱导服务	出行目的、始发地点、目的地、路网信息	RSU、OBU、MEC、高精度定位	公众出行者
服务区	电子地图信息发布	车辆驶入服务区后,向车辆实时发布服务区的地图引导信息	服务区引导信息(包括加油站、卫生间、超市、停车场等位置信息)	高精度地图信息采集设备	公众出行者
	多模式集成出行引导	在服务区内,为公众提供公交车、大客车、出租汽车等多模式出行信息引导	公交车、大客车时刻信息,途经站点信息,出租汽车信息	摄像机、雷达、多模式出行信息发布大屏	公众出行者

4. L4 级场景功能

L4 级场景功能描述及各场景所需的信息、设备以及相应用户主体见表2-6。

L4 级场景　　　　　　　表2-6

道路环境	场景名称	功能概述	所需信息	所需设备	用户主体
直线路段	专用道柔性管理与控制	车辆在道路上行驶,当前方出现专用车道的管控策略出现变化时,对车辆进行提醒	车辆身份信息、位置,专用道信息、管控策略	路侧雷达、智能网联标志	公众出行者
	车辆通过柔性管理专用道的识别与轨迹监测	采集车辆运行轨迹数据、柔性专用道管控数据,并对车辆运行通过柔性道的轨迹进行实时监测	车辆身份标识信息、速度、位置,道路线性信息、柔性道信息、柔性道管控策略等	路侧雷达、摄像机、OBU、RSU	公众出行者

5. L5 级场景功能

L5 级场景功能描述及各场景所需的信息、设备及其相应用户主体见表2-7。

L5 级场景　　　　　　　　　表 2-7

道路环境	场景名称	功能概述	所需信息	所需设备	用户主体
直线路段	协作式车队管理	针对道路上运行的网联车/自动驾驶车辆队列进行管理,车车协同控制,使得每个车获得最优速度和加速度行驶	领航车标识信息、位置、实时速度、跟随车辆数量、实时速度、位置	路侧雷达、摄像机、OBU、MEC、RSU	公众出行者
	编队加/减速行驶	车队在行驶中加速/减速	领航车标识信息、位置、实时速度、所处车道、车头时距/间距	路侧雷达、摄像机、OBU、MEC、RSU	公众出行者
	编队换道	辅助网联车/自动驾驶车辆队列进行换道	领航车标识信息、位置、实时速度、所处车道、车头时距/间距、道路信息、跟随车辆的速度	路侧雷达、摄像机、OBU、MEC、RSU	公众出行者
	自适应编队	编队车辆检测到其他车辆插入编队,自动调整车速,保持与前车的安全距离;其他车辆驶出后,自动恢复设定距离	领航车标识信息、位置、实时速度、插入车辆的实时速度、位置、安全距离等	路侧雷达、摄像机、OBU、MEC、RSU	公众出行者
	驶入编队	编队外车辆向领航车发出加入编队请求,领航车辆同意后加入编队,跟随领航车辆开启自动行驶模式	车辆身份信息、位置、速度、所处车道,车队位置、速度、所处车道、车头时距/间距	路侧雷达、摄像机、OBU、MEC、RSU	公众出行者
	驶出编队	编队内某一跟随车辆到达目的地后,脱离编队,其他车辆重新编队	驶出车辆身份信息、位置、速度、所处车道,车队位置、速度、所处车道、车头时距/间距	路侧雷达、摄像机、OBU、MEC、RSU	公众出行者

第四节　高速公路智能车路协同系统功能清单生成技术

一、基于端边云的系统功能分析

根据 ICVIS-H 体系架设计,下面将分别详细介绍路中心云平台、边缘侧云平台、边缘节点软件、高精度地图云平台以及典型应用场景的具体功能。

1. 路中心云平台功能分析

1)路中心云平台架构

建立高速公路路中心云平台,分别在基础资源层(IaaS)、平台服务层(PaaS)、业务应用层(SaaS)3 层部署相关功能。路中心云平台架构如图 2-2 所示。

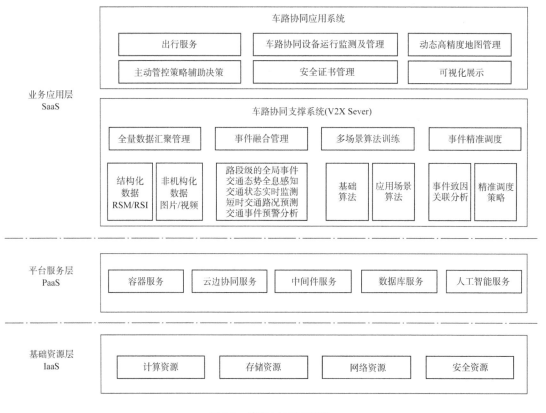

图 2-2　路中心云平台架构

根据调研,目前个别高速公路路段已经建立了相关云平台。根据高速公路实际建设需要,本书提出了两种可选择方案:一是新搭建车路协同云平台,包括基础构架层(IaaS)、平台服务层(PaaS)、业务应用层(SaaS)共 3 层;二是在既有的云平台基础上扩充 IaaS 层、PaaS 层资源,仅在 SaaS 层部署车路协同业务。高速公路建设运营管理单位可以根据自身情况,选择适合自身的方案进行建设。一般情况下,新建高速公路建议采用方案一进行设计实施,改/扩建高速公路项目建议采用方案二,以避免资源的重复建设。

2)路中心云平台功能

下面分别介绍高速公路路中心云平台业务应用层、平台服务层、基础架构层的功能。

(1)业务应用层功能。业务应用层功能主要从车路协同支撑系统、车路协同应用系统两个方面进行分析和描述,其具体功能见表2-8。

中心云平台业务应用层功能　　　　　　　　　　　　　　表2-8

子系统名称	功能	功能描述
车路协同支撑系统	本路段全量数据汇聚管理	对本路段边缘节点生成的全量数据进行汇聚、存储。聚合各节点结构化数据,实现宏观交通状态估计与预测,车辆跨节点轨迹跟踪与预测(数字孪生)。对于单一节点,在路侧进行视频信息处理,提取车辆轨迹信息,并将轨迹信息与路侧其他感知设备(信标、雷达)数据进行融合。中心云根据所辖各节点融合后结构化数据,进行车辆多节点跟踪,以及宏观交通态势预测,并根据车辆轨迹与交通态势预测,进行相关管控与服务
	本路段交通事件融合分析	对于路段所有单点边缘计算节点上报的实时路况信息及事件信息进行融合分析,形成路段级的全局事件。通过分析接入的路侧多源感知数据,并结合第三方平台输入数据,形成区域路网交通势态全息感知结果,能够实现交通态势实时计算、短时交通路况预测、节假日车流拥堵预测、交通事件预警分析等功能
	本路段路侧多场景算法训练	通过大数据分析、人工智能、深度学习等技术,进行算法训练,优化算法,提升各应用场景算法精准性,涉及基础算法训练和应用场景算法训练,同时具备算法版本管理、算法上传至中心等功能
	路段交通事件跨点位精准调度下发	采取全路段拓扑管理方式,实现设备接入与设备业务的发放、路侧设备逻辑拓扑的管理。在边缘计算单元上报的实时路况信息及事件基础上,区域平台结合事件影响范围和影响程度,制定业务精准调度策略,依据设备拓扑关系,按照事故属性向指定区域的车辆提供车路协同服务,实现事件向远端设备的精准调度、精准推送
车路协同应用系统	出行服务	路中心云平台实时对路侧采集到的交通事件及第三方平台数据进行分析,根据车路协同不同应用场景,为出行者提供拥堵、逆行、事故、抛洒、施工等事件通知服务。结合高精度地图数据、交通流量预测、交通事件预警、危险道路路况预警、交通拥堵预警等信息,为出行者提供行车路径规划与导航服务。服务的渠道包括可变信息情报板、手机App、OBU等
	车路协同设备运行监测及管理	对本路段车路协同设备(边缘计算节点、高清摄像机、毫米波雷达、RSU、气象设备等)进行设备监测及运维管理,具体功能包括版本管理、配置管理、日志管理、告警管理、诊断测试、运行状态管理等。当设备出现故障时,区域云平台可发出预警,通过预先设置的策略或人工指派的方式,指派运维人员进行维修,维修结果可及时反馈至路中心平台
	动态高精度地图管理	具备与高精度地图云平台的数据共享,路中心云平台从高精度云平台获取本区域的高精度地图,能够对路中心云平台汇聚的交通参与者信息和时间信息进行动态图层生成,并将V2X高精度地图数据按照区域进行切片分发,实现远程下发

续上表

子系统名称	功能	功能描述
车路协同应用系统	主动管控策略辅助决策	以车路协同支撑协同分析的交通事件和路面交通状况为输入,建立以车道管控、速度管控、分流管控为输出的决策模型,结合业务逻辑,形成车道管控、速度管控、分流管控的策略辅助决策建议。需实现隧道内部分车型流量统计功能,具备测算隧道内部存量人员的功能,当隧道内发生事故时,能够为救援物资及人员的配置提供精准合理的决策依据
	安全证书系统	能够实现路侧 RSU 证书下发、端侧 OBU 证书下发功能,实现设备间安全认证和安全通信。RSU 及 OBU 经光纤或 4G/5G 向区域平台的安全证书系统请求证书下发,系统鉴权通过后,下发 V2X 证书至 RSU 及 OBU
	可视化展示	基于高精度地图,将整个路段内的交通态势与事件信息集中在大屏上进行动态展示

(2)平台服务层功能。中心云平台服务层(PaaS 层)为路中心云平台的业务应用功能的实现提供支撑,主要功能见表 2-9。

中心云平台服务层功能　　　　表 2-9

序号	功能	功能描述
1	容器云服务	提供系统容器化部署和应用环境管理。借助云容器引擎,部署、管理和扩展容器化应用程序。根据业务需求预设策略自动调整计算资源,使云服务器或容器数量自动随业务负载增长而增加,随业务负载降低而减少,保证业务平稳健康运行的同时具备未来架构扩展能力,后续可平滑支撑微服务治理等能力
2	云边协同管理服务	具备端、边、云协同服务能力,具备云边管理协同、镜像统一下发、云边服务等功能,实现云边的应用协同、策略协同、管理协同
3	中间件服务	具备统一权限认证、规则引擎、统一授权管理等安全认证功能。统一权限认证用于对所有接入平台的用户、机构、角色以及权限统一管理;规则引擎是将业务中实时变化的规则抽取出来,规则可以通过可视化图形化配置,业务中通过接口调用规则,响应对应的执行结果;流程引擎主要用于流程设计和流程编排;统一授权管理为各个系统提供统一的系统使用授权接入,提供系统的使用数量、时间等维度的控制管理能力
4	数据库管理服务	承载对车路协同全量数据的存储、查询、计算和分析,通过建立统一的数据开发管理门户,实现一站式的数据全生命周期管理,包括数据集成、数据清洗加工、数据计算分析、统一算力分配、统一任务调度、元数据管理、数据质量管理、数据服务管理、数据标准管理等
5	人工智能分析服务	构建面向高速公路 AI 算法的一站式开发、管理、应用的平台引擎,支持海量数据预处理及半自动化标注,支持在线的开发调试环境,支持大规模分布式训练、自动化模型生成及端-边-云模型部署能力,支持模型快速创建和部署,管理全周期 AI 工作流。匹配高速公路云、网、边、端的业务架构,AI 算法平台提供高性能训练、推理,支持自学习和云、边、端部署

（3）基础资源层功能。路中心云平台基础资源层主要包括计算资源、存储资源、网络资源和安全资源。具体资源需求根据实际应用场景需求确定。

2. 边缘云平台功能分析

边缘云平台的主要功能包括所辖边缘节点设备管理、数据交互、数据融合、协同决策等，具体见表2-10。

边缘云平台功能　　　　　　　　　　　　　　　　　　表2-10

序号	功能	功能描述
1	数据管理	对所辖区域内各节点采集的数据进行汇集、存储和融合分析
2	设备管理	对所辖区域内节点设备的运行情况进行监测和管理
3	V2X 服务及信息交互	与中心云进行信息交互，接收中心云下发的指令；同时通过节点 RSU 与区域内车辆进行信息交互
4	高精度地图服务	向所辖区域内的各节点设备下发动态实时高精度地图
5	协同决策	依据交通态势以及中心云下发的预警，进行区域内交通管控决策与服务
6	其他	其他应该具备的功能，根据工程实际需要进行设计

3. 边缘节点设备软件功能分析

边缘节点设备软件的基本功能，包括数据处理、数据融合、发布设备管理、信息发布等，具体见表2-11。

边缘节点设备软件功能　　　　　　　　　　　　　　　　表2-11

序号	功能	功能描述
1	数据处理及数据融合	利用计算设备进行端侧传感设备原始数据处理以及数据融合
2	发布设备管理	根据边缘云平台的指令或者本地管理需要进行信息发布设备的管理
3	信息发布	根据管理需要，选择可变信息标志、App 等不同的信息发布手段，向不同的车辆进行信息发布
4	信息交互	与边缘云平台进行信息交互，可以接收边缘云平台的控制指令、协同、预警等指令，同时可以与信息发布设备、车辆等进行信息交互，进行管理范围内的信息发布与预警提示
5	其他	其他应该具备的功能，根据工程实际需要进行设计

4. 高精度地图云平台功能分析

高精度地图作为自动驾驶环境感知的重要部分，对自动驾驶的定位、全局路径规划和局部路径规划起到重要作用。高精度地图云平台应具备地图更新、动态图层生成、地图服务、辅助驾驶、自动驾驶地图服务等功能，具体见表2-12。

高精度地图云平台功能　　　　表2-12

序号	功能	功能描述
1	地图更新	基于各路侧传感器,包括毫米波雷达、摄像头、信标等感知设备提供的道路静态环境检测结果,识别出与现有高精度地图在对应路段的差异,经判决后将差异内容更新到高精度地图中
2	动态图层生成	动态图层是高精度地图各类动态信息的总和,包括动态事件、动态目标等。动态图层的时间、空间信息在高精度地图的基础上进行统一表达,确保精度,从而为辅助驾驶预警、智能驾驶和自动驾驶感知、规划提供输入,为匝道分合流安全预警及诱导、准全天候通行、隧道安全预警及诱导等服务提供时空基座支持
3	地图服务	应具备向中心云与边缘云提供地图服务的能力。地图服务应具有车道级管理能力,覆盖所辖高速公路全线,并覆盖收费站、服务区、隧道、匝道分合流区等重点区域,基于及时更新的高精度地图和动态图层提供准确的时空信息。地图服务应能够提供道路所属区域业主等信息,便于路网管理
4	辅助驾驶/自动驾驶地图服务	动态高精度地图系统应具备向辅助驾驶、智能驾驶和自动驾驶车辆提供地图服务的能力。支持大量、高并发的用户接入,并及时将更新的地图、动态图层和实时动态信息下发给服务车路,以支持网联车导航、辅助驾驶、自动驾驶规划控制等服务
5	其他	其他应该具备的功能,根据工程实际需要进行设计

二、典型场景功能分析

在对高速公路车路协同系统应用场景构建及功能描述的基础上,对个别典型场景的功能实现进行了详细分析,接下来主要对高速公路施工作业区、分合流区、隧道等多个典型应用场景进行了功能设计。

1. 分合流区应用场景

1)需求分析

高速公路互通分合流区是高速公路交通事故多发的路段之一,车辆的频繁加减速、变道等行为容易造成驾驶人操作及判断失误,引起交通混乱。互通分合流区车辆交织频繁,换道行为较多,车辆间车速差距大,容易发生交通事故和造成交通拥堵。相关资料显示,高速公路分合流区单位距离交通事故率一般是其他路段的4~6倍,远高于其他路段,属于事故多发区域。

可以通过智能车路协同系统对分合流区附近主路和匝道上的车辆运行状态进行分析,提供预警服务,并将相应的预警信息发布给安装有智能车载终端的车辆,当车辆与其他车辆存在碰撞风险时,通过车载显示系统进行碰撞预警,提醒驾驶人。

2)功能设计及描述

以合流区车辆汇入预警为例,具体功能实现过程如下:网联车辆在匝道上游的主路行驶,当匝道处有其他网联车辆汇入时,RSU获取车辆相关信息及周边环境信息,RSU向主路及匝道车辆发布预警信息和建议速度值,车辆OBU获得相关信息,主路车辆驾驶人采取相应措施,安全通过合流区,匝道车辆驾驶人采取相应措施,安全汇入主路。对于未安装车载终端的车辆,通过路侧显示系统,如可变电子信息情报板、智能道钉等进行车辆预警,以提醒驾驶人注意。

数据流向及该车路协同场景设备布设示意图如图2-3所示。

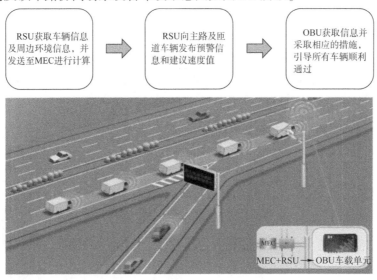

图2-3　分合流区应用场景数据流向及设备布设示意图

2. 隧道应用场景

1)需求分析

高速公路隧道是高速公路交通事故多发的路段之一。对于在隧道入口区域的车辆而言,无法获得隧道内的全部视野,隧道内部一定距离内为视野盲区,当盲区内发生车辆停止、车辆逆行、隧道内出现抛洒物、火灾、行人出现等交通事件时,隧道外的车辆不能及时获取这些事件信息,很容易产生交通事故。由于隧道内视线较暗,隧道内部发生事故后易引发二次事故,同时,隧道事故极易导致交通堵塞,需要及时进行信息发布、事故清理与交通引导。

2)设备布设

为实现隧道车路协同系统相关功能,可在隧道入口外约500m处横臂安装毫米波雷达、摄像头、RSU等路侧交通感知设施,原则上1个毫米波雷达配合1个摄像头朝向一个来车方向,以实时感知道路车辆通行情况;在隧道入口外1km范围内布设智能道钉或者在已有门架上设置可变信息标志,用于信息发布及提醒预警;隧道内布设毫米波雷达、摄像头、RSU等路侧感知设备,实时感知隧道内交通情况。

3)功能设计及描述

隧道智能车路协同系统可以实现事故预警、事件疏导、拥堵提醒、交通管控等功能。通过智能车路协同系统接入隧道事件检测系统,以获取隧道交通事件信息,然后通过路侧感知系统及信息发布设施完成事件信息的传递与发布,实现事故预警及安全行车引导。

以面向混合流的隧道事件预警为例,其数据流及具体功能实现过程如图2-4和图2-5所示。

智能车路协同系统对包括车辆异常停车、车辆逆行、车辆交通事故、行人出现、隧道内出现抛洒物等事件进行检测,当检测到隧道内发生交通事件时,可以通过RSU及门架上的信息情报板或智能道钉等车路协同系统信息发布设备面向网联车和非网联车进行信息发布与提示。对于网联车辆,可通过 RSU 与 OBU 间的无线通信传递事件信息,提醒前方道路情况,辅助判断车辆是否应进入隧道,对其进行行车引导;对于非网联车辆,可以通过隧道入口前全域智能道钉全域变为红色提醒非网联车辆隧道内部发生事故,提醒并辅助判断车辆是否应进入隧道,从而实现混合交通流条件下的道路主动安全及车辆引导。同时,面向网联车和非网联车,还可以通过 RSU 和可变信息情报板,形成面向混合交通流的隧道应急处置三级诱导。在监测到隧道发生交通事件后,在上游发布隧道事件信息,引导车辆改变行驶路线,避免车辆进入隧道及交通事件影响区域。对于未进入隧道区域的车辆,引导它们减速或停车。应用车路协同技术还可应急诱导隧道内车辆进入车行横洞。

图 2-4　隧道车路协同场景数据流

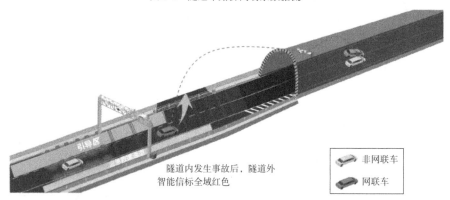

图 2-5　基于车路协同的隧道交通事件预警功能实现

3. 施工作业区应用场景

1)需求分析

高速公路施工作业区占用行车道,导致施工路段通行能力下降,产生交通瓶颈。同时,施工区车辆换道行为增加,不同车辆行驶速度差距较大,交通事故多发,施工人员及途经车辆发生交通事故的风险较高。

目前,高速公路施工作业区主要存在以下问题:

(1)智能化水平有待提高。施工作业区的规范化设置是保障安全的前提,目前交通设施、标志的布设和撤离过程监管手段较为落后,有必要对该过程实现智能化监管,进而提升安全保障水平。

(2)主动防护不够全面。施工作业区缺少主动安全防护设施和手段,不能在车辆侵入施工作业区及引发交通事故前进行预警,安全保障性差,因此有必要形成施工作业区途经车辆的预警方案,提升车辆与人员安全保障水平。

（3）信息交互体系尚未完善。途经车辆、施工人员、管理中心间的信息交互效率较低，交通事故发生后报警的及时性较差，应急响应时间长，导致事故处理不够及时，事故影响大，因此有必要提升交通事故响应速度。

2）功能设计及描述

通过车路协同系统提供施工区预警服务，将预警信息同时发送至途经车辆和施工作业人员，能够有效提升施工区附近的通行效率，降低车辆及施工人员事故风险，提高交通安全水平。

具体功能设计如下：

在施工作业区的上游过渡区布设可移动式一体化路侧感知单元，获取上游过渡区前一定距离范围内的交通状态信息，通过车辆轨迹预测算法，实现对车辆轨迹的短时预测。

当判定途经车辆有侵入施工作业区的可能时，通过车路协同无线通信设备及施工作业人员的智能手环，对施工人员及途经网联车辆进行预警提醒，通过可移动式一体化路侧感知单元自带可变信息标志，向途经非网联车辆进行预警提醒。

在上游过渡区布设入侵检测设备，结合在上游过渡区布设的可移动式一体化路侧感知单元，实现对侵入施工作业区的车辆的实时检测，当有车辆侵入施工作业区时，通过智能手环对施工人员进行报警，并且智能手环还能支持施工人员在事故发生后的一键报警，以便及时开展救援。

数据流向及该车路协同场景设计示意图如图2-6所示。

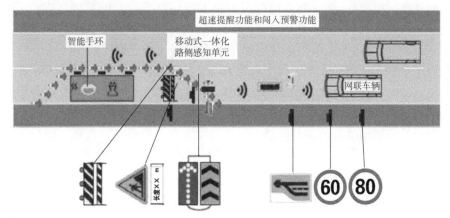

图2-6 施工区应用场景数据流向及场景设计示意图

第三章

高速公路车路协同路侧设备组合布设方法

第一节 高速公路车路协同路侧设备组合布设方法研究现状

路侧交通状态感知设备是支撑高速公路交通运营管理的重要信息化基础设施。目前我国高速公路主要采用地磁线圈、微波检测器等传统设备采集车流量、时间平均车速、占有率等道路断面交通流数据,或者采用高清卡口相机在道路断面采集车辆牌照信息[18]。近年来,随着传感器和信息处理技术的迅速发展,出现了全向毫米波雷达、毫米波雷达-视频一体机等新型路侧交通状态感知设备,这些设备能够有效检测数十米乃至上百米范围内多条车道上的数百个车辆目标,并实时获取精确的车辆轨迹数据,设备工作性能稳定可靠,有效改进了传统设备存在的检测范围小、无法追踪个体目标、病损率高等缺陷。另外,随着智能汽车技术的快速发展,在未来车路协同技术应用场景中,新型感知设备所提供的大范围、实时、高精度交通状态检测数据,为车路协同行车预报警提供精准可靠的数据基础[19],这是传统交通状态感知设备无法实现的。

近年来,新型路侧感知设备已广泛应用于国内智慧公路建设工程中。由于缺乏相关理论研究和实践经验的支撑,目前工程中通常根据这些设备的检测能力进行等间距设备布设[20-21]。这种设备布设方法并无科学的应用需求测算依据作支撑,可能导致感知系统建设成本过高或者遗漏重要监测对象。相较于新型路侧感知设备布设方法研究较少的现状,有关地感线圈等断面交通流检测器和高清卡口相机等断面车牌识别设备在道路路段上优化布设方法的研究较多。这些研究按照其布设目的可以分为基于事件检测的布设方法、基于行程时间估计的布设方法以及基于交通状态估计的布设方法。

一、基于事件检测的布设方法

在道路上合理布设路侧感知设备,对突发交通状况进行事件监测,是改善交通运行状态的一种重要手段。面向突发事件检测的路侧感知设备布设方法主要通过分析事件发生点上下游断面交通流参数变化获知事件发生,可以通过宏观交通流模型[22]或者机器学习模型[23]获取交通流参数变化模式。

方青[24]使用交通流仿真软件 VISSIM 建立一条长度为 3km 的单向两车道模型作为研究

路段,设计多层前馈(Back Propagation,BP)神经网络算法对研究路段进行事件检测,通过交通事件的误报警率、检测率以及平均检测时间对事件检测能力进行量化,并进行试验对比分析得到路侧感知设备的最佳布设间距。熊丹等[25]以四川盆周山区一段高速公路作为研究路段,构建了基于增量比较法的交通事件检测模型,并使用VISSIM仿真得到路侧感知设备之间的最佳布设间距。

对于此类问题,通常预先制定多种路侧感知设备布设方案,设计算法估计不同布设方案中的交通流运行状态,通过分析事件检测结果与实际状态之间的差异来判断布设方案的有效性,使用最少的设备达到给定的事件检测精度的方案即为最佳布设方案。

二、基于行程时间估计的路侧感知设备最优布设方法

基于行程时间估计的路侧感知设备最优布设方法可以定义为:在数量有限的情况下,通过优化无源或有源传感器的安装位置,以达到车辆行程时间的最优估计的传感器布设方法。

Gentili等[26]通过总结分析既有文献发现,图论和聚类是两种常用于检测设备布设方法研究的方法论,二者分别将设备布设问题抽象为最短路径搜索问题和最小化组内间距问题。储浩等[27]以上海市外环线实际道路为底图构建交通流仿真环境,通过对路侧感知设备的布设间距设置多组对照试验,探究设备布设密度与车辆行程时间精度之间的关系,指出了布设间距并不是越小效果越优,而是应该在一个合理范围内的结论。Kim等[28]针对高速公路行程时间估计的问题,提出了一种传感器布设位置优化算法,构建以行程时间精度最高为目标的优化模型,并使用遗传算法对该模型进行求解工作,通过该算法将平均行程时间误差控制在10%以内,大幅提升了行程时间的估计精度。Edara等[29]将北弗吉尼亚州的I-66号高速公路作为研究路段,使用混合整数规划的方法建立目标模型,采用遗传算法求解最优布设方法,并利用其中真实部署的检测器作为路侧感知设备,进行行程时间估计的算法验证,最后试验结果证明文中提出的布设方案在减少检测器的同时,还能够将最小行程时间误差减少到原来的55%,相较于现有布设方案有较大程度的改进。Sherali等[30]将得克萨斯州的I-35号高速公路作为研究对象,将行程时间的估计精度最高的设备布设问题转化为一个0-1优化问题,并使用分支定界法对模型进行求解工作,实现对现有布设方法的优化。Bartin等[31]指出行程时间的估计问题本质上为一个空间离散化问题,可以将路段进行特征提取,并使用聚类算法对特征相似路段进行归类,对于每种类型的相邻路段布设一个路侧感知设备,进而实现设备布局的优化。王浩森[32]借鉴传统路侧感知设备的布设思路,受到磁感线圈等断面检测器的启发,采用手机连接基站数据作为数据来源进行研究工作,使用BP神经网络构建车辆行程时间估计模型,并将车辆行程时间估计误差最小作为目标方程,提出了一种路侧感知设备增设方案。杜树樱[33]针对高速公路路侧感知设备布设优化问题,以车辆行程时间估计最优为目标函数,综合感知设备数量、成本等因素,建立多约束整数规划模型,并采用遗传算法作为求解器进行模型的求解工作,最后将宁沪高速公路的无锡到苏州段作为研究路段,得到需要增设路侧感知设备的数量。

此类问题大多以车辆的行程时间估计精度最高为目标,综合感知设备的成本、设备个数等因素建立约束方程,并使用分支定界法或遗传算法作为模型的求解算法,输出最优布设方案。

三、基于交通状态估计的路侧感知设备布设方法

Hong 等[34]使用元胞传输模型以及扩展卡尔曼滤波算法对道路交通状态进行估计,通过设置不同的感知设备距离来研究设备位置对道路交通状态估计的影响,从而确定出最佳的设备布设位置。Eisenman 等[35]使用感知设备随机布设的研究方法,进行了设备布设位置对道路交通状态影响的分析工作,指出交通量较大的高速公路路段相较于其他路段更加需要布设路侧感知设备,而且采用随机选择法进行设备布设可以获得更小的均方根误差值。Ahmed 等[36]研究了路侧感知设备位置对交通状态估计的影响,采用区域传输模型对交通状态进行预测,对设备测量值使用扩展卡尔曼滤波器进行优化,达到误差最小化的目的,并归纳出感知设备的布设位置对于交通状态估计值的影响。Canepa 等[37]提出了一种基于离散交通状态估计的路侧设备布设方式,将交通状态估计问题转化为混合整数规划(Mixed Integer Programming,MIP)问题,使用分支定界法对问题模型进行求解工作,并设计试验证明方案的有效性。Shan 等[38]提出一种交通状态网络来模拟感知设备检测数据之间的相互关系,并使用贪心算法在线性复杂度时间内求解出设备布设位置的局部最优解,最后使用车辆全球定位系统(Global Positioning System,GPS)数据作为数据来源进行模型的验证工作。Li 等[39]对影响路侧感知设备布设的因素进行综合分析,指出设备成本、预算、交通状态估计值等 6 个因素为影响路侧感知设备的因素,并提出了最大积分模型,得出各类因素对于布设位置的影响情况。Liu 等[40]设计了基于梯形流量密度曲线的元胞传输模型拟合高速公路实际交通流数据,提出了面向交通流瓶颈精确定位的断面检测器布设方法,并使用实际数据验证了该方法的有效性。Contreras 等[41]提出了基于线性化 Lighthill-Whitman-Richards 模型的交通流状态能观性分析方法,并通过仿真试验对比了不同断面检测器布设方案下的交通流状态观测性能。

基于交通状态估计的路侧感知设备布设方法,通常构建交通流模型或设计算法对道路的交通状态进行估计,分析不同设备布设间距下的估计精度,从而筛选出最优的设备布设距离。

由上述研究可知,确定交通状态检测需求是设计路侧感知设备布设方案的先决条件,而在设备购置及安装预算约束下,尽可能提升交通状态检测广度、精度和可靠性,则是设备布设方法研究的内涵。无论使用哪种传感器,在设计其布设方案时,均需要根据具体的检测对象,在有限的投资约束和预期获得的交通信息之间达到有效平衡。

结合目前车路协同系统建设现状和发展趋势,现有交通传感器布设方法研究中存在以下有待完善之处:

(1)从传感器类型上来看,现有研究主要以环形车检器等传统交通流检测器布设方法为研究对象,这些设备在工作特性、数据采集能力、设备造价、维护方法等方面,与激光雷达、广角摄像机等新型路侧感知设备均存在较大差别,因此,现有的针对传统交通流检测设备的布设方法难以用于指导车路协同系统建设。

(2)现阶段交通传感器只能够实现初步的网联化、智能化和自动化,仅能完成低精度感知及初级预测,同时感知信息只向车辆系统进行单向发送,且各种感知数据之间无法有效融

合，信息采集、处理和传输的时延明显。

（3）路侧感知设备对其布设高度和位置具有较为严格的要求，同时路侧感知设备布设工作需要的土木工程基础造价较高，因此，在很多情况下多种交通状态感知设备会同址布设，有些示范工程中也会与路侧通信设备和边缘计算设备布设在同一位置，以便于就近利用跨路门架、路侧立杆、供电网络、光纤网络等基础设施。现有交通传感器布设方法研究中并未充分考虑多种新型感知设备同址布设的情况，因此也未出现考虑不同类型传感器感知特性的组合布设方法。

（4）已开展的道路交通传感器布设方法研究，较少考虑设备异常工作情况对连续时空维度上交通状态感知精度的影响，而一些路侧通信设备布设方法的研究中会考虑此类异常工况。由于工作原理和设备元器件性能差异，路侧感知设备故障率通常远高于路侧通信设备，而现阶段在网联汽车市场普及率比较低的情况下，获取道路交通状态仍主要依靠路侧感知设备，因此有必要研究路侧感知设备异常工况对交通流状态连续检测的影响及应对方法。

（5）道路交通安全是高速公路运营管理的核心关切之一，但是以行车安全监测为目标的路侧感知设备布设方法目前鲜有研究涉及。与之相近的面向突发事件检测的设备布设方法，常采用事件平均检测时间、误检率、道路占有率等指标评价设备布设方案优劣，但是此方法只能等待交通事故发生造成交通状态变化后才能发挥作用，难以满足对道路交通安全状态实时监测对高时效性和高精准性的要求，无法应用于道路行车风险主动防控中。

第二节　常见智能路侧设备梳理

实时、准确的交通信息采集是实现高速公路车路协同的前提和关键。交通信息分为两种：静态交通信息和动态交通信息。路侧感知设备通常用于获取路段的静、动态交通信息。静态交通信息是指如道路的路网信息、环境的基础地理信息等在一定时间内固定的信息。动态交通信息是指车流量、行驶速度、密度等道路上不断变化的交通信息。完善的动态交通信息采集系统可以为高速公路管理者提供到实时、准确、全面的动态交通数据，是提升道路交通管理水平的重要基础。

对于上述不同类型的交通信息，采集技术种类很多，根据被采集车辆是否与采集系统进行交互，即是否独立于采集系统，交通信息采集技术分为两大类：独立式采集技术和协作式采集技术。独立式采集技术主要包括感应线圈检测、地磁检测、微波检测、红外线检测、视频检测。在独立式采集技术中，被检测车辆不会向采集系统发送和接收任何信息，完全由采集系统自主实现信息采集。协作式采集技术主要包括基于 GPS 定位的采集技术、基于射频识别（Radio Frequency Identification，RFID）的采集技术和基于蜂窝网络的采集技术。在协作式采集技术中，被检测车辆上会有相应的车载设备，如 GPS 终端，通过它与整个采集系统的其他部分进行信息交换，以实现信息采集[42]。表 3-1 对几种常见的交通信息采集技术进行了比较。

常见交通信息采集技术比较　　　　　　　　表 3-1

技术	采集数据	优点	缺点
环形感应线圈检测技术	特定位置的流量、占有率和车速等	高精度、不易受干扰、技术成熟度高	容易损坏、维修与护理的成本高
微波雷达采集技术	交通流量和车速等	精度较高、抗干扰能力强、设备简单	存在漏记车辆的情况、含电磁辐射
视频检测器	特定位置的交通流量、占有率、车头时距和平均车速等	安装和维护较为简单、提供交通监管信息	易受光照、天气等环境因素的影响、需要辅助的计算设备
基于 GPS 动态信息采集技术	一定采样间隔的位置、时间戳和车速等	车辆数据的采集密度较高、提供交通监管信息	安装费用高、采集数据的代表性受限、存在数据隐私问题
基于车牌识别采集技术	相邻检测点间的交通量、行程时间和车速等	可集成于监控系统降低采集成本、提供交通监管信息	易受光照、天气等环境因素的影响、特定条件下识别率不高

一、独立式采集技术

独立式采集技术又称车辆检测技术，目前具有代表性的分类方法是按检测器的工作方式及工作时的电磁波波长范围将其分为 3 类：磁频检测、波频检测和视频检测。

常用的磁频检测技术包括感应线圈检测和地磁检测。感应线圈检测器是一种基于电磁感应原理的车辆检测器，它的传感器是埋在地面下通有一定工作电流的环形线圈，通过检测线圈电感量的变化达到检测车辆存在的目的，进而可实现对车流量、平均车速、车道占有率、平均车长、平均车间距等交通信息的检测。地磁检测器利用铁质物体通过时会引起地磁场的扰动的原理，通过检测地磁场的变化来判断车辆的出现与离开。

常用的波频检测技术包括微波检测和红外线检测。微波检测器利用雷达线性调频技术原理，对检测路面发射微波，通过对反射回来的微波信号进行检测，实现对车速、车身长度、车流量、车道占有率等交通信息的采集。红外线检测器分为主动式和被动式两种。主动式红外线检测器向检测区域发射低能红外线，通过对反射回来的红外线进行检测，实现对车速、车流量、道路占有率等交通信息的采集。被动式红外线检测器本身不发射红外线，而是通过接收来自车辆和道路环境发射的红外线实现对车辆信息的检测。

在智能交通系统中，视频检测技术应用比较广泛，主要包括运动车辆提取、阴影检测等。运动车辆提取的目的是将运动车辆从背景图像中分割出来，目前主要包括帧间差分法、背景差分法和光流法。帧间差分法利用前后两帧图像的差分实现运动物体的检测，实现简单，运算速度快、对动态环境的适应性很强，但是不适合检测速度过慢或静止的车辆。在运动车辆提取过程中，与车辆同步运动的阴影也会与车辆一起被提取，所以必须去除阴影。阴影分为自身阴影和投射阴影两种，自身阴影是目标物体自身没有被光线直接照射到的部分，投射阴影指的是由于目标物体的遮挡而在场景中形成的阴影区域。阴影去除的目标是消除投射阴影。

独立式采集技术应用时间较早,应用范围较广,美国休斯测试中心对以上检测技术进行了测试,并给出了相应的比较报告。这些检测技术各有优势和不足,适用于不同的场合。感应线圈检测技术成熟、计数精确,广泛应用于普通道路;微波检测设备安装方便、直接检测速度、可检测多条车道,适用于高速公路等场合;视频检测设备安装方便、可提供交通图像等大量交通信息,随着检测算法稳定性和可靠性的不断提高,视频检测将会在智能交通中发挥越来越重要的作用。

二、协作式采集技术

在协作式采集技术中,通过被检测车辆上相应的车载设备与整个采集系统的其他部分进行信息交换,以实现信息采集,主要包括三大类:基于GPS定位的采集技术、基于RFID的采集技术和基于蜂窝网络的采集技术。

基于GPS定位的采集技术通过安装在车辆上的GPS接收模块接收GPS卫星信号,从而得到车辆的相关实时信息,包括经度、纬度、时刻、行驶速度等,进而实现车辆的定位、跟踪等功能。如果在多个车辆上安装GPS接收模块,通过这些车辆反馈回来的GPS信息,可实现路网交通流信息的采集。这些车辆被称为浮动车(Float Car)或探测车(Probe Car),一般为出租汽车。这种方法的缺点是GPS卫星信号容易受到楼群等建筑物的影响,有时定位精度会降低,甚至出现没有信号的情况。

RFID技术是一种利用无线射频原理实现非接触式自动识别的技术。它利用安装在车辆上的射频标签存储相应的车辆信息,如车牌号、发动机ID、驾驶人ID等。射频标签分为有源标签和无源标签两种。通过读写器读取射频标签中的信息,可以实现对车辆的自动识别。RFID技术广泛应用于智能交通系统中,如高速公路和停车场收费、货物自动跟踪和识别等。

1996年,美国通信委员会发布了E-911法案,要求移动网络运营商必须通过手机信号知道用户的位置,从而促进了手机定位服务的发展。基于蜂窝网络的定位方法主要有:信号到达角度(Arrival of Angle,AOA)、蜂窝小区(Cell-ID)、信号场强(Signal Attenuation,SA)、信号到达时间(Time of Arrival,TOA)/时间差(Time Difference of Arrival,TDOA)定位等。

相对于独立式采集技术而言,协作式采集技术起步较晚,但发展很快。基于GPS定位的采集技术在车辆定位的精确性和实时性方面具有优势,广泛应用于车辆的定位、跟踪等方面;基于RFID的采集技术利用射频标签存储车辆的个性化信息,广泛应用于高速公路和停车场收费、货物自动跟踪和识别等方面;基于蜂窝网络的采集技术充分利用移动通信网络广泛覆盖的优势,在大范围车辆交通信息采集方面具有广泛的应用前景。

第三节 新型路侧感知设备需求量化方法

磁感线圈等传统感知设备只能获取断面数据,而毫米波雷达、摄像机等新型路侧感知设备可以对道路上的车辆进行实时、全面、有效的监控。为了给新型路侧感知设备的布设提供依据,需要设计有效的方法对其需求进行量化。下面借鉴信息熵的思维,利用一系列指标对路侧感知设备进行需求量化方法研究。本节提出的新型路侧感知设备应用需求量化方法流程如图3-1所示。首先利用一系列指标衡量车辆行驶风险,之后进行相关性检验,最后通过

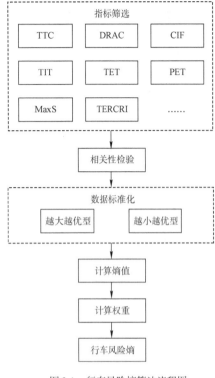

图 3-1　行车风险熵算法流程图

数据标准化、计算熵值以及权重,得到路段行车风险熵,对路侧感知设备应用需求进行量化。

一、行车风险指标筛选

根据美国发布的《道路安全手册》(Highway Safety Manual)[43]的定义,替代安全指标是一种行车安全间接测量方法,用于在建或新建道路、已建道路未发生交通事故或事故数据未记录情况下评价交通安全。作为事故记录的重要补充,各种替代安全指标被广泛用于道路安全设施设计和交通安全管理中。Mahmud 等[44]指出,各种替代安全指标能够从不同角度反映车辆间或车辆与其他交通主体间的碰撞风险。Wang 等[45]和 Ismail 等[46]的研究发现,采用不同种类指标的组合能够更好地预测交通安全风险。

根据 Pinnow 等[47]对适用于衡量不同类型路段行车风险的替代安全指标的总结,选择表 3-2 中的指标用来衡量高速公路行车安全风险。根据按照指标计算使用的数据时间维度,这些指标可分为瞬时型指标与累积型指标;按照行车风险度量所采用的物理量,可分为时距型指标、间距型指标、减速度型指标和速度型指标。

安 全 分 类 指 标　　　表 3-2

类别	名称	含义	是否为累积型指标
时间型指标	碰撞时间(Time-to-collision,TTC)[48]	两辆车以当前行驶速度和相同路径继续行驶到达碰撞点的时间	否
	暴露碰撞时间(the Time Exposed Time-to-collision,TET)[49]	驾驶员在某段时间内,TTC 值低于阈值(TTC*)的情况下接近前方车辆的状态总和	是
	修正综合碰撞时间(the Modified Time Integrated Time-to collision,TIT)[49]	使用驾驶员碰撞时间曲线的积分来表示车辆行驶过程中的安全程度	是
	碰撞时间导数(the Derivative of TTC,TTCD)[50]	TTCD 为 TTC 的导数,用来评估过渡条件下 TTC 值的变化率	否
	后侵入时间(Post-encroachment Time,PET)[51]	前车车尾与后车车头到达同一位置的时间差	否
距离型指标	紧急减速下潜在碰撞指数(Potential Index for Collision with Urgent Deceleration,PICUD)[52]	两辆连续减速的车辆在紧急制动下完全停止时的距离	否
	时间暴露追尾碰撞风险指数(Time Exposed Rear-end Crash Risk Index,TERCRI)[53]	在一段时间内前车停止距离小于后车距离的状态总和	是

续上表

类别	名称	含义	是否为累积型指标
减速度型指标	避免碰撞减速率(Deceleration Rate to Avoid a Crash, DRAC)[54]	跟驰车辆及时停车(或与前车的速度相匹配)以避免发生碰撞所需的最小减速度	否
	关键指数函数(Criticality Index Function, CIF)[55]	表示危险程度和即将发生冲突的可能性	否
速度型指标	碰撞时间处观察到的车速差(DeltaS)[56]	车辆速度(或轨迹)差异的大小	否
	冲突期间任意一辆车的最高速度(MaxS)[56]	整个冲突期间(TTC < TTC*)任意一辆车的最高速度	否

下面对各指标进行详细介绍：

(1)碰撞时间(Time-to-collision,TTC)指两辆车以当前行驶速度和相同路径继续行驶到达碰撞点的时间，即从 t 时刻开始至不采取措施而发生前向碰撞的所需要的时间，其原理如图 3-2 所示，计算公式如下。

$$TTC_i(t) = \begin{cases} \dfrac{x_{i-1}(t) - x_i(t) - l_{i-1}}{v_i(t) - v_{i-1}(t)}, & \text{if } v_i(t) > v_{i-1}(t) \\ \infty, & \text{if } v_i(t) \leq v_{i-1}(t) \end{cases} \quad (3\text{-}1)$$

其中，$x_i(t)$ 为车辆 i 在时间 t 处的位置；$v_i(t)$ 为车辆 i 在时间 t 处的行驶速度；l_{i-1} 为第 $i-1$ 辆车的长度；$TTC_i(t)$ 为车辆 i 在时间 t 处的 TTC 指标计算值。第 $i-1$ 辆车为前车，相关参数定义与第 i 辆车相同。

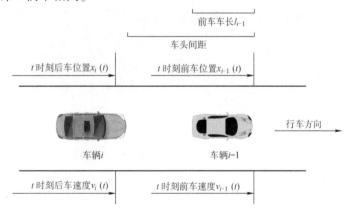

图 3-2　TTC 原理示意图

(2)暴露碰撞时间(the Time Exposed Time-to-collision, TET)指在某段时间内，驾驶人在 TTC 值低于阈值(TTC^*)的情况下接近前方车辆的状态总和。因此，TET 值越低越安全，计算公式如下。

$$TET_i = \sum_{t=1}^{T} \delta_i(t) \cdot \Delta t, \delta_i = \begin{cases} 1, & 0 \leq TTC_i(t) \leq TTC^* \\ 0, & \text{其他} \end{cases} \quad (3\text{-}2)$$

$$\text{TET} = \sum_{i=1}^{N} \text{TET}_i \tag{3-3}$$

其中，δ 为二值变量，如果车辆 i 在时间 t 处的瞬时 TTC 值小于阈值，那么其值为 1，否则为 0；TET_i 是车辆 i 在时间 T 内的累计值；$\text{TTC}_i(t)$ 为车辆 i 在时间 t 处的 TTC 值；T 为采样时间；Δt 为数据的时间步长；N 为研究路段内的车辆总数；TTC^* 为 TTC 的阈值，在以往的研究中取值范围为 1~4s，按照文献[49]的研究成果，在本书进行该指标提取时，TTC^* 的取值为 2s。

(3) 修正综合碰撞时间（the Modified Time Integrated Time-to-collision, TIT）是使用驾驶人碰撞时间曲线的积分来表示车辆行驶过程中的安全程度，计算公式如下。

$$\text{TIT}_i = \sum_{t=1}^{T} \left[\frac{1}{\text{TTC}_i(t)} - \frac{1}{\text{TTC}^*} \right] \cdot \Delta t, \quad 0 < \text{TTC}_i(t) \leq \text{TTC}^* \tag{3-4}$$

$$\text{TIT} = \sum_{i=1}^{N} \text{TIT}_i \tag{3-5}$$

其中，TTC^* 为 TTC 的阈值，取值与 TET 指标中相同；T 为采样时间；Δt 为数据的时间步长；N 为研究路段内的车辆总数；TIT_i 为车辆 i 在时间 T 内的累计值。

可以看出，TET 和 TIT 都是 TTC 的汇总指标，均可用于安全性评估。TET 是驾驶人在 TTC 值低于临界阈值的情况下接近前车的所有状态的总和。因此，较低的 TET 值表示更安全的情况。TIT 可以表达与安全情况相关的严重性，TIT 越大表示情况越危险。TET 和 TIT 的总体趋势一致，但是与 TIT 相比能够更加准确地表示危险情况。

(4) 碰撞时间导数（the Derivative of TTC, TTCD）为 TTC 的导数，用来评估过渡条件下 TTC 值的变化率，对于离散数据，可以通过求连续两个 TTC 值之差来计算 TTCD，计算公式如下。

$$\text{TTCD}_i(t) = \frac{\text{TTC}_i(t) - \text{TTC}_i(t - \Delta t)}{\Delta t} \tag{3-6}$$

其中，Δt 为轨迹数据的时间步长；$\text{TTCD}_i(t)$ 为车辆 i 在时间 t 处的 TTCD 值。

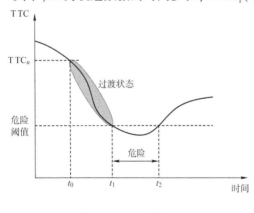

图 3-3 TTCD 示意图

如果 TTCD 为负值，TTCD 值更小则表示 TTC 降低率更低。其应用场景如图 3-3 所示，在车辆行驶的过程中，TTC 的数值是不断变化的，在达到 TTC 危险阈值前有一段 TTC 数值急剧降低的过渡状态，TTCD 采用差分的方式反映 TTC 这种急剧变化行为。

(5) 后侵入时间（Post-encroachment Time, PET）指前车车尾与后车车头到达同一位置的时间差。如图 3-4 所示，计算公式如下。

$$\text{PET} = T_i - T_{i-1} \tag{3-7}$$

其中，T_i 为后车的头部到达侵入线的时间；T_{i-1} 为前车的尾部离开侵入线的时间。

与 TTC 不同，PET 是一个观察值，考虑了冲突期间两辆车的速度和加速度变化。当前后车之间的间隙减小时,后续车辆的大多数驾驶人将减速以保持足够的安全距离。由于驾驶人的速度调节,PET 的值通常比 TTC 的值长。

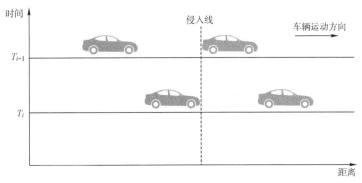

图 3-4　PET 示意图

(6)紧急减速下潜在碰撞指数(Potential Index for Collision with Urgent Deceleration, PICUD)表示两辆连续的车辆在紧急制动下完全停止时的距离,可以用于评估紧急制动下的风险裕度,其计算公式如下。

$$\text{PICUD}_i(t) = \frac{v_{i-1}(t)^2 - v_i(t)^2}{2a_i} + D_0 - v_i(t) \cdot \Delta tr \tag{3-8}$$

其中,a_i 为车辆减速率;D_0 为两车之间的初始距离;$v_i(t)$ 为车辆 i 在时间 t 处的速度;Δtr 为车辆驾驶人的反应时间,此处根据文献[52]的建议取值为 1s。

(7)时间暴露追尾碰撞风险指数(Time Exposed Rear-End Crash Risk Index,TERCRI)表示在一段时间内,前车停止距离小于后车距离的状态总和,计算公式如下。

$$\text{TERCRI}(t) = \sum_{n=1}^{N} \text{RCRI}_n(t) \times \Delta t \tag{3-9}$$

$$\text{RCRI}_n(t) = \begin{cases} 1, & X_i(t) > X_{i-1}(t) \\ 0, & \text{其他} \end{cases} \tag{3-10}$$

$$\text{TERCRI} = \sum_{t=1}^{T} \text{TERCRI}(t) \tag{3-11}$$

$$X_{i-1}(t) = v_{i-1}(t) \times h_{i-1}(t) + \frac{v_{i-1}^2}{2 \times a_{i-1}(t)} + l_{i-1}(t) \tag{3-12}$$

$$X_i(t) = v_i(t) \times \Delta tr + \frac{v_i^2(t)}{2 \times a_i(t)} \tag{3-13}$$

其中,X_{i-1} 和 X_i 分别是前车和后车的停止距离,当 $X_{i-1} < X_i$ 时,表示有危险情况发生;$l_{i-1}(t)$ 为 t 时刻前车车长;$v_{i-1}(t)$ 为 t 时刻前车的行驶速度;$v_i(t)$ 是 t 时刻后车的行驶速度;Δtr 为驾驶人反应时间,取值与 TET 指标相同;$h_{i-1}(t)$ 为 t 时刻前车与后车之间的车头时距;a_{i-1} 为前车的减速率;a_i 为后车的减速率。

(8)避免碰撞减速率(Deceleration Rate to Avoid a Crash,DRAC)是跟驰车辆及时停车(或与前车的速度相匹配)以避免发生碰撞所需的最小减速度,其变化趋势与 TTC 负相关。DRAC 的大小可以用来度量发生追尾事故的风险程度,若计算出的碰撞减速度超过了车辆本身可利用的最大减速度,则必然会发生碰撞。美国国家公路和运输协会(AASHTO)建议将 3.4m/s² 作为 DRAC 的阈值,认为如果超过则会发生碰撞。计算公式如下。

$$\mathrm{DRAC}_i(t) = \begin{cases} \dfrac{[v_i(t) - v_{i-1}(t)]^2}{x_{i-1}(t) - x_i(t) - l_{i-1}} = \dfrac{v_i(t) - v_{i-1}(t)}{\mathrm{TTC}_i(t)}, & v_i(t) > v_{i-1}(t) \\ 0, & \text{其他} \end{cases} \quad (3\text{-}14)$$

(9)关键指数函数(Criticality Index Function,CIF)表示危险程度和即将发生冲突的可能性,计算公式如下。

$$\mathrm{CIF}_i(t) = \frac{v_i^2(t)}{\mathrm{TTC}_i(t)} \quad (3\text{-}15)$$

其中,$v_i(t)$ 为跟驰车辆 i 在 t 时刻的行驶速度;$\mathrm{CIF}_i(t)$ 为车辆 i 在时间 t 处的 CIF 计算值。

(10)碰撞时间处观察到的车速差(DeltaS)为车辆行驶速度(或轨迹)差异的大小,计算公式如下。

$$\mathrm{DeltaS} = \|v_{i-1} - v_i\| \quad (3\text{-}16)$$

其中,DeltaS 表示在最小碰撞时间时观察到的车速差异;v_{i-1} 和 v_i 分别表示前车和后车的速度。

(11)冲突期间任意一辆车的最高行驶速度(MaxS)指整个冲突期间($\mathrm{TTC} < \mathrm{TTC}^*$)任意一辆车的最高速度,计算公式如下。

$$\mathrm{MaxS} = \max_i \{vc_i\} \quad (3\text{-}17)$$

其中,MaxS 为冲突期间任一车辆的最高行驶速度;vc_i 表示冲突期间车辆 i 的速度。

考虑到指标之间可能存在比较强的相互关联关系,为了防止这种现象对路侧感知设备应用需求量化方法的影响,有必要对指标进行相关性分析,剔除强相关指标,使得量化结果更为合理。本书使用 Reshef 等[57]提出的最大信息系数(Maximal Information Coefficient,MIC)法对表 3-2 中的指标进行相关性检验,以尽量降低指标重复使用造成的信息冗余。MIC 法作为一种有效的变量相关性检验方法,不仅可以检测变量之间的线性相关性,在非线性检测方面也具有良好的效果,具有计算复杂度低、鲁棒性高的特点,在交通领域中有着广泛的应用,并且常用于机器学习模型中的变量相关性检验[58]。MIC 的计算可分为两个步骤:

(1)计算待检测变量 u 和 v 之间的互信息 $I[u,v]$:

$$I(u,v) = \int p(u,v) \log_2 \frac{p(u,v)}{p(u)p(v)} \mathrm{d}u\mathrm{d}v \quad (3\text{-}18)$$

其中,$p(u,v)$ 为变量 u 和 v 的联合密度分布函数。

(2)计算 MIC 的数值:

$$\mathrm{MIC}(u,v) = \max_{|a||b|<B} \frac{I(u,v)}{\log_2 \min(|a|,|b|)} \quad (3\text{-}19)$$

其中,a 和 b 分别为 u 与 v 两个方向上的网格数量;B 为最大网格划分数。

二、行车风险指标融合计算

为了综合利用前述各种替代安全指标所测量的行车风险信息,需要设计合理的指标融合计算方法。已有研究采用的融合方法包括基于多个合理性被广泛接受的替代安全指标来构造新指标[59]，或者采用权重系数将多个指标进行组合计算[60]。前一种方法由于改变了常用指标所对应的物理现象，需要对新构建指标进行合理性论证；后一种方法需要调配所纳入指标的风险阈值来确定指标组合的整体风险阈值。因此，这两种方法均容易受到研究者的主观判断的影响。为了尽量确保高速公路行车风险量化评价的客观性，借鉴信息熵理论，通过定义行车风险熵及计算方法，将表3-2中替代安全指标测量的有量纲风险数值转化为无量纲的行车风险熵，进而汇总各指标的行车风险熵，实现对替代安全指标所反映的行车风险信息的有效融合，为面向路侧行车风险感知的路侧设备优化布设提供数据支撑。

根据信息熵理论，信息熵可以用于度量系统的混乱程度，系统越混乱则信息熵越高。这与道路行车安全环境十分相似。道路上车辆行驶得越有秩序，车辆间发生碰撞的概率越低，行车风险越小；反之，在车辆间交互越频繁的交通流中，出现交通事故的概率越高。

不同于常见的层次分析法、主成因分析法，熵权法根据指标的差异程度确定权值，差异越大则权重越高。行车风险熵的计算步骤如下。

1. 指标值归一化

由于各个替代安全指标的有效取值范围不同，为了降低不同指标取值范围差异对多指标合并后的风险熵值的影响，需要对各个指标进行归一化处理，使其值分布于[0,1]范围内。根据行车风险与指标值的对应关系，使用了两种指标值归一化方法。当指标值与行车风险正相关，即风险越高，指标值越大时，使用"越大越优"型方法，则指标的归一化计算公式为：

$$\lambda_{pq} = \frac{r_{pq} - \min(r_q)}{\max(r_q) - \min(r_q)} \tag{3-20}$$

其中，p 为数据统计区间的编号；q 为指标的编号；r_{pq} 和 λ_{pq} 为第 q 个指标在 p 处的原始值和归一化处理后的值。

当指标值与行车风险负相关，则使用"越小越优"型方法，则指标的归一化计算公式为：

$$\lambda_{pq} = \frac{\max(x_q) - x_{pq}}{\max(r_q) - \min(r_q)} \tag{3-21}$$

2. 计算单指标行车风险熵 h_q

对于第 q 个指标，其行车风险熵 h_q 计算公式为：

$$h_q = \sum_{p=1}^{n} (-\lambda_{pq}) \log_a(\lambda_{pq}) \tag{3-22}$$

其中，n 为数据统计区间的总数；a 为替代安全指标的数量。

3. 计算行车风险熵权重 ω_q

在合并各个替代安全指标转化的行车风险熵时，采用熵权法确定各指标风险熵的权重 ω_q。此方法的原理是，对于某个数据统计区间，如果某个指标风险熵值变化大于其他指标熵值，则说明此指标相对较为重要，可赋予较大的权值；反之，则权值较小。ω_q 的计算方法为：

$$\omega_q = \frac{1 - h_q}{\sum_{q=1}^{\zeta} (1 - h_q)} \tag{3-23}$$

基于式(3-22)可合并计算任意一个数据统计区间内各个替代安全指标的行车风险总

熵 S_p：

$$S_p = \sum_{q=1}^{m} \omega_q (-\lambda_{pq}) \log_m (\lambda_{pq}) \tag{3-24}$$

当 $\lambda_{pq}=0$ 时，令其等于 0.0001，以避免数据无意义的情况。

第四节 新型路侧感知设备布设方法

一、设备选用与安装

如图 3-5 所示为高速公路路侧感知设备常见的立杆以及门架安装方法，图中①部分为设备有效感知范围，②部分为设备感知盲区。为了充分利用基础设施资源，通常在同一立杆上布设感知方向相反的两个设备，同时检测前向与后向车辆。选用新型毫米波雷达-摄像机一体化集成设备(简称"雷视一体机")作为行车风险感知设备。此类设备兼具视频图像信息丰富和毫米波雷达抗环境干扰能力强的优点，能够精准获取覆盖范围内多条车道上的车辆轨迹信息。由于雷视一体机的原始数据量较大，需要配套用于数据处理的边缘计算机。据此，每个设备布设点位设置 1 根立杆、1 台边缘计算设备和 2 台路侧感知设备。经过调研，表 3-3 中提供了针对两种雷视一体机的设备布设点位成本构成。

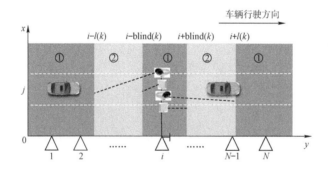

图 3-5 路侧感知设备安装与研究路段定义

单个设备布设点位的成本构成　　　　　　　　　　表 3-3

类型	纵向检测距离 (m)	盲区长度 (m)	设备单价 (万元)	安装养护成本 (万元)	计算设备单价 (万元)	总成本 (万元)
设备1	330	30	3.5	1.48	1	9.48
设备2	200	30	1.2	1.48	1	4.88

二、问题描述

测试地点设定为如图 3-5 所示的高速公路单向路段，定义车辆运动的方向为雷视一体机的纵向检测方向(y 轴)，与之垂直的为横向检测方向(x 轴)。路侧每隔一段固定距离设置一处设备安装候选点(图中的空心三角形)，候选点编号为 i ($0 \leq i \leq N$)，N 为研究路段候选点总数。由于计算表 3-2 中的替代安全指标需要设定数据统计区间，因此 N 等于研究路段长度与此统计区间长度的比值。

此处需要解决的是面向行车安全风险检测的路侧感知设备选址问题。根据 Revelle 等[61]的观点,可以从设备属性、服务对象、衡量标准和选址目标等 4 个方面来界定设备选址问题的属性。其中,设备属性包括数量、空间分布、能力约束等;服务对象包括空间形态、需求特性等;衡量标准包括欧氏距离、直角距离等距离度量方式;选址目标包括成本最低、服务范围最广等。据此分类方法,本书研究问题的属性可归纳为以下几个方面:

(1)路侧感知设备尺寸相对于路段总长度很小,且每个设备的纵向检测距离有限,因此可视为有能力约束的点状设备;

(2)为多个设备从研究路段侧的 N 个可行位置中选择合适的安装地点,且安装完成后不再移动,因此属于多设备静态连续选址;

(3)任意两个相邻设备的检测范围无重叠,因此属于非竞争选址;

(4)服务对象为具有线状特征的时空连续车辆轨迹,由于在工程实践中通常采用"先收集数据,再确定选址"的工作流程,因此本书使用有限时间内采集的离线数据计算出的行车风险总熵作为选址依据,据此可认为设备感知需求是确定的,不随时间变化;

(5)研究路段为平直路段,因此属于欧氏距离选址问题;

(6)选址目标为获取最高行车风险熵,其中预算约束控制设备数量,而有限数量的设备所获取的行车风险熵决定了设备布设位置。

三、模型构建

与 Ivanchev 等[62]的建模方法类似,构建 0-1 整数规划模型以获取路侧感知设备的最优布设位置。将研究路段起始点定义为图 3-5 中的坐标原点,对于第 i 个设备布设候选点,其坐标满足 $\forall i \in [l(k), N-l(k)] (0 \leq k \leq K)$,$l(k)$ 为第 k 种设备的纵向检测距离,K 为路侧感知设备的种类总数。图 3-5 中的 $\mathrm{blind}(k)$ 为第 k 种设备纵向检测盲区的长度,设为固定值。引入二进制变量 $x(i,k)$,$x(i,k)=1$ 表示在第 i 个候选点布设第 k 种路侧感知设备,$x(i,k)=0$ 表示在 i 点处不布设第 k 种设备。如前文所述,选用雷视一体机的检测范围可以覆盖多条车道,因此第 k 种路侧感知设备在候选点 i 处可获取的行车风险熵 $S(i,k)$ 为:

$$S(i,k) = \sum_{i'=i-l(k)}^{i-\mathrm{blind}(k)} \sum_{j=0}^{J} S(i',j) + \sum_{i'=i+\mathrm{blind}(k)}^{i+l(k)} \sum_{j=0}^{J} S(i',j) \tag{3-25}$$

其中,$S(i',j)$ 为在候选点 i 处的第 j 条车道上采集的行车风险熵;i' 为计算 i 处设备感知范围使用的中间变量;J 为路段车道总数。式(3-25)中右侧公式前半部分计算的是图 3-5 中 i 处面向道路上游的感知设备获取的行车风险熵,后半部分计算的是此处面向下游的设备获取的行车风险熵。

1. 目标函数

基于上述设定,将前文中描述的研究问题转化为在特定的约束下,寻找最优的设备布设位置以及路侧感知设备种类,使得设备采集到的行车风险熵最高的问题。据此,可设置以下目标函数:

$$\mathrm{Maximum}\ S = \sum_{i=0}^{K} \sum_{k=0}^{N} S(i,k) \times x(i,k) \tag{3-26}$$

其中,S 为所有感知设备获取的行车风险熵总和。

2. 主要约束条件

1）预算约束

所有布设点位的总成本应不高于预算总额 C,可表示为：

$$\sum_{i=0}^{N}\sum_{k=0}^{K} x(i,k) \times c(k) \leq C \qquad (3-27)$$

其中，$c(k)$ 为在一个布设点位安装第 k 种路侧感知设备的总成本，具体成本数额参见表3-3。

2）覆盖约束

为了避免相邻两个布设点位的设备对同一区域重复检测，要求所有设备感知范围无重叠，可表示为：

$$x(i_1,k_1) \times x(i_2,k_2) \times [l(k_1)+l(k_2)] \leq (i_2-i_1)/\Delta d \qquad (3-28)$$

其中，i_1 和 i_2 为两个相邻的设备布设候选点，且 $i_1 \leq i_2$；Δd 为相邻设备候选点的间隔；$l(k)$ 为第 k 种设备的纵向检测长度。

第五节　路侧设备感知间隙补偿与布设位置调整方法

本节以需要进行布设的高速公路为对象，使用轨迹预测技术进行了路侧感知设备优化方法研究，并利用轨迹预测技术对路侧设备感知间隙进行补偿。在此基础上进行布局优化，可以实现在不增加额外设备成本的前提下，仅通过计算手段就在一定程度上弥补由于设备间距或盲区导致的数据缺失引发的问题。

一、路侧设备感知间隙补偿

在布设路侧感知设备时，为了节省立杆等基础设施的成本，往往采用在同一立杆处对前后向车流同时进行检测的安装方式。这种安装方式虽然节省了一定的成本，但是由于路侧感知设备本身的检测特性与布设间距的影响，会产生一定长度的检测盲区，因此需要采用一定的技术手段，在不增加额外设备成本的情况下，将盲区导致的数据缺失带来的影响降至最低。拟采用轨迹预测的方法对设备间隙导致的盲区进行补偿，其原理如图3-6所示。

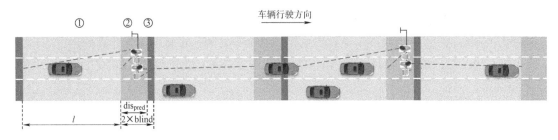

图 3-6　轨迹预测用于路侧设备间隙补偿原理图

图3-6中①号黄色区域为路侧感知设备的检测范围，长度为 l；同一立杆下方区域为设备由于自身的检测特性产生的盲区，长度为 $2 \times \text{blind}$；②号区域为使用轨迹预测算法弥补缺失数据范围，长度为 dis_{pred}；③号区域为轨迹预测不能够覆盖的盲区范围。

二、行驶场景建模

为了对车辆进行轨迹预测，需要对行驶场景进行建模。对于平直道路行驶的车辆，驾驶人在受到静态障碍物或邻近车辆的干扰后，会调整车辆行驶速度或方向，在车辆轨迹上表现为在当前车道上加减速或变换到相邻车道，此调整过程需要消耗一定时间才能达成。因此，本书将目标车辆的未来行驶轨迹预测抽象为时间序列数据预测问题，则车辆在过去 t_h 时间内的历史运动状态序列可定义为：

$$H = [h^{(t-t_h)}, \cdots, h^{(t-1)}, h^{(t)}] \quad (3-29)$$

其中，$h^{(t)} = [x_0^{(t)}, y_0^{(t)}, \cdots, x_{n-1}^{(t)}, y_{n-1}^{(t)}, x_n^{(t)}, y_n^{(t)}]$，为 t 时刻目标车辆及其周围所有 n 辆车的位置坐标；$h_0^{(t)} = [x_0^{(t)}, y_0^{(t)}]$ 为目标车辆横向和纵向坐标。如图 3-7 所示，本书围绕目标车辆建立坐标系，以其当前位置为坐标原点，纵向行驶方向为 y 轴，与之垂直的横向行驶方向为 x 轴。由于此坐标系会随目标车辆的运动而不断改变，且 y 方向始终沿着纵向行驶方向，因此本算法能够较好地用于道路曲率发生变化的情况。

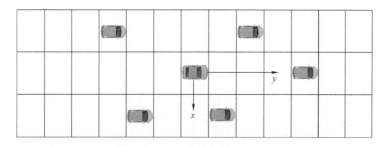

图 3-7 车辆坐标系

此外，目标车辆在未来 t_f 时间内的运动状态序列可定义为：

$$F = [f_0^{(t+1)}, \cdots, f_0^{(t+t_f)}] \quad (3-30)$$

其中，$f_0^{(t+1)} = [x_0^{(t+1)}, y_0^{(t+1)}]$ 的定义与 $h_0^{(t)}$ 相同。本书通过监督学习的方式得到目标车辆在未来 t_f 时间内的位置概率分布为：

$$P(F|H) = \sum_i P_\theta(F|m_i, X) P(m_i|F) \quad (3-31)$$

其中，m_i 为目标车辆在 t 时刻采取的转向、制动和加速行驶等机动类型；$\theta = [\theta^{t+1}, \theta^{t+2}, \cdots, \theta^{t+t_f}]$ 为目标车辆在未来每个时刻的位置均值、方差及横纵坐标相关系数，它服从二维高斯分布参数。

三、车辆轨迹预测模型

1. 轨迹预测模型方法

车辆轨迹预测模型的建模包括以下步骤：

（1）将目标车辆与对其施加影响的邻近车辆的历史速度作为长短期记忆人工神经网络（Long Short-Term Memory，LSTM）的输入，用于预测这些车辆的未来速度，并以此为基础提取这些车辆当前速度与预测速度的速度差，如图 3-8 中的步骤 1 所示；

（2）采用目标车辆及其邻近车辆的历史和当前位置作为模型输入，根据目标车辆与邻近车辆之间的相对距离,确定与目标车辆存在相互作用的邻近车辆,并采用 LSTM 网络对这些车辆的轨迹进行编码,一方面将邻近车辆的编码数据填入社会张量中,另一方面保留目标车辆的编码数据供后续使用,如图 3-8 中的步骤 2 所示;

(3)将上述目标车辆与邻近车辆速度差转换为 one-hot 张量后,与步骤 1 中输出的社会张量进行拼接,形成速度差张量,并对其做卷积和池化处理,进而与目标车辆的 LSTM 网络生成的轨迹编码合并,如图 3-8 中的步骤 3 所示;

(4)合并后的轨迹编码一方面经过 softmax 层,生成目标车辆执行转向、制动和加速等机动动作的概率,另一方面利用 LSTM 网络对其进行解码,生成不同机动类型下的轨迹序列,并将出现概率最高的目标车辆机动动作所对应的轨迹序列作为最终预测轨迹输出,如图 3-8 中的步骤 4 所示。

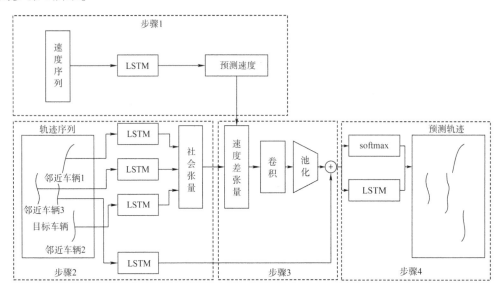

图 3-8　建模流程示意图

2. 模型输入与更新机制

1)轨迹预测模型输入

目标车辆在行进过程中会根据邻近车辆的位置以及动作调整自身的机动动作,表现为其行驶轨迹的改变,同理,邻近车辆也会随时间的推移受到周边其他车辆的影响而改变运动轨迹。为了学习以目标车辆为中心的车辆群体在过去一段时间内的轨迹调整模式,下面以每个时刻之前一段时间内的车辆群体轨迹为基础,将目标车辆与邻近车辆的空间位置序列和速度序列作为本书所构建模型的输入。

首先,对于车辆群体的空间位置序列,采用如图 3-7 所示的道路网格模型衡量目标车辆与邻近车辆的空间相对关系。考虑到常见的道路结构,选择以当前目标车辆为中心,以左右两车道作为横向边界,以前后 6 个车身长度作为纵向边界,构建目标车辆的兴趣区域,从而将目标车辆的邻近区域划分为 13×3 的道路网格。以此为基础,借鉴 Alahi 等提出的社会池化理念[63],把上述兴趣区域抽象为社会池,将兴趣区内的车辆群体在每个时刻之前一段时间内的历史相对位置信息抽象为社会张量,来表征车辆群体之间在过去一段时间内的空间依赖关系,并将其用于后续的车辆轨迹预测。

同理,对于速度序列来说,将兴趣区内的车辆群体在每个时刻之前一段时间内的历史速度信息作为车速预测模型的输入,用于预测未来某个时间点的车辆速度,以此作为目标车辆轨迹预测模型的输入,以及求取兴趣区内车辆群体车速差的基础。

2)轨迹预测模型更新

在模型更新阶段,除了需要更新兴趣区内车辆群体的空间位置信息与车速信息,本书还将车速差引入模型中。速度差信息的来源有两个,分别为目标车辆与邻近车辆在当前时刻的速度差,以及二者在未来某个时间点的速度差。定义 $d_n^{(t)}$ 为第 n 个邻近车辆 t 时刻与目标车辆的速度差,$D^{(t_1)}$ 为所有邻近车辆在 t_1 时刻的速度差与其在 t_2 时刻的速度差的差值集合:

$$d_n^{(t)} = v_0^{(t)} - v_n^{(t)} \tag{3-32}$$

$$D^{(t_1)} = \{ [d_1^{(t_1)} - d_1^{(t_2)}], \cdots, [d_n^{(t_1)} - d_n^{(t_2)}] \} \tag{3-33}$$

其中,$v_0^{(t)}$ 代表目标车辆在 t 时刻的车辆行驶速度;$v_n^{(t)}$ 代表第 n 辆邻近车辆在 t 时刻的车速。在式(3-32)与式(3-33)中,t_1 为当前时刻,t_2 为未来某个时刻。$D^{(t_1)}$ 转换为 one-hot 张量后将用于后续目标车辆轨迹预测,以反映群体行驶场景中目标车辆驾驶人对未来自身驾驶安全的预期。

3. 轨迹预测模型构成

本书所构建模型从结构上可以分为速度预测模块以及轨迹预测模块两个部分。速度预测模块主要采用 LSTM 网络实现,而轨迹预测模块包含 3 个相互连接的子网络,分别是编码器、基于速度差的卷积社会池化网络以及解码器。轨迹预测模块的整体架构如图 3-9 所示,其部分网络参数见表 3-4。

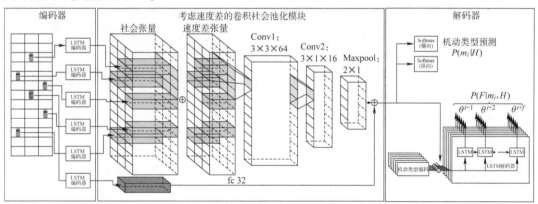

图 3-9 轨迹预测子网络

轨迹预测子网络部分参数 表 3-4

网络模块	网络类型	参数	输出数据维度
编码器	输入层	—	16×2
	Embedding	—	16×32
	Activation	leaky-ReLU	16×32
	LSTM-encoding	64	1×64

续上表

网络模块	网络类型	参数	输出数据维度
卷积社会池化网络	Social-tensor	13×3	13×3×64
	Conv1	3×3×64	11×1×64
	Activation	leaky-ReLU	11×1×64
	Conv2	3×1×16	9×1×16
	Activation	leaky-ReLU	9×1×16
	Maxpool	2×1	5×1×16
	Flatten	—	1×80
解码器	LSTM-decoding	128	6×25×5

1）速度预测模块

根据前文所述的模型输入及更新的需要，本书使用 LSTM 网络对目标车辆兴趣区内的车辆群体车速进行预测。LSTM 网络不同于常见的循环神经网络，它引入具有更多权重参数以及控制梯度流动的门控表达系统等因素，解决了循环神经网络在训练过程中的长期依赖问题[64]。基于此特性，LSTM 网络能够学习车辆在过去一段时间内的速度隐含信息以及内部数据特征，实现对一段时间内车辆速度的准确预测。LSTM 网络结构如图 3-10 所示，图中的模型输入为目标车辆在 $[t-t_h,t]$ 时段内的速度序列 $v=[v^{(t-t_h)},\cdots,v^{(t-1)},v^{(t)}]$，此序列数量决定了模型中 LSTM 单元的个数，最后一个 LSTM 单元的输出为目标车辆在未来 $t+t_f$ 时刻的速度 $v^{(t+t_f)}$。

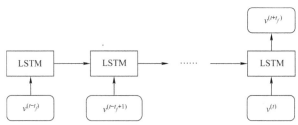

图 3-10　LSTM 速度预测模块

2）编码器

由于图 3-7 中目标车辆兴趣区内的群体车辆轨迹本质上为时间序列数据，因此本书使用 LSTM 编码器作为群体中每个车辆轨迹特征的学习模块。本书构建的 LSTM 编码器结构为如图 3-11 所示的循环体。该循环体使用每辆车的历史状态序列 $(h_1, h_2, \cdots, h_t)$ 作为输入，在经过 t 次状态更新之后得到固定上下文长度的轨迹编码 c_t。接着，将兴趣区内所有车辆的轨迹编码模块输入同一个编码器，一方面确保车辆轨迹编码的统一性，另一方面通过共享编码器网络权重将所有车辆的运动特征纳入学习过程[65]。

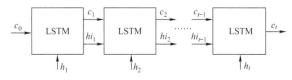

图 3-11　LSTM 编码器

3)考虑群体车辆速度差的卷积社会池化网络

虽然 LSTM 编码器能够对车辆的轨迹特征进行学习,但是无法捕获群体行驶场景中车辆之间的空间相互依赖性,因此可以通过前文介绍的社会池化理念解决此问题。然而,在 Alahi 等[63]提出的模型中使用全连接层来连接社会张量,这种做法破坏了社会张量中构建的空间结构,使得模型无法正确理解场景中的空间距离,并且可能会导致模型泛化问题。为了解决上述问题,Deo 和 Trivedi[66]将上述模型中的全连接层替换为两个卷积层以及最大池化层,构建成卷积社会池化网络结构,其中卷积层可以帮助模型学习社会张量网格当中的局部有效特征,最大池化层可以增加模型的平移不变性,进而能够有效反映空间特征并且提升模型的轨迹预测精度。通过这种改进,该模型可以学习群体车辆运动中的相互依赖关系,但是它仅将车辆轨迹作为轨迹预测的模型输入,忽略了邻近车辆群体的速度信息以及未来变化趋势。更重要的是,此模型无法捕捉群体车辆行驶场景中潜藏的较高碰撞风险,事实上,在轨迹预测中忽略了目标车辆周边车辆驾驶人对行车安全问题的考虑。

因此,在显式描述群体车辆空间依赖关系的基础上,本书所构建的改进卷积社会池化网络进一步引入群体车辆速度预测变量和车辆间速度差变量,从而同时将目标车辆驾驶人对周边车辆空间相对位置、每一时刻相对速度和未来行车风险的考虑纳入模型体系中,囊括了更多对目标车辆轨迹预测精度具有潜在影响的因素。在具体操作中,通过构建一个 3×3 卷积层和一个 3×1 卷积层,提取上述潜在影响因素的特征,接着使用一个 2×1 最大池化层对提取出的行为特征进行降维,供后续模型解码使用。

4)解码器

针对已设计的 LSTM 编码器,设计相应的 LSTM 解码器作为模型的最终输出模块。该解码器包括两个子模块,一个是机动类型预测子模块,用来输出 6 种车辆的机动概率,另一个是轨迹预测子模块,用来输出每种机动概率情况下的未来车辆轨迹。

首先,机动类型预测子模块采用上文介绍的改进卷积社会池化网络的输出作为输入,设计了两个 softmax 层分别输出车辆未来在横向以及纵向上所采取机动动作的概率分布 $P(m_i|H)$。横向机动动作分为保持当前车道、左转以及右转 3 种类型。纵向机动动作分为减速以及其他情况,其中其他情况包括加速和保持当前车速两种情况。上述设定的主要依据是车辆左右尾灯和制动灯是容易被驾驶人观测到的变量,而加速和定速运动相对来说较难通过目测精准度量。基于上述设定,机动类型预测子模块可以输出 6 种机动类型概率。

另外,轨迹预测子模块的输入同样为改进卷积社会池化模块的输出,经过如图 3-12 所示的 LSTM 解码器的解码,可以输出在未来 t_f 时间内,目标车辆采取上述 6 种机动动作中的任一种动作所产生的轨迹坐标的二维高斯分布 $(\mu_x, \mu_y, \sigma_x, \sigma_y, \rho)$,

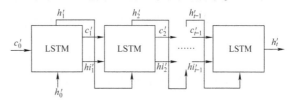

图 3-12 LSTM 解码器

即式(3-31)中的 $P_\theta(m_i|H)$。具体来说,解码器将卷积社会池化网络的输出作为初始状态 c'_0 进行时间序列以及特征提取;根据上一时刻的输出向量 $h'_{t'-1}$、隐藏状态 $hi'_{t'-1}$ 和时间上下文编码向量 c'_0,更新当前时刻隐层状态 $hi'_{t'}$;最后根据 $hi'_{t'}$、$h'_{t'-1}$ 和 $c'_{t'-1}$ 下一时刻的解码器输出 $h'_{t'}$,提取时间特征,并通过 1 层全连接层以调整维度输出预测结果。

四、轨迹预测用于路侧感知设备布设优化

从模型数据输入输出的角度来看,轨迹预测过程为使用前一段时间的轨迹数据预测后段时间的轨迹数据。路侧感知设备可以对道路上一段连续的区域内车辆进行有效监测,结合车辆检测与跟踪算法可以输出检测区域内车辆在一段时间内的连续轨迹,某些型号的雷视一体机的内置算法可以直接输出车辆的轨迹序列,其输出特性符合轨迹预测的模型输入需求。因此,可以将路侧感知设备输出的轨迹数据作为轨迹预测模型的输入,使用轨迹预测模型的输出弥补盲区带来的数据缺失,其原理如图3-13所示。

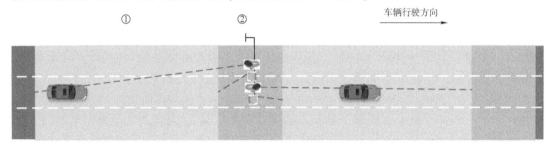

a) 轨迹预测完全覆盖设备中间盲区

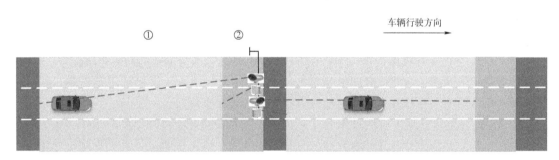

b) 轨迹预测偿不足以完全覆盖设备中间盲区

图3-13 轨迹预测用于路侧感知间隙补偿原理图

图3-13中①号区域为路侧感知设备的检测范围,②号区域为使用轨迹预测算法弥补缺失数据进行间隙补偿的范围。间隙补偿可以分两种情况,一种是轨迹预测可以完全覆盖设备中间盲区,即 $\text{dis}_{\text{pred}} \geq 2 \times \text{blind}$,如图3-13a)所示;另一种为轨迹预测不足以完全覆盖设备中间盲区,即 $\text{dis}_{\text{pred}} < 2 \times \text{blind}$,如图3-13b)所示。

由于轨迹预测模型的输入输出具有时间顺序,所以只能对驶出检测区域的车辆进行轨迹预测。同时,由于轨迹预测模型的输入输出为指定时间长度的轨迹序列,因此模型输出的长度并不固定。本书采用有效预测时间与平均车速乘积作为有效的轨迹预测范围,如式(3-34)所示。

$$\text{dis}_{\text{pred}} = \bar{v} \times t_{\text{pred}} \tag{3-34}$$

其中,$\bar{v}$ 为道路车辆的平均速度;t_{pred} 为在一定误差范围内的轨迹预测时长,即有效轨迹预测范围。

可以对前文中对单一路侧感知设备布设点检测到的行车风险熵公式(3-25)做出如下

调整：

$$S(i,k) = \sum_{i'=i-l(k)}^{i+\text{blind}k)+\text{dis}_{\text{pred}}} \sum_{j=0}^{J} S(i',j), \text{dis}_{\text{pred}} \geq 2 \times \text{blind}(k) \quad (3-35)$$

$$S(i,k) = \sum_{i'=i-l(k)}^{i-\text{blind}(k)+\text{dis}_{\text{pred}}} \sum_{j=0}^{J} S(i',j) + \sum_{i'=i+\text{blind}(k)}^{i+l(k)+\text{dis}_{\text{pred}}} \sum_{j=0}^{J} S(i',j), \text{dis}_{\text{pred}} < 2 \times \text{blind}(k) \quad (3-36)$$

式(3-35)为有效轨迹预测长度大于路侧感知设备中间盲区总长度的情况，如图 3-13a)所示。在这种情况下，轨迹预测的有效长度可以完全覆盖设备中间盲区，单个路侧感知设备布设点能够获取的行车风险熵为中间盲区、设备感知范围与最后一段轨迹预测距离内的行车风险熵之和。

式(3-36)为有效轨迹预测长度小于路侧感知设备中间盲区总长度的情况，如图 3-13b)所示。此时行车风险熵的计算需要分为两部分处理，即每个方向的设备在检测距离内得到的行车风险熵与轨迹预测有效距离内得到的行车风险熵之和。

得到单个布设点能够采集到的行车风险熵后，按照前文所述的方法构建目标优化模型如下。

1）目标函数

基于上述设定，将前文中描述的研究问题转化为在特定的约束下，寻找最优的设备布设位置以及路侧感知设备种类，使得设备采集到的行车风险熵最高的问题，可设置以下目标函数：

$$\text{Max} S = \sum_{i=0}^{N} \sum_{k=0}^{K} S(i,k) \times x(i,k) \quad (3-37)$$

其中，S 为所有路侧感知设备能够获取的行车风险熵总和。

2）预算约束

所有布设点位的总成本应不高于预算总额，其表达式为：

$$\sum_{i=0}^{N} \sum_{k=0}^{K} x(i,k) \times c(k) \leq C \quad (3-38)$$

其中，C 表示预算总额，$c(k)$ 表示第 k 种路侧感知设备的单点成本。

3）覆盖约束

所有路侧感知设备的感知范围不存在重叠现象，防止出现路侧感知设备对同一路段进行重复检测的问题，其表达式为：

$$x(i_1,k_1) \times x(i_2,k_2) \times [l(k_1)+l(k_2)] \leq (i_2-i_1)/\Delta d \quad (3-39)$$

其中，i_1 和 i_2 为两个相邻的设备布设候选点，且 $i_1 \leq i_2$；Δd 为相邻设备候选点的间隔；$l(k)$ 为第 k 种设备的纵向检测长度。

五、试验分析

本节分为两个部分：第一部分为改进轨迹预测算法试验，主要讲述试验参数以及研究各个轨迹预测模型之间的差异；第二部分为布设优化方法，主要对轨迹预测进行评估，并进行路侧感知设备布设优化试验。

1. 改进轨迹预测算法试验

轨迹预测网络采用 Pytorch 库搭建，速度预测模型采用 Keras 库搭建。在改进卷积社会池化网络中,采用 leaky-ReLU 作为激活函数,Adam 优化算法作为学习方法,将学习率设置为 0.001。在速度预测模型中,LSTM 网络设置为 30 维状态,学习方法和学习率的设置与卷积社会池化网络相同。试验平台软硬件配置见表 3-5。

试验平台配置 表 3-5

配置	详细情况
硬件配置	CPU:Intel(R) Core(TM) i9-9900K GPU:NVIDIA GeForce GTX 2080ti
软件配置	操作系统:Linux Ubuntu 18.04 开发语言环境:Python 深度学习框架:PyTorch 0.4.1、Keras 2.2.4

采用美国下一代模拟(Next Generation Simulation,NGSIM)数据集中的车道线信息作为划分目标车辆兴趣区中道路网格的依据,将每一时刻前 3s 内兴趣区中的车辆群体轨迹作为历史轨迹,将每一时刻后 5s 内的轨迹作为未来轨迹,以此为基础进行模型参数训练和性能验证。根据数据集中的车辆 ID,按照 7∶1∶2 的比例划分模型训练集、验证集以及测试集。

通过轨迹预测试验验证了加入速度差信息对于提升目标车辆轨迹预测精度的重要作用,试验结果见表 3-6 与表 3-7。表中的 A 组模型采用文献所提出的原始卷积社会池化网络,B 组模型采用基于历史速度差的卷积社会池化网络,C 组模型采用基于真实轨迹计算的未来速度差的卷积社会池化网络,即 B 组和 C 组模型均未执行图 3-8 中的步骤 1。其中,历史速度差为目标车辆兴趣区内所有车辆在当前时刻 t 的速度与其 3s 前的速度的差值,即依据式(3-33)有 $D^{(t)} = \{[d_1^{(t-t_h)} - d_1^{(t)}], \cdots, [d_n^{(t-t_h)} - d_n^{(t)}]\}$,未来速度差为兴趣区内所有车辆 t 时刻的速度与其 5s 后的速度的差值,即 $D^{(t)} = \{[d_1^{(t)} - d_1^{(t+t_f)}], \cdots, [d_n^{(t)} - d_n^{(t+t_f)}]\}$。三组模型采用相同的优化器、学习率和迭代次数。

A、B、C 组均方根误差(RMSE)对比 表 3-6

对比试验	1s	2s	3s	4s	5s	提升百分比(%)
A 组	0.58	1.26	2.11	3.19	4.54	—
B 组	0.57	1.26	2.11	3.17	4.49	1.08
C 组	0.55	1.11	1.65	2.37	3.25	28.34

A、B、C 组负对数似然误差(NLL)对比 表 3-7

对比试验	1s	2s	3s	4s	5s	提升百分比(%)
A 组	1.58	3.07	3.93	4.56	5.09	—
B 组	0.69	2.21	3.08	3.71	4.23	16.85
C 组	0.73	2.12	2.84	3.43	3.92	22.85

表 3-8 和表 3-9 中列出了目标车辆未来 5s 内的轨迹预测误差。通过对比 A、B 两组模型性能可以看出,历史速度差信息对于模型减小 RMSE 误差帮助不大,但是能够显著减小 NLL 误差。通过对比 B、C 模型性能可知,与历史速度差信息相比,基于真实轨迹计算的未来速度差信息能够显著提升模型在 RMSE 以及 NLL 两个指标上的表现。此结果符合直观判断,即使用未来信息预测目标车辆的未来轨迹的精度比使用历史信息的预测精度要高。

A、C、D、E 组 RMSE 误差对比表　　　　表 3-8

对比试验	1s	2s	3s	4s	5s	提升百分比(%)
A 组	0.57	1.26	2.11	3.19	4.54	—
C 组	0.55	1.11	1.65	2.37	3.25	28.34
D 组	0.54	1.12	1.77	2.60	3.62	20.32
E 组	0.56	1.19	1.91	2.77	3.80	16.21

A、C、D、E 组 NLL 误差对比表　　　　表 3-9

对比试验	1s	2s	3s	4s	5s	提升百分比(%)
A 组	1.58	3.07	3.93	4.56	5.09	—
C 组	0.73	2.12	2.84	3.43	3.92	22.85
D 组	0.64	2.08	2.88	3.50	4.02	21.04
E 组	0.68	2.19	3.05	3.66	4.15	18.46

然而,在实际中当前时刻无法获知车辆群体的未来动作,因此在当前时刻无法直接利用未来信息预测未来轨迹,即 C 组使用的数据是无法获得的。因此,本文提出需要先预测车辆群体的未来速度(即图 3-8 中的步骤 1),再利用预测结果计算车辆间速度差用于目标车辆轨迹预测。为了验证此设定的效果,本文使用前文提出的 LSTM 网络输出的速度预测值计算车辆群体未来速度差,作为表 3-8 和表 3-9 中 D 组模型的输入。同时,采用 Cho 等提出的循环门单元(Gate Recurrent Unit,GRU)网络进行速度预测,并将其作为 E 组模型的网络层。GRU 网络具有与 LSTM 网络相似却更为精简的结构,虽然理论上训练速度更快,但是以往研究表明,其网络性能主要取决于具体任务及数据集,因此本书将通过对比 D 组和 E 组模型性能,确定图 3-8 中的步骤 1 所使用的速度预测方法。

通过对比表 3-8 和表 3-9 中 A、D、E 组模型的性能,将图 3-8 中步骤 1 中预测的未来轨迹加入模型中可以显著降低轨迹预测的误差。对比 D 组模型与 E 组模型性能可知,使用 LSTM 作为速度预测模块的模型表现要优于使用 GRU 作为速度预测模块的模型。模型性能的差距也反映在图 3-14 中。从图中可以明显看出,初始时几组模型的 RMSE 误差相差无几,但是随着预测时间的延长,C、D、E 组模型的性能明显优于 A 组模型。同时,在 NLL 误差方面,C、D、E 组模型的预测误差与 A 组模型相比始终较小,并且随着预测时间的延长,预测精度表现更好。

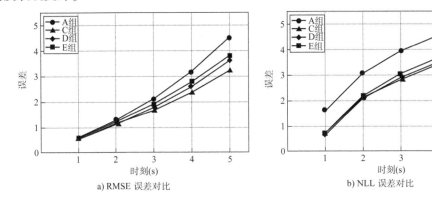

图 3-14　模型误差对比曲线

为了充分体现本文所提出目标车辆轨迹预测算法的优越性,本文采用测试集中的换道和跟驰两个场景轨迹数据,使用 A 组以及 D 组模型进行轨迹预测,结果如图 3-15 所示。图中第 1 行子图展示了不同算法的轨迹预测效果,第 2 和第 3 行子图分别为 A 组和 D 组模型预测的目标车辆采取不同行动的概率,目标车辆轨迹的透明度代表概率的大小,标注的数值为采用特定动作的概率。由图 3-15a)和 b)可以看出,在换道场景以及跟驰场景中,A 组以及 D 组模型均产生了相似的目标车辆机动意图,但是其预测效果各不相同。A 组模型错误估计车辆的驾驶人意图,其直行的概率较高,说明算法在该场景下未能做出有效的预测。相较而言,D 组模型可以更好地预测驾驶人意图,其预测轨迹与真实轨迹基本吻合。

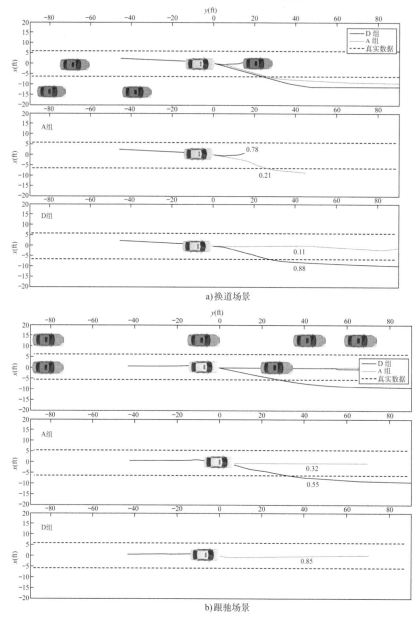

图 3-15 原始与改进卷积社会池化网络预测结果对比图

需要指出的是,刘创等将注意力机制引入经典卷积社会池化网络中,使用横向注意力对邻近车辆赋予不同的权重,使用纵向注意力让预测的每一个时间点获得最相关的历史信息,此模型的预测精度比本文中的 A 组模型提升了 1.22%,而本文提出的 D 组模型相较于 A 组模型取得了 21.04% 的提升。此结果说明,本文在经典卷积社会池化网络基础上引入的速度差信息,对于目标车辆轨迹预测精度提升的作用更加明显。

除了对比 GRU 和 LSTM 在速度预测方面的优劣,本文还评估了其作为车辆群体轨迹数据的编解码器对目标车辆轨迹预测精度的影响。将 A 组模型(即原始模型)中 LSTM 编码器和解码器更换为 GRU,将其设置为 F 组模型,两组模型的性能见表 3-10 和表 3-11。由表中可以看出,RMSE 误差仅降低了 0.96%,NLL 误差反而比原模型更大,这说明更换编解码器对模型性能的提升并不明显,甚至有损目标车辆轨迹预测精度。

A、F 组 RMSE 误差对比表　　　　　　　　　　　表 3-10

对比试验	1s	2s	3s	4s	5s	提升百分比(%)
A 组	0.58	1.26	2.11	3.19	4.54	—
F 组	0.58	1.26	2.10	3.17	4.50	0.96

A、F 组 NLL 误差对比表　　　　　　　　　　　表 3-11

对比试验	1s	2s	3s	4s	5s	提升百分比(%)
A 组	1.575	3.0713	3.9288	4.5601	5.0858	—
F 组	1.6389	3.1187	3.965	4.5899	5.1007	−0.29

由于群体行驶场景下车辆间距相对较小,因此要求目标车辆轨迹预测算法具有较高的执行效率。本文测试了上述各组对比模型的运行速度,结果见表 3-12 与图 3-16。由图表中可以看出,与经典卷积池化算法(A 组)相比,几种改进算法运行较为耗时,且速度随着模型复杂程度的提高而降低。通过对比 A 组与 F 组、D 组与 E 组模型性能数据可知,无论对于群体车辆轨迹编解码还是速度预测,采用 GRU 方法的模型运行速度均稍慢于采用 LSTM 方法的模型。B 组和 C 组模型相较于 A 组模型更加耗时的原因在于加入的速度差信息会增加计算量,而 D 组模型比 C 组模型耗时更长的原因在于加入了速度预测模块。尽管如此,各组改进模型与原始模型的运行耗时差距均在 10ms 之内,足以满足实际应用对模型效率的要求。

模型耗时对比　　　　　　　　　　　表 3-12

组别	A 组	B 组	C 组	D 组	E 组	F 组
时间(ms)	10.71	12.21	12.81	13.81	14.69	20.07

2. 路侧感知设备布局优化方法试验

为了研究轨迹预测的有效时间,本文引入评价指标绝对百分比误差(Mean Absolute Percentage Error,MAPE)对模型的相对误差进行评价,各模型的绝对百分比误差如图 3-17 所示。

由图 3-17 可以看出,各组模型在 5s 内的绝对百分比误差均在 10% 以内。由于 C 组需要得知车辆的未来信息,所以在现实场景中无法实现,因此 D 组为本文提出的轨迹预测最佳模型,其绝对百分比误差在第 5s 处为 8.17%,低于原模型(A 组)的 9.92%,再次证明改进模型的精度较高。将 D 组模型所述的误差换算成准确率为 91.83%,准确率较高,可以认为第5s处为有效预测时间,即$t_{pred}=5s$。而此时 D 组的均方根误差达到了3.62,因此不对预测时间进行进一步的延长。

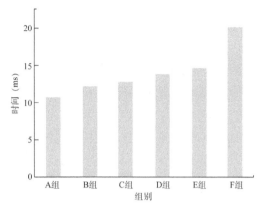

图 3-16 模型耗时对比

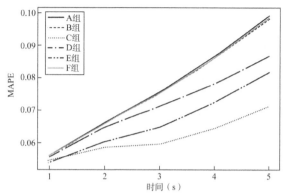

图 3-17 各模型的绝对百分比误差

由于本文提出的轨迹预测算法使用3s的历史轨迹预测5s的未来轨迹,所以此处对其适用性进行讨论。考虑到高速公路的最高时速为120km/h,同时 NGSIM 数据集中车辆最高时速也未超过该数值,在该速度下3s内的位移最高为100m。摄像机、毫米波雷达等新型路侧感知设备的有效感知距离一般均大于100m,符合本文提出轨迹预测算法的适用范围。

NGSIM 数据集中车辆的平均车速 $\bar{v}=9.25m/s$。使用式(3-34)计算可得有效预测距离 $\mathrm{dis}_{pred}=46.25m$。由于研究路段长度有限,所以需要将路侧感知设备有效检测距离缩小为原来的10%,有效预测距离同样缩减为原来的10%,即 $\mathrm{dis}'_{pred}=4.625m$。

由于 $\mathrm{dis}_{pred}<2\times\mathrm{blind}(k)$,即预测距离无法全部覆盖路侧感知设备的中间盲区,所以使用式(3-33)对单个设备布设点能够获得的行车风险熵进行计算。之后使用式(3-26)与式(3-28)构建目标约束方程,使用 Gurobi 优化器对设备布设问题进行求解工作,将预算约束设置为0~120万元,设备种类和成本与前文相同,使用 Gurobi 求解器进行求解出在每种预算约束下的检测器布设的最优解。以设备布设总成本为横坐标,在该成本下路侧感知设备能够检测到的行车风险熵总量为纵坐标,结果如图 3-18 所示。

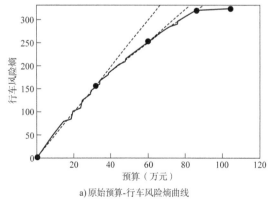

a) 原始预算-行车风险熵曲线

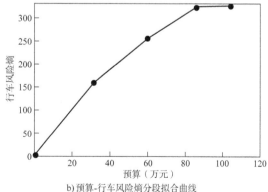

b) 预算-行车风险熵分段拟合曲线

图 3-18 预算-行车风险熵曲线

图 3-18a)为模型输出的原始预算-行车风险熵曲线图,代表在不同预算约束下进行设备布设能够采集到的最大行车风险熵。为了更加直观地表示行车风险熵与预算之间的变化规律,本文在曲线的不同阶段使用不同的虚线进行标注。可以看出曲线在不同阶段,可以近似被看作一条直线,所以本文对预算-行车风险熵曲线使用 Python 环境下的 pwlf 包进行多段线段拟合,如图 3-18b)所示,拟合结果如式(4-40)所示。

$$S = \begin{cases} 4.95C, & 0 \leqslant C \leqslant 29.28 \\ 2.49C + 42.75, & 29.28 \leqslant C < 57.72 \\ 2.7C + 88.35, & 57.72 \leqslant C < 85.32 \\ 0.25C + 297.38, & 85.32 \leqslant C < 104.28 \\ 323.45, & C \geqslant 104.28 \end{cases} \quad (3-40)$$

从图 3-19 中可以看出,使用轨迹预测算法优化后的布设方案在相同预算下可以获得更多的行车风险熵,即可以使布设效果更佳,拟合结果具体参数对比见表 3-13。

优化先后参数对比表 表 3-13

参数	第一段斜率	第二段斜率	第三段斜率	第四段斜率	行车风险熵最大检测占总量比例(%)	行车风险熵最大检测值
优化前	4.14	3.19	2.41	0.53	93.06	303.79
优化后	4.95	3.49	2.70	0.25	99.14	323.63

可以看出,由于优化后的布设方案感知范围的增大,使得预算-行车风险熵曲线的拟合线段斜率增大,同时使用轨迹预测优化后的布设方法弥补了盲区数据,使得行车风险熵最大覆盖率从 93.06% 提升至 99.14%,对原有布设的提升效果显著,进行设备全覆盖成本更低。设备数量随行车风险熵变化的柱状图如图 3-20 所示。

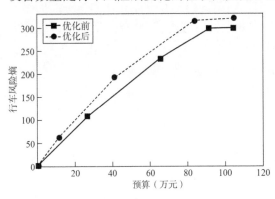

图 3-19 路侧感知设备优化对比

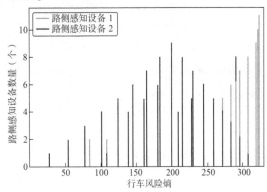

图 3-20 设备数量随行车风险熵变化的柱状图

由图 3-20 可知,其变化规律基本与图 3-5 相同,但是由于盲区数据得到弥补,且不同设备之间的弥补长度相同,导致设备之间的单位长度感知价格差距缩小,所以设备 2 所占比例相较于图 3-5 而言有所上升。

CHAPTER 4 第四章

高速公路智能车路协同系统效能评估与智慧运维技术

第一节 车路协同系统效能评估与智慧运维技术研究现状

一、车路协同系统运行效能评估研究现状

目前，国内外学者在车路协同的效能评估与智慧运维方面已开展了大量研究。在系统效能评估方面，国外学者针对车路协同系统主要开展了以下研究，Feng建立了智能网联车辆测试场景库的系统框架，从而对车路协同场景进行测试评估，通过分析得出结论，与道路实测相比，该框架能以较少的试验次数获得准确的评价结果[67]。在此基础上，Feng又提出了一种自适应测试场景库生成方法，为验证方法的有效性，以高速公路分合流区为例进行了安全性和功能性评价[69]。Christian描述了一种利用真实驾驶数据评估自动驾驶场景的方法，该方法能够处理场景的特定特征，量化复杂应用场景对自动驾驶的影响[70]。

在国内，杨良义等搭建了真实的道路测试场景，开展了交叉路口、路段的人、车、路协同测试，验证了测试方案的可行性和合理性[71]。王庞伟等提出了一种基于车路信息融合的实时交通状态评价方法，研究表明该方法提高了评价结果的实时性及客观性[72]。此外，在车路协同系统测试评价方面，柴少丹从车车交互式系统安全、车路交互式系统安全、交通信号协调系统安全3个方面考虑，重点从系统安全的角度，选取了误警率、虚警率等指标，搭建了车路协同系统的模糊评价模型[73]。张家铭从效率、安全、环保、资源、舒适5个方面考虑，搭建了车路协同仿真系统的灰色多层次评判模型，应用于车路协同的仿真评价[74]。张立爽使用Q-paramics和VS2013软件，构建了车路协同系统仿真环境，从交叉路口、路段和路网3个方面，选取了交通效率评估指标，最后构建了层次分析和BP神经网络的评估模型，开展了多场景的验证研究[75]。赵晓华等选取冬奥会兴延高速公路作为测试道路，考虑驾驶人的适应性，建立了一套车路协同系统的硬件在环效能测试平台，从主观和客观两个方面评价了驾驶人的适应性[76]。牛皖豫等选取了环境感知与定位精度、通信与传输能力、应用场景功能、决策控制效果和系统适应性5个一级评价指标，构建了车路协同系统的评价指标体系，确定了

层次分析和模糊综合评价相结合的方法,搭建基于多模通信的车路协同系统,最后开展了车路协同系统的综合测评实证研究,研究结果表明该方法能够有效、全面地评价车路协同系统[77]。

在车路协同系统效能评估的研究方面,现有研究多搭建仿真试验系统,且侧重于车路协同系统的功能性评价,以及人-车-路-云的协同、系统决策控制效果、系统适应性等对评价结果的影响。然而,对于车路协同系统在道路实际安装应用之后的运行效果方面的研究较为缺乏,特别是尚无学者开展针对道路智能路侧设备的安装布设后的效果评价方法研究。因此,本书从车路协同系统在道路实际安装应用的效能评价出发,重点针对路侧智能化设备的安装布设评估方法开展研究,从多个方面采用综合评价方法分析路侧设备布设方案。

二、车路协同系统运维管理研究现状

随着车路协同系统在高速公路上的应用,高速公路上除传统监控、收费、通信等机电设备外,与车路协同应用相关的感知设备、计算设备、通信设备、发布设备等路侧机电设备相继布设。高速公路车路协同系统运维管理实质上是指车路协同路侧机电设备运维管理。为了更好地保障车辆协同系统应用的时效性、安全性、功能性,大量车路协同系统相关路侧机电设备的正常运行监测和维护管理显得尤为重要,也是保障道路交通安全、畅通以及提升路网服务水平的前提。

随着智慧公路、智慧高速公路建设的不断推进,我国相关部委也相继提出要利用新技术推动交通基础设施规划、设计、建设、养护、运行管理等全要素、全周期管理。高速公路车路协同系统作为新兴、安全性要求较高的应用,更应该重视机电设备状态监测、故障预警、运维管理,降低设备故障对车路协同系统通信、效率、服务等方面的影响。

目前,国内外对高速公路传统机电设备管理和运维的相关研究比较多,但大多数还停留在粗犷型管理模式,普遍存在纸质化、片面化、救火式、断面式等特点,同时大部分省份以各个分公司的设备维护管理体制为主,需要庞大的人力资源来支持,造成维护成本增加、人员浪费、整体运维效率下降、区域维护力量不平衡等一系列问题。同时,国内开发的机电设备管理系统也只是实现了单点的基本库存管理、故障处理、设备采购管理,主要目标是实现管理单位的机电资产、机电设备的"账实相符",尽量减少企业固定资产流失的现象,而缺乏最主要的机电运维管理,业主单位难以实时掌握设备整体状况,不便于对道路稳定运行做好支撑。而在资产、设备的运维工作方面,则主要以"消防队"的处理方式进行管理,即以上报问题为驱动,出现问题就解决问题,"头痛医头,脚痛医脚"的现象非常严重,对设备的检测、监测流于形式。此外,还存在机电故障维修不及时,无法对机电设备故障处理过程进行有效跟踪,难以考核维修、维护人员的工作量和工作质量;无法通过数据统计对机电设备供应商做出量化考评;难以获取外场机电设备的使用年限、故障频率、安装位置等数据,只凭感觉或经验决定哪些机电设备需要改造等实际问题。

目前,对车路协同系统相关运维管理研究虽然相对较少,但车路协同系统相关机电设备与高速公路传统机电设备类型差异不大,高速公路车路协同系统设备运维管理可以借鉴传统机电设备运维管理的相关方法和经验进行。

第二节　系统应用效能评估技术

在智能车路协同系统中,位于端侧的智能路侧设备是必不可少的一环,而智能化路侧感知设备作为交通信息感知的手段,承担着整套车路协同系统的基础支撑工作,其作用至关重要。

高速公路智能路侧感知设备为智能车路协同系统的基础,路侧感知设备作为智慧高速公路感知层的重要组成部分,其布设方案直接影响系统的功能实现。因此,对智能路侧感知设备的应用效能开展评估是非常有必要的。

一、综合评估方法

近年来,围绕着多指标综合评价,其他领域的相关知识不断渗入,使得多指标综合评价方法不断丰富,有关这方面的研究也不断深入。目前国内外提出的综合评价方法已有几十种之多,但总体上可归为两大类:主观赋权评价法和客观赋权评价法。前者多采取定性的方法,由专家根据经验进行主观判断而得到权数,如层次分析法、模糊综合评判法、德尔菲专家打分法等;后者根据指标之间的相关关系或各项指标的变异系数来确定权数,如灰色关联度法、TOPSIS法、主成分分析法等[78]。以下是对几种常见综合评价方法的概述。

1. 层次分析法

层次分析法(Analytic Hierarchy Process,AHP)是美国匹兹堡大学数学系教授,著名运筹学家萨迪于20世纪70年代中期提出来的一种定性与定量相结合的、系统化、层次化的分析方法。这种方法将决策者的经验给予量化,特别适用于目标结构复杂且缺乏数据的情况。它是一种简便、灵活而又实用的多准则决策方法。自层次分析法提出以来,在各行各业的决策问题上都有所应用。层次分析法的基本原理是,把一个复杂问题中的各个指标通过划分相互之间的关系使其分解为若干个有序层次,每一层次中的元素具有大致相等的地位,并且每一层与上一层次和下一层次有着一定的联系,层次之间按隶属关系建立起一个有序的递阶层次模型。层次结构模型一般包括目标层、准则层和方案层等几个基本层次。在递阶层次模型中,按照对一定客观事实的判断,对每层的重要性以定量的形式加以反映,即通过两两比较判断的方式确定每个层次中元素的相对重要性,并用定量的方法表示,进而建立判断矩阵。然后利用数学方法计算每个层次的判断矩阵中各指标的相对重要性权数。最后通过在递阶层次结构内各层次相对重要性权数的组合,得到全部指标相对于目标的重要程度权数。

层次分析法具有以下优点:在有限目标的决策中,大量需要决策的问题既有定性因素,又有定量因素。因此,要求决策过程把定性分析与定量分析有机地结合起来,避免二者脱节。层次分析法正是一种把定性分析与定量分析有机结合起来的较好的科学决策方法。它通过两两比较标度值的方法,把人们依靠主观经验来判断的定性问题定量化,既有效地吸收了定性分析的结果,又发挥了定量分析的优势,既包含了主观的逻辑判断和分析,又依靠客观的精确计算和推演,从而使决策过程具有很强的条理性和科学性,能处理许多传统的最优化技术无法处理的实际问题,应用范围比较广泛。层次分析法分析解决问题,是把问题看成一个系统,在研究系统各个组成部分相互关系及系统所处环境的基础上进行决策。相当多的系统在结构上具有递进层次的形式。对于复杂的决策问题,最有效的思维方式就是系统方式。层次分析法恰恰反映了这类系统的决策特点。它把待决策的问题分解成若干层次,最上层是决策系统的总目标,根据对系统总目标影响因素的支配关系的分析,建立准则层和子准则层,然后通过两两比较判断,计算出每个方案相对于决策系统的总目标的排序权值,整个过程体现出分解、判断、综合的系统思维方式,也充分体现了辩证的系统思维原则。

2. 模糊综合评判法

1965年,美国加利福尼亚大学的控制论专家扎德根据科学技术发展的客观需要,经过多年的潜心研究,发表了一篇题为《模糊集合》(Fuzzy Sets)的重要论文,第一次成功地运用精确的数学方法描述了模糊概念,在精确的经典数学与充满了模糊性的现实世界之间架起了一座桥梁,从而宣告了模糊数学的诞生。从此,模糊现象进入了人类科学研究的领域。模糊综合评判(Fuzzy Comprehensive Evaluation,FCE)就是以模糊数学为基础,应用模糊关系合成的原理,将一些边界不清、不易定量的因素定量化,进行综合评价的一种方法。它是模糊数学在自然科学领域和社会科学领域中应用的一个重要方面。

模糊综合评判法具有以下优点:①隶属函数和模糊统计方法为定性指标定量化提供了有效的方法,实现了定性和定量方法的有效集合;②在客观事物中,一些问题往往不是绝对的肯定或绝对的否定,涉及模糊因素,而模糊综合评判方法则很好地解决了判断的模糊性和不确定性问题;③所得结果为一个向量,即评语集在其论域上的子集,克服了传统数学方法结果单一性的缺陷,结果包含的信息量丰富。模糊综合评判法具有以下缺点:①不能解决评价指标间相关造成的评价信息重复问题;②各因素权重的确定带有一定的主观性;③在某些情况下,隶属函数的确定有一定困难,尤其是多目标评价模型,要对每一目标、每个因素确定隶属度函数,过于烦琐,实用性不强。

3. 优劣解距离法

优劣解距离法(Technique for Order Preference by Similarity to an Ideal Solution,TOPSIS)是Hwang和Yoon于1981年首次提出的。TOPSIS法根据有限个评价对象与理想化目标的接近程度进行排序,是在现有的对象中进行相对优劣的评价。TOPSIS法是一种逼近于理想解的排序法,该方法只要求各效用函数具有单调递增(或递减)性。TOPSIS法是多目标决策分析中一种常用的有效方法,又称为优劣解距离法。

其基本原理,是通过检测评价对象与最优解、最劣解的距离来进行排序,若评价对象最靠近最优解同时又最远离最劣解,则为最好,否则,不为最好。其中,最优解的各指标值都达到各评价指标的最优值。最劣解的各指标值都达到各评价指标的最差值。在基于归一化后的原始矩阵中,找出有限方案中的最优方案和最劣方案(分别用最优向量和最列向量表示),然后分别计算出评价对象与最优方案和最劣方案间的距离,获得该评价对象与最优方案的相对接近程度,以此作为评价优劣的依据。

4. 灰色关联分析法

灰色系统理论(Grey System Theory)是由著名学者邓聚龙教授首创的一种系统科学理论,其中的灰色关联分析是对一个系统发展变化态势进行定量描述和比较的方法,其基本思想是通过确定参考数据列和若干个比较数据列的几何形状相似程度来判断其联系是否紧密,它反映了曲线间的关联程度。在系统发展的过程中,若两个因素变化的趋势具有一致性,即同步变化程度较高,即可称二者关联程度较高,反之则较低。因此,灰色关联分析方法是将因素之间发展趋势的相似或相异程度,即"灰色关联度",作为衡量因素间关联程度的一种方法。灰色系统理论提出了对各子系统进行灰色关联度分析的概念,意图通过一定的方法寻求系统中各子系统(或因素)之间的数值关系。因此,灰色关联度分析对于一个系统发展变化态势提供了量化的度量,非常适合动态历程分析。通常可以运用此方法来分析各个因素对于结果的影响程度,也可以运用此方法解决随时间变化的综合评价类问题,其核心是按照一定规则确立随时间变化的母序列,把各个评估对象随时间的变化作为子序列,求各个子序列与母序列的相关程度,依照相关性大小得出结论[79]。

灰色关联分析法要求的样本容量可以少到4个,对数据无规律的情况同样适用,不会出现量化结果与定性分析结果不符的情况。其基本思想是将评价指标原始观测数进行无量纲化处理,计算关联系数、关联度以及根据关联度的大小对待评指标进行排序。灰色关联分析方法应用于社会科学和自然科学的各个领域,尤其在社会经济领域,如国民经济各部门投资收益、区域经济优势分析、产业结构调整等方面,都取得了较好的应用效果。

灰色关联分析法具有以下优点:①灰色关联度综合评价法计算简单,通俗易懂,数据不必进行归一化处理,可用原始数据进行直接计算;②灰色关联度法不需要大量样本,也不需要经典的分布规律,只要有代表性的少量样本即可,计算简便。

5. 主成分分析法

主成分分析(Principal Component Analysis, PCA)也称主分量分析,旨在利用降维的思想,把多指标转化为少数几个综合指标。在统计学中,主成分分析是一种简化数据集的技术,它是一个线性变换。这个变换把数据变换到一个新的坐标系中,使得任何数据投影的第一大方差在第一个坐标(称为第一主成分)上,第二大方差在第二个坐标(第二主成分)上,依次类推。主成分分析能够减少数据集的维数,同时保持数据集中对方差贡献最大的特征。这是通过保留低阶主成分、忽略高阶主成分做到的,这样低阶成分往往能够保留数据最重要的特征。但这也不是一定的,要视具体应用而定。

在实证问题研究中,为了全面、系统地分析问题,我们必须考虑众多影响因素。这些涉及的因素一般称为指标,在多元统计分析中也称为变量。因为每个变量都在不同程度上反映了所研究问题的某些信息,并且指标之间有一定的相关性,因而所得的统计数据反映的信息在一定程度上有重叠。在用统计方法研究多变量问题时,变量太多会增加计算量和增加分析问题的复杂性,人们希望在进行定量分析的过程中,涉及的变量较少,得到的信息量较大。主成分分析正是适应这一要求产生的,是解决这类问题的理想工具。

主成分分析法是一种降维的统计方法,它借助于一个正交变换,将分量相关的原随机向量转化成分量不相关的新随机向量,这在代数上表现为将原随机向量的协方差阵变换成对角形阵,在几何上表现为将原坐标系变换成新的正交坐标系,使之指向样本点散布最开的 p 个正交方向,然后对多维变量系统进行降维处理,使之能以较高的精度转换成低维变量系统,再通过构造适当的价值函数,进一步把低维系统转化成一维系统。最经典的做法就是用 F_1(选取的第一个线性组合,即第一个综合指标)的方差来表达,即 $Var(F_1)$ 越大,表示 F_1 包含的信息越多。因此,在所有的线性组合中选取的 F_1 应该是方差最大的,故称 F_1 为第一主成分。如果第一主成分不足以代表原来 p 个指标的信息,再考虑选取 F_2,即选第二个线性组合。为了有效地反映原来信息,F_1 已有的信息就不需要再出现在 F_2 中,用数学语言表达就是要求 $\text{Cov}(F_1, F_2) = 0$,则称 F_2 为第二主成分。以此类推可以构造出第三、第四……第 p 主成分。

主成分分析方法的优点如下:①可消除评估指标之间的相关影响,因为主成分分析法在对原始数据指标变量进行变换后形成了彼此相互独立的主成分,而且实践证明指标间相关程度越高,主成分分析效果越好;②可减少指标选择的工作量,对于其他评估方法,由于难以消除评估指标间的相关影响,所以选择指标时要花费不少精力,而主成分分析法由于可以消除这种相关影响,所以在指标选择上相对容易些;③主成分分析中各主成分是按方差大小依次排列顺序的,在分析问题时,可以舍弃一部分主成分,只取前面方差较大的几个主成分来代表原变量,从而减少了计算工作量。用主成分分析法作综合评估时,由于选择的原则是累计贡献率≥85%,不至于因为节省了工作量却把关键指标漏掉而影响评估结果。主成分分析的缺点如下:①在主成分分析中,首先应保证所提取的前几个主成分的累积贡献率达到一个较高的水平(即变量降维后的信息量须保持在一个较高水平上),其次对这些被提取的主成分必须都能够给出符合实际背景和意义的解释(否则主成分将空有信息量而无实际含义);②主成分的含义一般多少带有点模糊性,不像原始变量的含义那么清楚、确切,这是在变量降维过程中不得不付出的代价,因此,提取的主成分个数 m 通常应明显小于原始变量个数 p(除非 p 本身较小),否则,维数降低的"利"可能抵不过主成分含义不如原始变量清楚的"弊";③当主成分的因子负荷的符号有正有负时,综合评价函数意义就不明确。

二、系统运行效能监测

路侧感知系统运行效能监测是智能车路协同系统运行效能监测的基础支撑,本书提出一套综合评估方法,对路侧感知系统的运行效能开展监测评估。

当前,在路侧感知系统设计过程中主要存在以下问题:高速公路路侧感知设备单价普遍较高,且运营里程较长,因此,布设路侧感知设备时费用高昂。由于缺乏对布设方案的有效评估,示范项目往往等间距密布,使成本增加。在实际推广过程中,如何在有限预算下实现最佳系统功能是一大挑战,对设备的选型与布设方案提出更高要求。因此,本书针对高速公路路侧感知设备布设方案,提出了一套系统运行效能综合监测评估方法,该方法主要包括监测评估流程与原则。

1. 监测评估流程

监测评估流程如图 4-1 所示,首先根据目前存在的问题,提出一套路侧感知设备布设方案的评估原则;进而基于不同评估原则,选定能够表征该原则的评估指标,针对实现不同状态功能的感知设备,构建评估指标体系;根据交通运行状态等 4 种不同的数据采集需求,基于构建的评估指标体系提

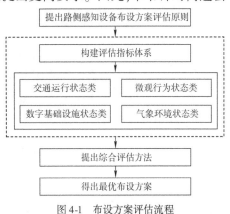

图 4-1 布设方案评估流程

出数学评估模型,最终进行综合评估并得出最优的路侧感知设备布设方案。

2. 监测评估原则

高速公路路侧感知系统建设时应能够提供满足上层系统需要的感知数据。为适应日新月异的融合感知方法,本书提出一套路侧感知设备布设方案评估原则,具体如下:

(1)经济性。工程造价是高速公路设计的重要影响因素,路侧感知设备布设方案需考虑经济性原则,在符合功能要求的基础上尽量提供集约型设计方案。

(2)全面性。一方面,布设方案需保证能够采集到高速公路最大覆盖范围的数据;另一方面,方案选用设备应当能够提供种类全面、精度高、质量好的基础数据。

(3)有效性。路侧感知设备应符合应用系统设计需要,能够最大限度覆盖目标检测区域;同时,需保证设备能够全天候稳定运行。

三、综合评估指标体系

1. 评估指标体系

基于上述效能监测评估方法,根据经济性、全面性、有效性等运行监测评估原则,选定平均每千米工程造价、平均每千米维护成本、数据采集种类、物理覆盖度、物理重叠度、功能覆盖度、平均故障间隔时间等作为评估指标,构建了路侧感知系统综合评估指标体系,如图4-2所示。

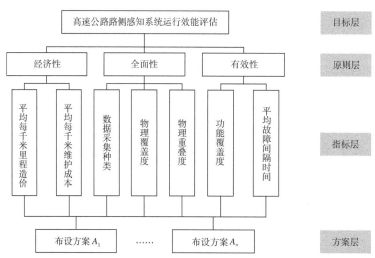

图4-2 综合评估指标体系

如图所示,其中经济性原则主要由平均每千米工程造价与平均每千米维护成本2个指标表征;全面性原则主要由数据采集种类、物理覆盖度与物理重叠度3个指标表征;有效性原则主要由功能覆盖度与平均故障间隔时间2个指标表征。评价指标具体含义见表4-1。

评价指标含义　　　　　　　　　　　　　表4-1

指标名称	含义	单位
平均每千米工程造价(Mean Cost Per Kilometer, MCPK)	指高速公路建造时,路侧感知设备平均每千米的造价成本	万元

续上表

指标名称	含义	单位
平均每千米维护成本（建成后运营年限期内）（Mean Maintenance Cost Per Kilometer, MMPK）	指高速公路运营后，路侧感知设备平均每千米维护所需的成本	万元
数据采集种类（Data Collection Type, DCT）	指路侧感知设备能够采集到的数据种类	种
物理覆盖度（Physical Coverage Degree, PCD）	指路侧感知设备能够检测覆盖到的范围与高速公路全域范围的比值	%
物理重叠度（Physical Overlap Degree, POD）	指不同路侧感知设备之间检测到重叠范围与高速公路全域范围的比值	%
功能覆盖度（Functional Coverage Degree, FCD）	指路侧感知设备的检测区域与检测目标（如交通瓶颈点、事故黑点等）实际出现区域的重合度	%
平均故障间隔时间（Mean Time Between Failure, MTBF）	指路侧感知设备在两相邻故障间隔期内正确工作的平均时间	h

2. 评估模型

针对以上评估指标，需选用一种评估数学模型对其进行综合。通过对比层次分析法、主成分分析法、灰色关联分析法、模糊综合评价方法等系列数学评价模型，本书拟选用灰色关联分析法构建评估模型，对指标进行评价。

灰色关联分析法主要用来利用多目标决策判断方案间的关联程度。该方法通过有关指标数据的比较，求出参考数列与各比较数列的关联度。与参考数列关联度越大的比较数列，与参考数列越接近。其原理是首先对评价指标进行无量纲化处理，计算各方案的关联系数、关联度，并根据关联度的大小对方案进行排序。

具体计算步骤如下。

1）确定分析数列

确定要分析的参考数列和比较数列。设参考数列为 $Y=\{Y(k)\mid k=1,2,\cdots,n\}$，比较数列为 $X_i=\{X_i(k)\mid k=,2,\cdots,n\}$，$i=1,2,\cdots,m$。

2）变量的无量纲化

由于方案中各指标数据可能因量纲不同不便于比较或比较时难以得出正确的结论，因此，在进行灰色关联分析时，需要进行数据无量纲化处理，将各指标值映射到[0,1]区间内。

$$z_{ij}=\frac{y_{ij}}{\sqrt{\sum_{i=1}^{m}y_{ij}^{2}}} \tag{4-1}$$

3）评价指标定义

一般来说，评价指标分为效益型指标和成本型指标，效益型指标越大越好；成本型指标越小越好。

对于效益型指标，令：

$$y_{ij} = \frac{x_{ij} - \min(x_{ij})}{\max(x_{ij}) - \min(x_{ij})} \tag{4-2}$$

对于成本型指标,令:

$$y_{ij} = \frac{\max(x_{ij}) - x_{ij}}{\max(x_{ij}) - \min(x_{ij})} \tag{4-3}$$

4)计算关联系数

$X_0(k)$ 与 $X_i(k)$ 的关联系数:

$$\zeta_i(k) = \frac{\min\limits_{i}\min\limits_{k}|y(k) - x_k| + \rho\max\limits_{i}\max\limits_{k}|y(k) - x_k|}{|y(k) - x_k| + \rho\max\limits_{i}\max\limits_{k}|y(k) - x_k|} \tag{4-4}$$

其中,$\rho \in (0, \infty)$,称为分辨系数,通常取 $\rho = 0.5$。

5)计算关联度(优属度)

由于关联系数是比较数列与参考数列在各时刻的关联程度值,其数值不止一个,而过于分散则不便于进行整体性比较。因此需要将各时刻的关联系数集中为一个值,即平均值,作为比较数列与参考数列间关联程度的表示,关联度 r_i 的计算公式如下:

$$r_1 = \frac{1}{n}\sum_{k=1}^{n}\zeta_i(k), \quad k = 1, 2, 3, \cdots, n \tag{4-5}$$

6)关联度排序

将关联度按大小排序,如果 $r_1 < r_2$,则参考数列 y 与比较数列 x_2 更相似。在算出 X_i 序列与 $Y(k)$ 序列的关联系数后,计算各类关联系数的平均值,平均值 r_i 就称为 $Y(k)$ 与 X_i 的关联度。

四、系统效能优化提升方案

为验证系统运行效能监测评估方法及所提出的综合评估指标体系,本书将开展相关案例分析。首先通过案例设计,介绍案例应用路段的道路情况以及 3 种路侧感知系统方案,然后应用综合评估方法,得出一套最优的路侧感知系统方案,最终使得车路协同系统整体效能得到优化提升。

1. 案例设计

上述运行效能监测评估方法针对数字基础设施状态、交通运行状态、微观行为状态、气象环境状态等分别构建评估指标体系,从而进行评估。本书中以交通运行状态为例进行案例分析。本案例为解决目前的路侧感知设备布设方案设计往往仅凭经验、无理论支撑的问题,以得出最优路侧感知设备布设方案为目标,应用场景为高速公路基本路段以及包含典型事故黑点区域的路段。

通过对目前已有的典型高速公路路侧感知设备布设方案进行分析,本书中设计出 3 种路侧感知设备布设方案,选取的设备均为能够采集交通运行状态类数据的智能路侧设备,包括高清摄像机(有效检测区域约为100m)、毫米波雷达(有效检测区域约为350m)、激光雷达(有效检测区域约为300m)。

不同设计方案的路侧设备布设方式如图4-3所示。其中方案 A 为每隔 200m 布设 1 套高清摄像机,每隔 200m 布设 1 套毫米波雷达,共需布设 50 台高清摄像机、50 台毫米波雷达;方案 B 为每隔 400m 布设 1 套高清摄像机,每隔 400m 布设 1 套毫米波雷达,在其中一处事故黑点区域布设 1 套激光雷达,共需布设 25 台高清摄像机、25 台毫米波雷达、1 台激光雷达;方案 C 为每隔 200m 布设 1 套高清摄像机,每隔 400m 布设 1 套毫米波雷达,在两处事故黑点区域各布设 1 套激光雷达,共需布设 7 台高清摄像机、4 台毫米波雷达、2 台激光雷达。

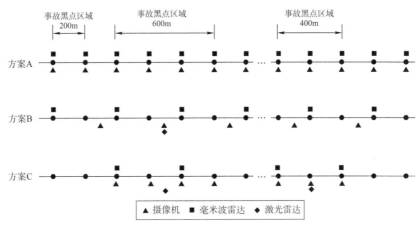

图 4-3 布设方案示意图

应用路段为一段长 10km 的高速公路,其中有两段事故黑点区域,一段长约 600m,另一段长约 400m。

2. 评估结果

针对设计的 3 个布设方案,选取平均每千米工程造价、平均每千米维护成本、数据采集种类、物理覆盖度、物理重叠度、功能覆盖度、平均故障间隔时间等指标进行分析,构建综合评估指标体系,通过运算分析得到各个方案的指标值见表 4-2。

各布设方案指标值　　　　表 4-2

指标	方案 A	方案 B	方案 C
平均每千米工程造价(元)	200000	109500	39500
平均每千米维护成本(元)	37500	22750	11750
数据采集种类(种)	5	6	6
物理覆盖度(%)	1	1	0.1
物理重叠度(%)	0.5	0.03	0.1
功能覆盖度(%)	0.1	0.1	1
平均故障间隔时间(h)	4500000	2280000	570000

根据经验可以得出平均每千米工程造价、平均每千米维护成本、物理重叠度等指标,值越小越接近于最优布设方案,因此,为成本型指标;数据采集种类、物理覆盖度、功能覆盖度、平均故障间隔时间等指标,值越大越接近于最优布设方案,因此,为效益型指标。利用灰色关联分析模型对各指标进行深入计算,计算步骤如下所示:

首先,对矩阵进行转置,结果见表 4-3。

各布设方案指标值　　　　　　　　　　　　　　　　　　表4-3

指标	平均每千米工程造价（元）	平均每千米维护成本（元）	数据采集种类（种）	物理覆盖度（%）	物理重叠度（%）	功能覆盖度（%）	平均故障间隔时间（h）
A	200000	75000	5	1	0.5	0.1	4500000
B	109500	41500	6	1	0.03	0.1	2280000
C	39500	15500	6	0.9	0.1	1	570000

接下来,将上述矩阵进行标准化,去除量纲,结果见表4-4。

去量纲矩阵　　　　　　　　　　　　　　　　　　　表4-4

方案	平均每千米工程造价（去量纲）	平均每千米维护成本（去量纲）	数据采集种类（去量纲）	物理覆盖度（去量纲）	物理重叠度（去量纲）	功能覆盖度（去量纲）	平均故障间隔时间（去量纲）
A	0.8643	0.8610	0.5077	0.5965	0.9789	0.0990	0.8864
B	0.4732	0.4764	0.6092	0.5965	0.0587	0.0990	0.4491
C	0.1707	0.1779	0.6092	0.5369	0.1958	0.9901	0.1123

由于平均每千米工程造价、平均每千米维护成本、物理重叠度等指标为成本型指标,数据采集种类、物理覆盖度、功能覆盖度、平均故障间隔时间等指标为效益型指标,故将参考序列定义为(0,0,1,1,0,1,1),通过与参考序列对比,得出关联系数矩阵,结果见表4-5。

关联系数矩阵　　　　　　　　　　　　　　　　　　表4-5

指标	平均每千米工程造价（关联系数）	平均每千米维护成本（关联系数）	数据采集种类（关联系数）	物理覆盖度（关联系数）	物理重叠度（关联系数）	功能覆盖度（关联系数）	平均故障间隔时间（关联系数）
A	0.3688	0.3697	0.5086	0.5592	0.3400	0.3591	0.8280
B	0.5187	0.5169	0.5672	0.5592	0.9108	0.3591	0.4799
C	0.7564	0.7481	0.5672	0.5242	0.7287	1.0000	0.3626

对各方案关联系数取平均值,得出3个方案优属度如图4-4所示,方案A的优属度为0.476,方案B的优属度为0.559,方案C的优属度为0.670。从中可以看出,方案C(检测范围未全面覆盖道路,功能覆盖度高)最接近于最优布设方案,说明在重点区域进行设备布设、非重点区域适当减少设备布设可大幅优化设备布设方案;方案A(检测范围全面覆盖,但重叠度高)优属度最低,说明全路段进行设备密布使得造价成本升高,且设备检测重叠范围较高,易造成建设成本浪费,利用效率不高;方案B(检测范围全面覆盖,重叠度低)较为适中,说明在设备布设时需要综合考虑经济性、全面性、有效性等原则。

综上所述,本书通过一处案例分析,以"经济性、全面性、有效性"为原则,建立评估指标体系,构建评估模型。该模型能够有效地评价各指标因素对路侧感知系统应用效能的影响,进而能够对系统效能进行有效的优化与提升。

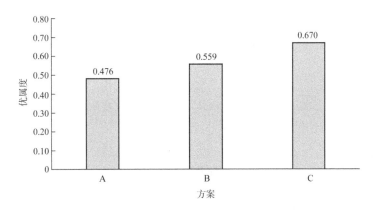

图 4-4 各方案优属度排序

第三节 系统智慧运维方法

一、概述

车路协同系统机电设备智慧运维管理是为了使车路协同系统机电设备管理与运行维护工作达到规范化、科学化和现代化,降低人工检修的劳动强度,在吸取多年高速公路机电系统运维经验的基础上,针对高速公路机电运维普遍存在的故障定位难、处理效率低、过程不透明等问题,充分利用物联网、移动互联网及大数据等信息技术,"以客户为中心,以流程为导向",通过分解满意度指标、优化业务流程,实现运维过程移动化、状态监测可视化、设备故障预警化、设备寿命可知化、资源管理集约化、服务评价标准化及决策支持数据化,全面优化运维管理过程,对车路协同系统机电资产实行统一管理,实现机电信息资源共享、设备故障及时诊断预警、设备剩余寿命准确预测。需要本着易用性、先进性、稳定性、安全性和实用性设计原则,开发一套先进、科学的基于"互联网+"的车路协同系统机电设备智慧运维管理系统,帮助高速公路管理者及时掌握车路协同外场设备运行情况,助力车路协同场景更好地发挥其能效。

二、系统运维管理需求

为了实时监测车路协同路侧机电设备运行状态,及时发现设备故障,提高设备的管理效率,需要对机电设备进行智慧化管理。为此,需要对机电设备相关基础数据、运行状态数据等数据进行采集,通过科学合理的方法对设备故障自动检测、及时报警和快速处置,对设备资产进行全生命周期的精细化、透明化管理,并通过对积累的海量数据的深度挖掘分析,完成对系统健康状态、设备运行状态、设备寿命服务、运维服务质量、人员工作效率等的评价,并根据运维业务沉淀下来的知识经验,形成运维知识库,指导运维工作的指挥与部署,进行精细化的人员派工、备品备件管理等。运维管理功能需求分析见表4-6。

运维管理功能需求分析　　　　　　　　　　　　　　表 4-6

功能需求	主要内容
运行状态综合监控	对所有车路协同设备等运维对象运行状态进行统一监测展示和报警处置管理,展示内容包括系统拓扑监控视图、告警详情统计分析视图、外场主线路段设备展示视图、内场机房 3D 模拟展示等
设备故障预警	根据运行状态的综合监控,及时分析和发现设备运行故障,实现设备故障智能报警管理,对故障报警分级、时间、压缩、过滤、根源等进行综合分析,结合事件关联性、设备拓扑关系综合分析获得最终设备故障预警方案
运维工单管理	对设备故障发生时的工单进行统一管理,包括工单登记、生成、分配、处理、评价及归档,以信息技术基础架构库(Information Technology Infrastructure Library,ITIL)的运维管理标准化流程为指导,制定故障发生时的工单管理方案,规范工单管理的各个环节,保证运维管理工作方便、有序、高效
运维资源及单位管理	主要实现设备数据的全生命周期管理,包含分类管理、实例管理、实例关联管理、实例回收记录、实例操作报告、使用到期清单等管理。运维单位管理是为运维服务单位设置服务范围、服务等级等,对其服务的时效性和质量等进行评估
运维支持管理	包括任务计划和值班管理,任务计划管理是对运维人员的维护作业计划进行制订、审核、执行、满意度评价、记录的管理,任务计划分为巡检计划、保洁计划、大型维护计划等;值班管理功能是为值班管理提供一系列的配置信息,包含值班类别的配置、值班时间段、值班班次及值班模板的配置
运维助手及云智库	运维云智库是面向运维管理,基于大数据挖掘和人工智能技术形成的综合知识库体系,包含检测知识、工具知识、工法知识、管理知识等;基于云智库的运维助手,具备知识检索、知识维护、知识发布、权限管理等功能,当发生故障事件时,通过运维助手查询,可找到最佳解决方案,提高运维工作效率
运维统计分析	提供可视化的综合管理指标的智能分析服务,充分利用数据挖掘、人工智能技术,面向运维应用进行多项主题分析,包括系统健康状态分析、故障原因分析、设备性能分析、人员效率分析、服务质量分析、成本效益分析等
运维监督与评价	依据运维管理单位制定的考核目标、考核方式方法、考核的关键指标、考核的数据资料等,通过数据挖掘、人工智能分析等,分析完成用户评价、运维业务、运维服务、员工能力考核等工作
移动运维	面向运维人员,利用移动运维终端在外场可完成对运维工单的收发、处理等,具体包括设备管理、巡检任务、工单收发管理、运维助手等多项运维操作,可提高车路协同路侧机电设备运维的工作效率和服务水平

三、设备故障诊断方法

大量运维工单蕴含了丰富的故障征兆、排查方法、维修建议等信息,对于车路协同路侧机电设备的故障诊断具有很大的潜在价值,但这些信息大多以文本形式存储,难以直接被计算机理解和应用,造成了资源的浪费。因此,对高速公路车路协同路侧机电设备的故障诊断知识进行整合、利用,对机电设备运维的资源优化、效率提升有着非常重要的意义和作用。

本小节主要介绍设备故障诊断存在的问题以及诊断需求、基于本体的设备故障诊断知识框架、基于本体的设备故障诊断建模方法以及具体实例推理验证。

根据传统高速公路机电设备运维管理经验分析,高速公路车路协同系统大量路侧机电设备布设安装后,将面临以下问题。

1)故障诊断知识不规范

高速公路机电设备的故障诊断一般依赖于现场运维人员的历史经验,有关故障诊断知识分散性大,而且每个人理解的深浅程度不统一,类型多种多样,缺乏一种规范化的表达方式。另外,机电设备大量的运维工单中,蕴含着丰富的故障征兆、排查、诊断和维修的方法等信息,但在前期的积累阶段并未形成规范的记录,碎片化记录形式居多,文本描述不统一,难以直接被计算机系统理解和应用。

2)故障诊断知识分散化

机电设备相关故障诊断的知识一部分存在于产品运维说明书或者文献资料中,一部分存储在运维工单中,还有一部分存储在运维工程师或者现场运维人员的头脑中。因此,现阶段机电设备基于知识的故障诊断中的一个主要问题就是知识分散,整合困难,因此,亟须一种高效的知识整合方法。

3)故障诊断方法缺乏集成

高速公路机电设备故障诊断对于其准确性、可靠性和时效性都有很高的要求。随着智能化设备的应用,现阶段机电设备故障诊断包含人工诊断和信号诊断两种方法。人工诊断主要是现场运维人员凭借积累的经验进行诊断,具有直观、快速、成本低等特点,但是这对现场运维人员的故障诊断经验具有很高的要求,而且单凭经验去判断,容易造成故障诊断的准确度较低、诊断程度较弱等问题。基于机电设备信号的故障诊断可以通过故障的原始数据准确地判断,但是机电设备之间错综复杂的关联会产生相互影响,仅依靠设备信号的故障诊断缺乏全局性。因此,我们需要综合运维人员的经验和机电设备信号的诊断结果,从整体上实现故障诊断并进行维修指导。

4)故障诊断知识缺乏共享

运维人员积累了大量机电设备故障诊断经验,但是通过经验积累的故障诊断知识一方面不容易进行规范的表述,另一方面接收人员不容易准确地理解把握,因此,很难实现共享。

为了解决以上问题,提高设备故障诊断准确性,车路协同系统路侧机电设备故障诊断需要基于知识建立良好的知识建模方法,需要基于专家运维经验和运维指南加强混合知识处理能力,并建立基于知识的设备故障智能诊断系统。

1. 基于本体的设备故障诊断领域知识框架

通过在车路协同系统路侧机电设备故障诊断中应用语义环境下的本体知识,构建车路协同系统路侧机电设备故障诊断领域知识模型框架,以实现车路协同系统路侧机电设备故障诊断推理。基于本体的知识地图框架主要包含资源层、本体-知识描述层、展示层和用户交互层4个层级,如图4-5所示。

其中,资源层包含与车路协同路侧机电设备故障诊断及维修相关的知识,主要存在于专家经验、设备设计说明书、维修案例以及其他相关文档图片等;本体-知识描述层在知识表示过程中起着非常重要的作用，对车路协同路侧机电设备故障诊断知识进行知识描述并抽象本体的概念，通过本体和知识共同设计知识节点，由知识节点、知识链接、知识关联、知识描述等构成；展示层可以实现知识地图的可视化，知识节点在展示层通过关联形成知识网络；用户交互层可以通过检索编程，同时结合引擎技术来针对不同人群实现查询和搜索应用。

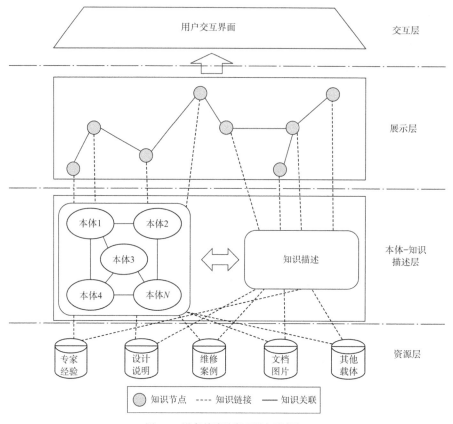

图 4-5　设备故障诊断领域知识框架

2. 基于本体的设备故障诊断建模方法

1）基于本体的设备故障诊断领域知识建模流程

基于本体的设备故障诊断领域知识建模流程主要包括以下几个步骤（图 4-6）：

S1：确定机电设备故障诊断知识领域范围。

S2：收集相关领域知识资料。

S3：机电设备故障诊断知识定义与表示。

S4：使用 Protégé 软件构建本体模型。

S5：本体实例化验证及可视化。

2）机电设备故障诊断领域相关知识收集

关于高速公路车路协同系统路侧机电设备故障诊断领域的相关知识，基本都来自设备出厂时配备的设计说明、维修案例、专家经验等，但是现阶段关于机电设备故障诊断的专家经验尚未形成系统的显性知识表示，并且机电设备维修案例缺乏系统的整理，因此，可选择高速公路机电设备维护维修的历史工单作为数据源进行收集整理。

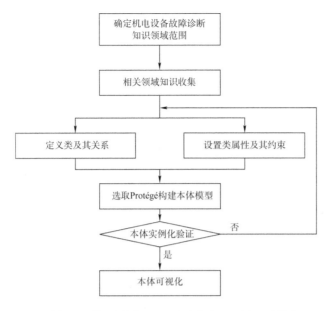

图4-6　基于本体的机电设备故障诊断领域知识建模流程

3）机电设备故障诊断知识定义与表示

知识定义与表示是基于本体的机电设备故障诊断的基础。可以采用类进行知识定义。类是具有相同特性的实体构成的集合，类的定义通常都是根据领域词典、词表来进行规范，之后根据目标需求进行定义。车路协同路侧机电设备故障诊断的目的是在确定设备类型的前提下，根据故障特征描述进行故障诊断，找到故障原因，进而提出维修建议。因此，本书梳理出4个大类：设备类型类、故障类型类、故障原因类、维修方案类。类的下面还可以包含子类，可对故障类型和设备类型进行子类的定义。使用 Protégé 软件的 Classes（类）标签进行类的构建，通过 Class Annotation（类注释）和 Class Description（类描述）进行类的注释和描述，最终以概念树的形式来展现概念层级结构，如图4-7所示。

图4-7　机电设备故障诊断类定义部分截图

机电设备故障诊断本体中主要存在4个基本语义关系：所属关系（is_a）、整体-部分关系（is_part_of）、实例关系（instance_of）、属性关系（attribute_of）。可能存在的语义关系有并列关系（union_of）、相交关系（intersection_of）、互补关系（complement_of）和等价关系（equivalent_to）等。

在定义了基于本体的类之后，还需要为类定义属性。属性用来说明类所具有的特征，一般包含对象属性、数据属性两种类型。对象属性表示对象与对象之间的关联；数据属性表示对象与数值之间的关联。车路协同路侧机电设备故障诊断本体中的属性属于一对多关系的定义。在Protégé软件中，通过Object properties（对象属性）和Data properties（数据属性）两个标签进行本体属性的构建，并通过Characteristics（特征）进行属性的约束。本书对车路协同路侧机电设备故障诊断本体中的类进行属性定义，共定义了出现、导致、解决3种对象属性（图4-8），3种对象属性说明具体见表4-7。因为设备故障诊断数据源是高速公路机电设备维修维护的历史工单，内容都为文本类型，因此，定义类的数据属性为String（字符串）型数据。

图4-8 设备故障诊断本体中类的属性

故障本体类的对象属性一览表　　表4-7

序号	对象属性类型	举例说明
1	出现	设备类型-出现-故障类型
2	导致	故障原因-导致-故障类型
3	解决	解决方案-解决-故障原因

4）机电设备故障诊断领域本体实例化

本体实例化是创建类的对象，并对其属性赋值的过程。基于分词、聚类等数据挖掘技术对高速公路机电设备维修维护的历史工单中的有效信息进行提取、分析，通过Protégé软件进行实例创建。图4-9创建的实例"一体化摄像机"属于"摄像头"类，对象属性是"出现"，对应的是出现"图像扭曲""图像发白"等一些关于图像的故障描述情况。其他实例的表达方式基本相同，这里不再赘述。

5）机电设备故障诊断领域知识地图可视化

图4-10展示的是机电设备故障诊断本体模型在OntoGraf下的层级关系和对象属性关系。图中左边不同颜色的线条表示不同的意义，右边列表给出了解释说明。Thing包含子类（has subclass）：故障原因、设备名称、维修方案和故障类型。它们之间的关联关系表现为：故障原因-导致-故障类型、设备名称-出现-故障类型、维修方案-解决-故障类型。通过对象属性将故障类型与其他类链接起来，形成类与类之间的关系网络。

3. 实例推理验证

1）机电设备故障诊断推理

通过对象属性和数据属性对故障测试类进行，在故障类型类下设置测试类test1为黑屏,对本体库进行推理,推理前后 test1 的关系图如图 4-11 所示。

图 4-9　创建实例图例

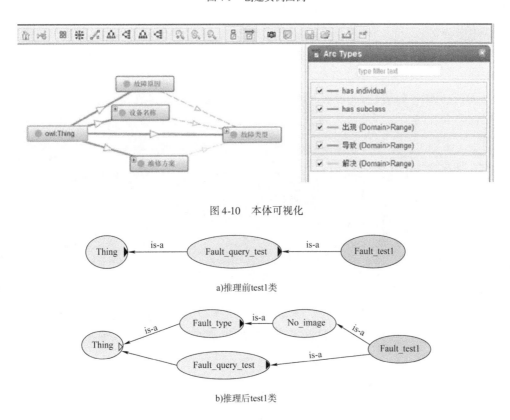

图 4-10　本体可视化

图 4-11　故障诊断推理前后 test1 的关系图

如图 4-11a)所示,在车路协同路侧机电设备故障诊断本体结构中,Fault_test1 只出现在 Fault_query_test 的下一级,也就是说,Fault_test1 只是 Fault_query_test 的子类。推理后在图 4-11b)中可以看到,经过推理发现 Fault_test1 也属于无图像的子类,推理后 Fault_test1 同属于 Fault_query_test 与 No_image 的子类。因此,Fault_test1 属于无图像故障,进而可以得到对应的故障原因和维修方案。

2)机电设备故障诊断领域相关知识收集

假设机电设备中一体化摄像机出现了图像色彩失真的情况,操作步骤如下:根据设备类型进行检索,关键词为"一体化摄像机",检索结果如图4-12所示,其中展示了一体化摄像机所有常见的故障类型,包括图像发白、图像扭曲、图像色彩失真、无图像和图像干扰。

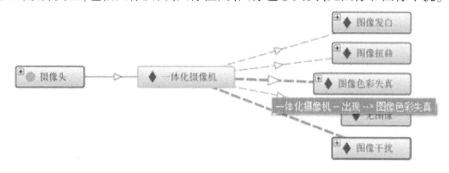

图4-12　一体化摄像机故障类型展示

对于图像色彩失真的情况,点击该故障类型,结果如图4-13所示,展示出两个故障原因:摄像头设置有问题或者现场的光照问题。这个结果表明图像色彩失真的故障同时符合以上两种故障原因的定义,在进行推理时,会将引起该故障现象的所有故障原因全推理出来,供管理人员逐一排查。因为同一个故障现象可能是不同原因造成的,所以推理出来的结果也是正确合理的。

图4-13　一体化摄像机故障原因展示

假设经过排查,现场无光照问题,继续点击摄像头设置问题,得出推荐的解决方案:重新进行白平衡设置(图4-14)。这一过程实现了根据设备的故障描述为其推荐解决方案。

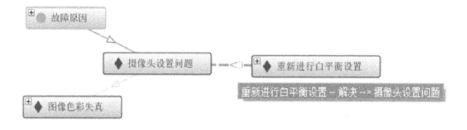

图4-14　一体化摄像机故障解决方案推荐展示

四、设备智慧运维管理方法

车路协同路侧设备智慧运维管理系统借助计算机智能和 IT 技术，对运维流程进行再造，改变以往以人工运维为主的模式，实现用智能化手段远程感知故障及时上报，并通过先进的运维流程保障故障报修后得到快速响应与处理。同时，经过大量运维数据的沉淀、分析和挖掘，掌握机电系统运行的规律，从事后处置向事前预测转变，从而在故障发生之前采取一定手段，提高机电系统总体的在线率和完好率。系统借助互联网通信技术，利用手机终端和个人电脑（Personal Computer，PC）终端实现运行维护人员对于高速公路沿线设备的管理、检查、维修。使用该系统可以方便地管理机电设备维修备用件，及时上传维修信息以及设备故障信息，同时可以方便地派遣管理人员进行日常养护。借助系统可以实现高速公路供、管、用、养、修五位一体的管理机制，充分发挥机电设备的应用价值，节约管理运营成本，推动运营管理水平的进一步提升。系统从运营目标、技术与业务的融合、管理机制等方面提供一体化的标准管理，形成规范的运维管理制度和流程，梳理运维对象、优化配置，实现机电系统运维的标准化、规范化、信息化管理，最大程度地发挥机电运维系统功效，降低高速公路机电系统运营成本，提高运营效率和整体管理水平。

本节主要介绍车路协同路侧设备智慧运维管理系统的总体架构、系统功能设计、业务流程规划设计、系统功能实现等内容。

1. 总体架构

高速公路路侧机电设备智慧运维管理系统，集高速公路机电智慧运维管理平台、前端智能感知设备、运维智库管理三大模块于一体，提供全新的运维服务新模式及设备全寿命周期管理服务（图 4-15）。依靠该平台，逐步实现养护工作的管理标准化、规范化、透明化、专业化和精细化，提升运维作业效率、提高运维管理水平、降低运维综合成本，达到"重点感知、充分整合、全程可溯、闭环管理"的管理目标，让管理更精细，让运维更智慧，让评价更科学，充分保障车路协同场景应用实现。

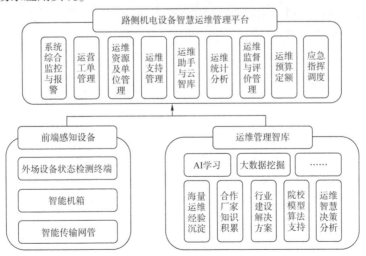

图 4-15 路侧机电设备智慧运维管理系统总体架构

2. 系统功能设计

设备智能运维管理系统主要针对高速公路车路协同路侧机电系统运行维护管理工作。搭建的高速公路机电运维管理平台,以前端感知为基础,以运维智库为支撑,利用物联网、大数据等技术,全面优化设备资产管理过程,实现管理过程移动化、状态监测可视化、资源管理集约化、服务评价科学化及决策支持数据化,解决了现有设备管理混乱、故障发现不及时、运维过程不可追溯等问题。平台主要功能包括设备运行监测、运维工单管理、运维资源管理、运维支持管理、运维知识管理、系统管理等。

1) 数据智能采集

路网或路段外场路侧机电设备的信息采集分析是智慧运维的基础。建立可靠有效的设备、设施基础属性数据采集机制,加强基本属性、位置属性、管理属性、维护属性的数据采集、录入与核查工作。利用物联网、Agent 代理、消息中间件、数据清洗等智能接入技术手段,接驳高速公路各类机电设备,对设备全生命周期的运行状态进行实时采集。通过接口协议,实现对监控外场智能交通设备运行状态信息采集。通过对服务器、交换机、数据库、应用软件等内场设备运行状态进行监测,实现内场设备状态信息采集。通过接口协议采集机房温湿度计、不间断电源(Uninterruptible Power Supply,UPS)、配电柜、空调、消防、门禁和地漏报警信息,获得机房环境信息。

2) 综合监测与报警

综合监测与报警管理是对所有运维对象的统一监测展示和报警处置管理,展示内容包括系统拓扑监控视图、告警详情统计分析视图、外场主线路段设备展示视、内场机房 3D 模拟展示等,同时实现智能报警管理,对事件报警分级、时间、压缩、过滤、根源分析,结合事件关联性、设备拓扑关系,综合分析并获得最终用户报警事件。

3) 运维工单管理

运维工单管理主要是对设备故障发生时的工单进行统一管理,包括工单登记、生成、分配、处理、评价及归档,以 ITIL 的运维管理标准化流程为指导,制定故障发生时的工单管理方案,规范工单管理的各个环节,保证运维管理工作方便、有序、高效。

4) 运维资源及单位管理

运维资源与单位管理是运维管理的基础,其中运维资源管理主要实现设备数据的全生命周期管理,包含分类管理、实例管理、实例关联管理、实例回收记录、实例操作报告、使用到期清单等;运维单位管理为运维服务单位设置服务范围、服务等级等,对其服务的时效性和质量等进行评估。

5) 运维支持管理

运维支持管理包括任务计划和值班管理,任务计划管理是对运维人员的维护作业计划进行制定、审核、执行、满意度评价、记录,分为巡检计划、保洁计划、大型维护计划等;值班管理功能是为值班管理提供一系列的配置信息,包含值班类别的配置、值班时间段、值班班次及值班模板的配置。

6) 运维云智库及运维助手

运维云智库是面向运维管理,基于大数据挖掘和人工智能技术形成的综合知识库体系,包含检测知识、工具知识、工法知识、管理知识等;基于云智库的运维助手,具备知识检索、知识维护、知识发布、权限管理等功能,当发生故障事件时,通过运维助手查询,可找到最佳解决方案,提高运维工作效率。

7) 运维统计分析

运维统计分析管理可进行智能分析,以提供一个可视化的综合管理指标,不仅将运维平台中的基本运维管理信息进行统一展示管理,还充分利用数据挖掘、人工智能技术,面向运维应用进行多项主题分析,包括系统健康状态分析、故障原因分析、设备性能分析、人员效率分析、服务质量分析、成本效益分析等。

8) 运维监督与评价

运维监督与评价主要依据运维管理单位制定的考核目标、考核方式方法、考核的关键指标、考核的数据资料等,通过数据挖掘、人工智能分析等,分析完成用户评价、运维业务、运维服务、员工能力考核等工作。

9) 运维预算定额

运维预算定额主要为高速公路管理单位提供含维护维修工作内容、维护维修等级划分、维护维修工艺过程、运维对象的定额预算基价等功能,为高速公路运营单位高层经济决策提供帮助。

10) 移动运维

移动运维面向运维人员,利用基于智能移动设备的维护 App 在外场可完成对运维工单的收发、处理等,实现维护工作的实时记录和上传,彻底改变目前维护工作主要"以手工记录为主 + 事后汇总统计"的记录模式,解决维护记录采集、管理、考评的难题,具体包括设备管理、巡检任务、工单收发管理、运维助手等多项运维操作,可提高机电运维的工作效率和服务水平。

3. 业务流程规划设计

高速公路路侧机电系统是高速公路运营的核心,更是保畅保通的物质基础。随着我国科技产业的不断发展,大量新技术在高速公路中得到了应用,科技产品也不断地应用于高速公路管理,这使得高速公路设备维护管理的难度不断加大。为了便于路侧机电设备运维管理,同时保持同一类设备基本信息的一致性,就要用到按类型对设备列表进行管理的机电设备信息管理方法。在维护记录管理中,应实现对相关设备维护信息的具体操作,其内容包括维护信息的申请、审批、反馈记录。通过设备维护管理可确保设备维护管理工作有实施、有反馈、有检查、有监督。在基础数据管理中,将系统用户与实际用户相关联,维护登录系统的用户信息,以此来保持档案信息的一致性,并且对用户进行分类授权。结合高速公路机电运维及监控系统的功能需求,本书将业务流程分为 7 个部分,包括设备档案管理、维护计划管理、设备维护管理、设备报修管理、设备报废管理、统计分析管理和基础数据管理。下面分别介绍各部分的业务流程。

1) 设备档案管理流程

设备档案管理流程设计包括新增设备档案和更新设备档案两个子流程,由设备管理员和设备主管共同完成管理(图4-16)。设备管理员收集设备信息并填写设备登记表,填写完成后检查填写内容,若有错误则修订设备信息,如果没有错误则提交设备主管审核。设备主管审核设备管理员提交的设备登记表,如果发现错误则返回设备管理员进行修订,如果没有错误则通过审核,并由设备管理员判断是否需要更新设备档案。如果需要更新,则由设备管理员查找设备档案并进行更新,在更新后对设备档案进行检查,检查无误交由设备主管进行审核,若有误则重新更新档案信息。

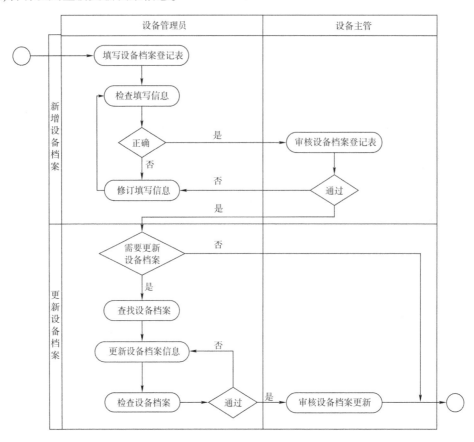

图 4-16　设备档案管理业务流程图

2) 维护记录管理流程

设备维护记录管理主要包括维护记录审批管理和维护经费申请管理两个子流程,由设备主管、单位领导和财务管理员共同完成管理(图4-17)。由设备主管填写设备维护计划表并提交,由单位领导进行审批。审批通过后,由设备主管人员判断是否需要维护经费,若需要则填写维护经费申请表并交由单位领导审批,审批通过后由财务管理员发放维护经费。

3) 设备维护管理流程

设备维护管理流程主要包括设备维护操作管理和设备维护反馈管理两个子流程,由设备维修员、设备管理员、设备主管、单位领导共同完成管理(图4-18)。设备管理员填写设备维护实施表并检查设备维护实施信息,信息错误则重新修订,信息正确则交由设备主管进行审核。设备主管审核不通过则由设备管理员进行修订,审核通过则由设备维修员进行设备维护。维护完成后,设备维修员填写设备维护报告并交由设备主管进行审核,再交由单位领导查看报告。上述流程完成后,设备管理员判断此次维护是否申请了维护经费,若申请过维护经费则进行财务报账,并由财务管理员销账。

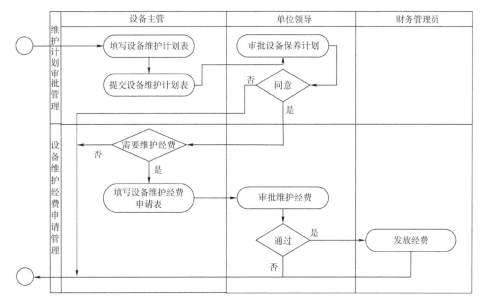

图 4-17　维护计划管理业务流程图

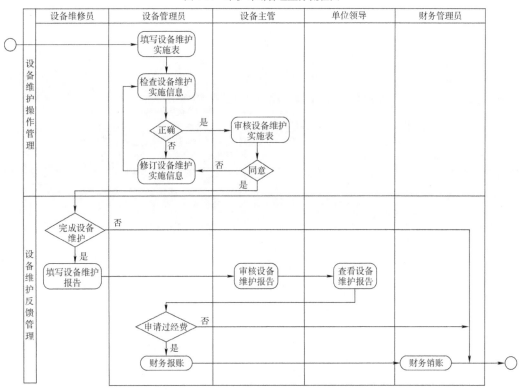

图 4-18　设备维护管理业务流程图

4) 设备保修管理流程

设备报修管理部分设计的内容包括报修请求管理、维修费用管理、备品备件管理和设备维修管理 4 个子流程,由设备操作员、设备维修员、设备管理员、设备主管、财务人员和单位领导共同完成管理(图 4-19)。设备管理员判断设备是否存在故障,若有故障则填写设备保修单,并交由设备主管审核,同意后,由设备管理员安排设备维修员,由设备维修员对设备进行检查,并判断是否需要申请维修费用。若需要申请则由设备维修员填写维修费用申请表,交由设备主管审核,主管审核通过再由单位领导审核。审核通过后,由财务管理员进行拨款。若不需要维修费用,则判断是否需要备品备件,不需要则直接进行维修。若需要则填写备品申请表,由设备管理员判断是否有库存。有库存则备品出库,设备维修员进行维修,若没有库存则设备管理员填写备品购置申请表,并交由设备主管进行审核。审核通过后由单位领导进行二次审核,审核通过后,由财务管理员进行拨款,设备管理员负责备品购买及入库。维修人员在维修完成后填写设备维修报告,由设备主管进行审核并由设备操作员进行查阅。

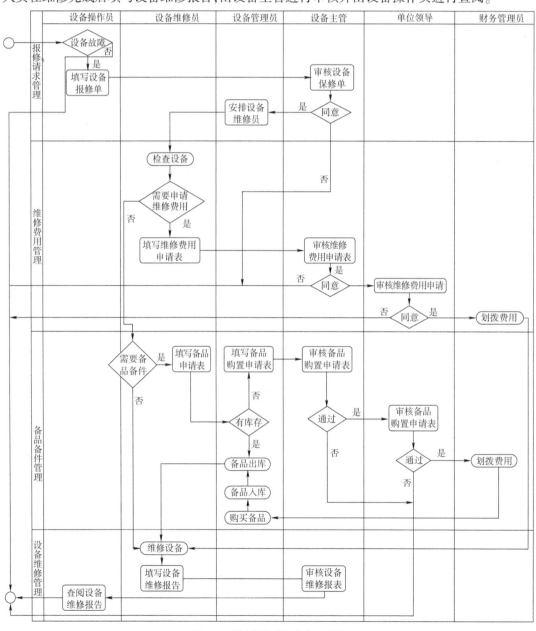

图 4-19 设备报修管理业务流程图

5)设备报废管理流程

设备报废管理部分设计的内容包括报废申请管理、报废审批管理和报废处理管理3个子流程,由设备管理员、设备主管、单位领导以及财务管理员共同完成(图4-20)。设备管理员填写设备报废登记表,并检查表内信息,检查无误后,交由设备主管进行初审。初审通过后交由单位领导进行审批,同意后由设备管理员登记设备报废,并由财务管理员进行报废设备资产入账。

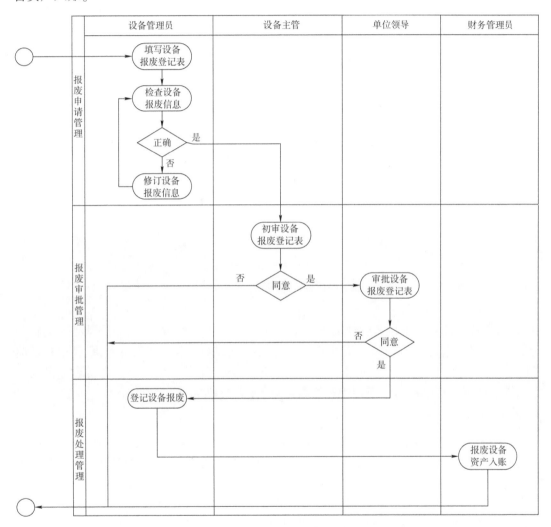

图4-20 设备报废管理业务流程图

6)统计分析管理流程

统计分析部分设计的内容包括统计参数设置和报表生成管理两个子流程,由设备管理员、设备主管、单位领导共同完成(图4-21)。设备管理员对设备报表参数进行统计并检查,若已到达生成月报表的时间,则生成报表并交由设备主管进行校核,若未到达生成月报表的时间,则生成临时报表。临时报表和月报表均可由单位领导进行查阅。

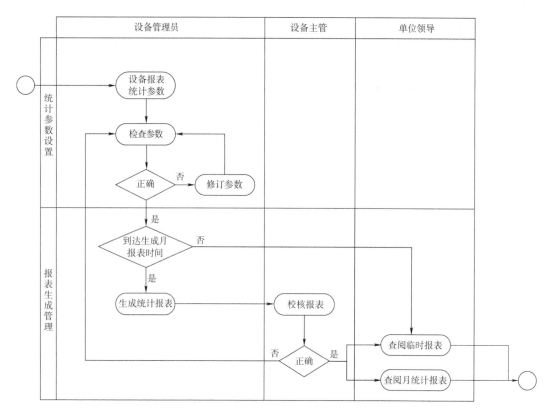

图 4-21 统计分析管理业务流程图

7）基础数据管理流程

基础数据管理部分由设备管理员进行操作，包括部门基础数据管理、人员基础数据管理和用户基础数据管理（图 4-22）。本部分将部门、用户等基础数据纳入管理范围，使管理功能更加全面，管理更加科学，同时对用户进行系统角色划分，使所有用户在自己角色范围内完成操作，各司其职、相互协作，实现管理的高效化、科学化、规范化。

4. 系统功能实现

车路协同路侧机电设备智慧运维管理系统主要具有综合监测与预警管理、运维工单管理、运维资源及单位管理、运维支持管理、运维知识管理、运维统计分析管理、系统管理等功能。

该系统不仅能实时跟踪和管理所有重要机电设备资产，大幅提高机电资产设备管理的工作效率，同时也为管理者提供更好的辅助决策信息，摆脱以前烦琐的手工劳动。在设计上，平台融合了中心的实际业务需求，提供专业的管理思想、业务流程及运用模式。在管理思想上，结合机电资产生命周期的概念，提供设备管理、档案管理等多项功能，对资产进行全过程管理。智慧运维使故障的发现和响应更为及时，能极大地提高运维效率，提升运维服务水平。系统能实现在线巡检和远程故障诊断，让检修人员不用到现场就能分析故障原因，进行故障定位，甚至可远程解决部分故障，节省大量的运维成本和时间。运维业务沉淀下来的结构化数据，可用来检视运维工作存在的不足，不断优化运维管理，更好地服务于相关业务和公众出行。

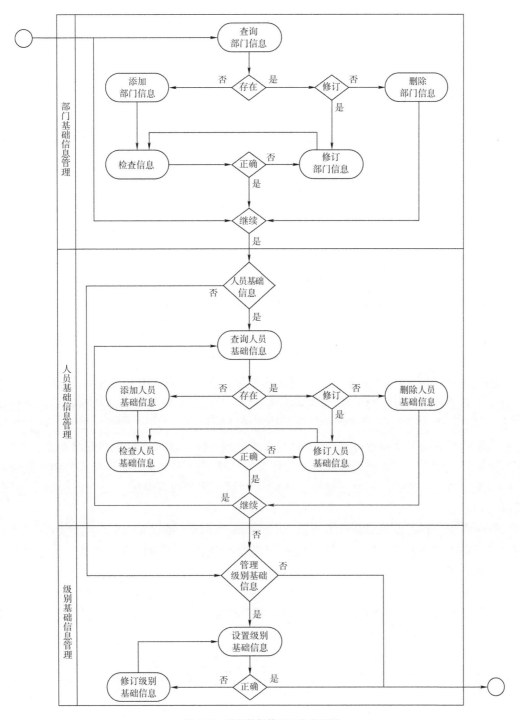

图 4-22 基础数据管理业务流程图

CHAPTER 5 第五章

高速公路智能车路协同系统运行状态分析技术

第一节　高速公路智能车路协同系统的核心参数

一、高速公路智能车路协同系统核心参数的定义

在物联网、车联网、5G、自动驾驶车辆等多领域先进技术的支撑下,现代智慧高速公路相较于一般高速公路具有更为便捷、经济和安全的潜力,同时也依托于高速公路智能车路协同系统控制中心作为"智慧的大脑"进行全方位高效的管理。控制中心实时监测和分析控制区段内道路物理状况及交通运行状态,及时引导疏散偶发性交通事故导致的拥堵车流,对交通流演化进行预测以尽可能避免或降低常发性交通拥堵产生的负面影响。高速公路智能车路协同系统实时有效的管控依赖于精准多源的交通信息采集以及系统核心参数的识别、处理及标定技术。

智慧高速公路的数据来源极为丰富,通常来源于车辆传感设备、路侧感知设备、网络供应设备等多类型传感器和联网设备。高速公路智能车路协同系统的核心参数分为交通状态信息参数和系统控制信息参数两大类,交通状态信息参数用于完善交通仿真模型参数的标定的数据基础,涉及流量、速度、密度、占有率、延误、车头间距等交通宏、微观参数的使用,系统控制信息参数为高速公路智能车路协同系统获得交通状态信息参数的保证,涉及各类设备感知参数及网络传输服务性指标。

交通流的实时流量、速度、密度指标可以直观有效地反映高速公路道路工况,当前的高速公路运行状况主要评价指标含交通流的流量、速度、密度等指标,这些交通指标具备便于收集性、普遍性和可解释性。所以,选择交通流的流量、速度、密度这些指标可以较好地反映和解释高速公路在高速公路智能车路协同系统控制下的运行结果如何,是否具有优化的可能性与必要性。

高速公路流量的定义是,在固定采样时间内行驶过高速公路某一采样点的机动车数量。交通流量是衡量交通拥挤程度的最主要指标,我们可以根据某段时间内某一路段的交通流量,评估道路运输是否畅通无阻,以便智慧车路协同系统采取适当措施,以缓解交通拥堵情

况。例如,智能车路协同系统在检测到路段上存在较多的智能联网车辆时,会选择开启无人驾驶专用车道引导这些车,实现无人驾驶和人工驾驶车辆分离,这样便会使高速公路的流量在一定时间内得到提高。

速度包括区间平均车速和时间平均车速,前者指车辆通过高速公路某一断面的瞬时车速的算术平均值,后者指车辆在高速公路行驶一定距离与该距离对应的平均行驶时间的商。智慧车路协同系统可以通过一系列措施提升车辆的整体通行速度,从而提升通行效率。例如,智能车路协同系统可以通过网络向可控联网车辆发布速度指令从而引导其他无人驾驶车辆保持合适的行驶速度,从而实现高速公路上车流整体通行速度的提升。

高速公路的交通流密度在实际路网检测中主要依据占有率进行表征,常分为时间占有率和空间占有率。时间占有率指在一段时间内车辆通过高速公路某一断面的累计时间在该段时间内的占比;在空间维度上,空间占有率指某一时刻高速公路上某一路段上车辆的投影面积占该路段总道路面积的比值,对时间和空间占有率的监控有助于智慧车路协同系统把握问题的时间和空间特性。例如,智慧车路协同系统经过计算对可控网联车发布信号,让车辆间的车头时距维持在较低的水平,从而提高交通流密度,让同样长度的高速公路在保证速度安全的前提下在同样的时间内通行更多车辆。

智慧高速公路的状态特征除了可以用流量、速度、密度这样单独的指标表征外,还可以通过交通基本图和交通时空图来进行描述和预测。

交通基本图主要用于反映交通流要素两两之间的关系,包括流量-速度基本图、速度-密度基本图和流量-密度基本图[82]。交通基本图是学者们通过大量交通数据建模得到的,具有较好的先验性。在常见的流量-密度交通基本图(如Greenshileds 模型,如图 5-1 所示)中,横轴反映交通流的密度,纵轴反映交通流的流量,曲线上点的斜率反映交通流的速度。借助宏观基本图,智慧车路协同系统可以更好地把握高速公路的交通态势。

虽然交通基本图可以反映交通流的特征,但是随着智能驾驶车辆和智慧高速公路的出现,交通流特性发生变化,导致传统的交通基本图很难全面而准确地表示交通状态[83]。为了克服这样的问题,学者们结合深度学习等方法,利用时空状态图来对交通状态进行描述。

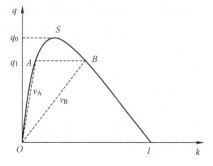

图 5-1 Greenshileds 模型

时空状态图是一组描述连续时间道路和交通流的图集,是地理信息要素和车辆信息要素的融合,既可以反映现实世界的地理特性,又可以反映道路上的交通流特性。如图 5-2 所示就是一组时空状态图,它可以很直观地展示北京某段道路的交通流量状态。通过对这些时空状态图的进一步挖掘,可以克服传统交通基本图的局限性,便于智能车路协同系统做出全局调控。

如今,高速公路的信息收集手段是多样的,这些路侧信息收集设备中既包括感知路过行驶车辆的速度和数量特征的传统路侧地磁传感器、捕获更加细颗粒度的车辆信息的雷达传感器,又包括借助识别算法和强大计算能力获得毫秒级的车辆级信息的传统摄像头,还有ETC 和 RFID 等设备,可以用于多途径采集道路信息,实现道路信息的全面收集[84]。

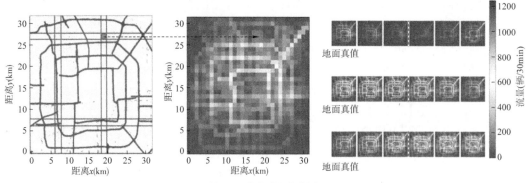

图 5-2 北京时空状态图

路侧设备的感知指标包括雷达的感知距离、视频的感知距离、感知识别的精确度、感知信息的交互频率。感知距离指的是感知设备所能收集在误差范围内最大的信息收集范围,以及能同时收集信息目标数。感知识别精度指感知设备正确识别感知目标的概率。交互频率包括发送频率、下发频率和融合频率,其中,发送频率指设备之间向系统控制中心发送收集信息的频率,融合频率指不同设备间的信息融合的频率,下发频率指高速公路智能车路协同系统控制中心向发布设备与车辆接收设备发送信息的频率。

智慧高速公路的"智慧"还依托于它具有的各种高性能网络,这些网络可以延伸车路协同系统的控制范围,使得控制中心能获得路侧的每一个信息源,并与路侧信息发布设备和行驶车辆进行交互。高速公路智能车路协同系统的快速响应依托于端-边-云间的网络传输能力,该能力通过网络传输服务性指标表征。网络传输服务性指标包括网络类别、覆盖范围、网络延迟以及网络安全性。网络类别指设备间的通信所需要的网络类别,如 4G/5G、ETC、Wi-Fi 等,覆盖范围指在智慧高速公路上不同类型网络覆盖的路段区间,网络延迟指的是设备间通信时信息传递产生的延迟,网络安全性涉及网络信息的可靠传输,又涉及用户出行数据的隐私保护。

二、高速公路智能车路协同系统核心参数范围

高速公路智能车路协同系统的核心参数的范围依据国家法律法规政策的指导,在保证安全的前提下,通过高速公路智能车路协同系统指导使得效率和环境保护达到最高。

在速度方面,智慧高速公路应满足当前最高限速 120km/h 的规定,同时预留提高限速至 140~150km/h 的能力,特殊情况因地制宜做出规定。

在流量方面,双向 4 车道高速公路应能适应将各种汽车折合成小客车的年平均日交通量 25000~55000 辆,双向 6 车道高速公路应能适应将各种汽车折合成小客车的年平均日交通量 45000~80000 辆,双向 8 车道高速公路应能适应将各种汽车折合成小客车的年平均日交通量 60000~100000 辆。

高速公路关键参数(表 5-1)体现了在智能车路协同系统下它所具备的基本能力以及未来的期望能力。随着网联车辆的增多以及路侧设备的升级,智慧高速公路的通行能力将会更加显著地优于传统高速公路。高速公路系统控制信息是实现智慧高速公路预期效果的保证,随着对车辆航向角及速度的微小变化的高精度识别,以及车辆厘米级定位追踪的逐步实

现,车辆协同控制中心可以展现出更强大的优化能力。

高速公路关键参数 表5-1

大类	指标		范围
	感知类别	详细指标	
交通流状态参数		速度	满足当前最高限速120km/h的规定,同时预留提高限速至140~150km/h的能力,特殊情况因地制宜进行规定
		流量	4车道高速公路应能适应将各种汽车折合成小客车的年平均日交通量25000~55000辆; 6车道高速公路应能适应将各种汽车折合成小客车的年平均日交通量45000~80000辆; 8车道高速公路应能适应将各种汽车折合成小客车的年平均日交通量60000~100000辆
		密度	—
系统控制信息	感知距离	系统有效检测区域	满足半径150m环形区域
		检测目标数	可同时检测最多200个
		车道数	双向4车道; 双向6车道; 双向8车道
	感知精确度	行人、非机动车检测准确率	有效检测区域内95%
		机动车检测准确率	有效检测区域内98%
		速度检测准确率	有效检测区域内±3km/h
		机动车航向角	有效检测区域内±5
		目标定位精度	有效检测区域内<50cm
		目标大小检测精度	有效检测区域内<30cm
		分类精度	机动车≥95%; 非机动车和行人≥90%
		检测跟踪成功率	机动车≥95%; 非机动车和行人≥90%
	交互频率	优先级	优先确保报警和控制信号的传输
		信息融合能力[85]	包括定时传输以及实时传输,定时传输即选择固定时间点进行信息传输,实时传输即在秒、分、时单位内进行N次信息交互,N由智慧车辆协同系统控制中心决定
	网络传输服务性指标	网络类别	满足全路段覆盖4G/5G信号,对于智能驾驶路段满足Wi-Fi和5G网络的覆盖,路口收费区域ETC的覆盖,信号发布设备至少保证5G网络覆盖,光纤连接最佳
		网络延迟[86]	数据传输的延迟上限为20~150ms,上限因控制路段的重要程度有所不同
		网络安全	具有传输数据保护、个人数据保护、应急处理、事件设置与恢复功能
		传输精度	采用无线方式通信,传输准确率大于99%,传输丢包率应不大于2%,传输误码率应不大于0.2%。采用有线方式通信,传输误码率应不大于0.001%

高速公路智能车路协同系统的核心参数涉及的范围广,从一般交通流特征到道路物理特征,从供应服务的角度到用户的角度均有所覆盖。科技的发展使得系统中参数的范围与相关参数的未来变化趋势更加明确,从而在智慧高速公路的建设和运维过程中满足安全、绿色和高效的要求。

三、高速公路智能车路协同系统核心参数的标定

为了精准把控高速公路路网内的实时交通状态,需要从宏观和微观角度对高速公路智能车路协同系统核心参数进行标定。标定模型的构建有助于对交通现状的实时性分析,帮助再现区域真实的交通状况。参数标定的效率及效果极大地依赖于模型本身的复杂度和标定方法,若标定模型中影响模型结果的参数较多,且参数相互组合的数量庞大,则标定结果的可靠性和鲁棒性将无法得到保证。由于参数大多来源于各类感知设备,例如雷达、线圈、微波、传感器视频等,数据在格式和精度方面存在异质性、难以互相兼容等特点。因此,在核心参数标定前,需要对宏微观交通状态表征参数进行处理与提取。

1. 系统核心参数提取技术

通过收集车载传感器、控制器、执行器等装置的数据,再融合现代通信与网络技术获取到的源数据,可以从系统运行数据中提取影响资源使用寿命和效能的核心因素,即核心参数,具体细分见上节。而多源原始数据间存在难以互相兼容等劣势,因此,处理与融合系统运行状态检测数据是一项极为重要的前期工作。

1)多源数据处理与融合

多源交通数据的形式繁多,数据量丰富,通过对路网上大量的传感器数据进行多层次融合,可以减少数据量和数据的维度,弥补数据错误或缺陷,充分发挥多种传感器数据在时间和空间上的冗余性和互补性,并提升传感器在时间和空间的整体感知力,克服多源数据间的复杂性和异构性带来的问题。在信息关系复杂多变的环境下,有时难以用车载传感器对环境进行观测和有效建模,此时与路侧传感器融合的优势更加明显。利用多传感器融合对获得的信息进行自动优化和整合,对传感器之间冗余和互补的数据进行有效处理和分析,可以显著增强系统的容错率和自适应能力。

信息融合技术发展于20世纪70年代初[87],针对不同的应用场景,所采用的技术也相异。信息融合技术可以分成基于物理模型类的信息融合技术、基于参数类的信息融合技术和基于认识模型类的信息融合技术3类。表5-2对融合算法在特点和局限性上进行了简要总结和比较。

多源数据融合算法比较 表5-2

分类依据	典型算法	特点	局限性
基于物理模型类	卡尔曼滤波算法	依据物理模型直接计算实物特征,结果逼近理论最优解	实际物理模型复杂且建立过程困难
	最小二乘法		
	加权平均法		

续上表

分类依据	典型算法	特点	局限性
基于参数类	贝叶斯估计	无须对实际物体进行物理建模	不能有效处理矛盾证据,且复杂条件下,推理能力会下降
	D-S 证据理论		
	神经网络	内部知识表示形式统一、容错性和鲁棒性强	实时性较差
	聚类分析	同类样本间相似度高,不同类样本间相似度低	未知环境中的效果突出
基于认识模型类	遗传算法	需要给定初始值	需要较高的处理器运算能力和数据存储能力
	模糊控制	不依赖数学模型,动态性能较好	精度不足

(1)基于物理模型类的信息融合技术。

基于物理模型类的信息融合技术是基于物理模型来计算预测对象的属性,发展至今演化出以加权平均法和卡尔曼滤波算法为代表的融合方法。在加权平均法中,来自不同传感器的冗余信息被加权,之后加权值被合并计算;卡尔曼滤波算法用于动态环境中冗余传感器信息的实时融合,但对于系统模型准确度的依赖性较高。

(2)基于参数类的信息融合技术。

基于参数类的信息融合技术通过建立标签规范,将参数直接映射到规范中来实现多源数据融合,此类技术至今演化发展出贝叶斯估计、D-S 证据理论、神经网络、聚类分析等多种具有代表性的方法。贝叶斯估计是基于先验概率,融合新信息和先验信息得到新概率,并不断循环完成多传感器融合感知任务。D-S 证据理论以贝叶斯估计为基础,提出了置信区间和不确定区间新概念,实质就是将多个传感器获取到的信息按特定的规则进行组合,最终实现检测目标的分类和定位。神经网络法以现代神经科学研究成果为基础,能够从大量的数据集中学习关键特征,具有很强的自学习能力,可以较好地模拟复杂的非线性映射。神经网络法在多源数据融合检测中具有极大优势,至今已得到越来越广泛的应用[88-89]。

(3)基于认知模型类的信息融合技术。

基于认知模型类的信息融合技术可分为模糊逻辑法、遗传算法等。模糊逻辑是一种多值型逻辑,它指定一个在 0 和 1 之间的实数来表示隶属度。模糊逻辑不依赖于数学模型,因此,对于数学模型不可知的系统,模糊逻辑有较好的表现。而遗传算法能够利用数据,进行不断的迭代和遗传。对于不同时间和空间维度的多传感器信息,依据融合准则,可以对原始交通数据进行处理,融合结果比单独获取的结果更加丰富与准确。

2)系统核心参数提取

在对多源系统运行状态检测数据进行融合分析后,需要对高速公路交通状态进行有效评估。交通状态信息参数种类繁多,既涉及宏观参数(流量、速度、密度),又牵涉微观参数(延误、车头间距、车头时距等)种类繁多,故必须筛选评价指标。在选取指标时,必须要考虑高速公路网运行状况评价的动态性与实时性、指标对于路网运行状态是否具有表征作用,指标是否容易获取也是指标筛选的重要考察内容。通常,核心指标选取应满足系统性原则、可靠性原则、科学性原则和可比性原则。

针对不同的路网交通运行状态评估需求,需要提取不同的评价指标。近年来,国内外交通研究部门和众多专家已展开了一系列对道路整体运行状况评价的研究,形成了一系列具有指导性意义的成果。美国的《道路通行能力手册》中提出,将服务水平作为道路运行状态的评价指标,并将速度、流量与道路通行能力的比值等作为判别标准[90];我国交通运输部发布的《公路网运行监测与服务暂行技术要求》中指出,将路网中断率、路网拥挤度、路网饱和度等作为路网运行状态的评价指标[91]。Dia[92]基于感应线圈和浮动车的融合数据,选取车速、流量、占有率作为道路交通运行状态的评价指标。Washburn[93]基于视频数据,选取车流密度来描述路网的交通状态。于荣[94]基于模拟设定的数据,以车流量、平均速度和占有率来描述交通流的拥挤程度。杨孟[95]基于高速公路收费站数据,考察路网交通流速度、密度、流量等信息,进而估计实时的网络状态。

国内外对交通运行状态评价指标的选取方法进行了系统的研究,取得了一定的成果。但在相关研究中,由于评价指标、评价方法和各个地区间的空间差异性,评价结果鲁棒性较差。因此,在多源交通融合数据的基础上,选取合适的评价指标,建立适合我国高速公路特征的路网交通运行状态评价体系,将有助于提升我国高速公路网的运行效率和服务水平。

2. 系统核心参数标定技术

在高速公路智能车路协同系统标准规范核心参数提取工作完成后,已基本明确了核心参数的类型以及主要参数的边界范围。为了明确高速公路智能车路协同系统标准规范中具体参数的相关指标,需要对所提取的核心参数进行标定和分析。在狭义上,交通仿真模型参数标定是指通过降低仿真数据与真实数据集的差距来寻找内置模型的最优参数;在广义上,参数标定是基于特定场景下的交通信息,一部分用于校核获取仿真过程中各参数(路网属性参数、仿真过程参数、仿真模型参数、随机参数)的最优组合,另一部分则用于验证仿真输出结果与真实情况的差异。因此,参数标定是对交通现状进行研究分析及优化改善的前提,但参数标定的精确性极大受限于仿真模型的性能,即不同的参数标定方法对标定的效率及结果的准确性有很大影响。

目前,微观交通仿真模型的参数标定方法包括经验法、采样法和迭代法。经验法对建模者的专业素养提出了较高要求,且标定过程含有较大的不确定性和随机性。采样法按照一定的原则在待标定参数的解空间内均匀抽样随机样本,并将其作为待标定参数的可行解,输入仿真模型验证其仿真结果是否满足要求。此方法可进一步细分为正交试验采样、蒙特卡罗采样及拉丁超立方采样等。迭代法是目前最常用的参数标定方法,借助计算机进行多次优化迭代,逐步收敛于最优解,包含遗传算法[96]、粒子群优化算法[97]、同步扰动随机逼近算法[98]等多种算法。

综上所述,交通仿真模型参数标定旨在建立一套完整的标定框架和优化参数组合,以提升模型的有效性。标定结果将有助于路网交通运行状态的评估。

第二节　高速公路智能车路协同系统运行状态评估

一、基于系统核心参数的高速公路运行状态分析与评估

准确、可靠的交通状态判别与预测是实现 AITS、先进的交通管理系统（ATMS）等子系统功能的关键核心技术之一，也是利用 ITS 框架提高高速公路运行效率的基本前提。交通状态判别是指通过当前和历史交通流数据及其映射关系构建一定的判别模型或算法，对高速公路交通运行状态进行表征和判断。交通状态判别是评价道路通行效率、发现交通拥堵瓶颈、制定交通管控决策方案的关键前提。

交通状态是路段交通运行状态的体现，基于流量、速度、密度三参数之间的匹配关系可划分为自由流态、同步流态和宽运动堵塞态。交通运行状态的差异将直接影响车辆的路段行程时间，进而作用于高速公路路网通行效率。智慧高速公路智能车路协同系统对交通状态的精准判别是对控制路网内实时运行状态的精准把控，对于偶发性交通事故的管控干预起到基础信息保障作用；同时为常态化管控中的交通流演化预测提供基础，是系统实现高精度预测和主动协同管控的前提铺垫。交通状态判别的理论研究由来已久，发展至今大致分为基于交通流理论的模型驱动判别方法和基于数据驱动的机器学习判别方法。

基于交通流理论和模型驱动的判别方法众多，基于模糊逻辑的状态的判别模型，以交通流的速度、位置作为输入，把状态划成 6 个不同的级别[99]，把位置、速度以及密度作为变量，采用模糊推理方法的算法对交通拥堵分级[100]；基于随机宏观交通流模型和扩展卡尔曼滤波模型，能够自动适应不断变化的外部环境[101]，例如基于扩展卡尔曼滤波 EKF 的交通状态估计器，结合欧拉和拉格朗日传感器数据构建观测模型[102]；利用"自适应平滑方法"，提取交通流时空信息特征，并应用于高速公路交通拥堵快速识别[103]；改进交通流状态划分方法和基于尖点突变理论的交通流模型，引入大型车混行率和混沌状态，得到不同混行率下混沌流状态、自由流状态和非自由流状态下的高速公路交通状态判别标准[104]。

机器学习的发展将监督学习和非监督学习方法应用于交通状态判别。根据先验知识和数据依赖程度将判别方法分为：模型驱动、数据驱动以及流数据驱动的方法。基于模型驱动的方法包括基于免疫算法优化的 LSSVM[105]、共享参数的 LSTM 网络[105]、K-means 聚类算法[107]以及随机森林模型[108]对高速公路交通状态进行判别。基于动态数据驱动的交通状态估计框架性能优于当前的先进模型[109]，利用交通量和 GPS 车辆轨迹交通状态估计方法可以成功获得交通状态特征[110]。

模糊理论和数据驱动方法，改善了由于不同交通流状态之间的模糊性而导致判别不准的局面。有研究者基于模糊聚类改进 ACI 自动判别模型、FCM-OA 算法体系结构和 FC-MP 模型，对道路交通状态进行判别[111]；或通过构建 SAGA-FCM 交通聚类模型、历史数据融合方法、双层优化模型以及两阶段参数校正优化模型，实现了实时交通流状态识别方法[112]。

在交通运行状态判别方面，随着智能驾驶的发展和落地，传统的基于交通流理论的交通状态划分无法应对日趋复杂的混合交通流，数据驱动和机器学习方法成为研究的重、热点。

随着道路交通状况变得日趋复杂以及车联网、自动驾驶技术的发展,原有交通状态划分方法需进一步深化研究。因此,采用非监督学习和监督学习方法,以数据为驱动,从海量的交通大数据中挖掘出交通流变化规律,利用无监督聚类方法,将交通数据自动聚类为一定的类别,实现交通流状态分类的客观化、灵活化,从而获得更加可靠、准确的判别结果。表5-3总结了常见交通运行状态判别方法的分类依据和特点。

交通运行状态判别方法的分类依据和特点　　　　表5-3

分类依据	方法	特点
基于交通流理论的模型驱动判别方法	投影寻踪动态聚类模型	匹配日趋复杂的混合交通流
	宏观交通流模型	
	灰聚簇分类	
	扩展卡尔曼滤波(EKF)技术	
	自适应平滑方法	
	高斯过程回归模型	
	贝叶斯方法	
基于数据驱动的机器学习判别方法	LSSVM 预测模型	利用无监督聚类方法,将交通数据自动聚类为一定的类别,实现交通流状态分类的客观化、灵活化,从而获得更加可靠、准确的判别结果
	K-means 聚类算法	
	FCM 聚类算法	利用无监督聚类方法,将交通数据自动聚类为一定的类别,实现交通流状态分类的客观化、灵活化,从而获得更加可靠、准确的判别结果
	CLARA 聚类算法	
	LSTM	
	随机森林算法	

二、基于系统核心参数的高速公路交通状态预判与推演

交通运行状态预测是指根据当前和历史交通流变化规律,通过一定的理论方法或模型预测未来一段时间的交通状态类别或表征交通运行状态的相关交通流参数。交通预测是ITS和ATMS的关键组成部分,在交通控制和诱导等方面扮演着重要角色,是减缓交通拥堵和提高出行效率的前提条件。目前交通流预测方法分为模型驱动的参数化建模预测方法、基于非参数回归的预测模型以及基于数据驱动的以机器学习和深度学习为主的交通状态预测技术。

另外,根据预测周期的长短,交通运行状态预测分为长时、中时、短时3类。其中,长时预测的预测周期一般为1d乃至数月,中时预测的预测周期一般为半小时至数个小时,而短时预测的预测周期通常为5～15min。

通过对交通流数据中时空依赖的挖掘,可以得到交通流的动态时空分布特征,并将其运用到交通流量估计预测中,能够提高高速公路交通状态预测精准度,为更准确的高速公路交通系统管理与控制提供决策依据,提高高速公路交通系统运营管理水平,从而缓解高速公路拥堵问题与高速公路交通供需不平衡问题,也为缩短居民城际出行时间和规划出行方案提供便利。

自 20 世纪 70 年代以来,交通状态预测模型研究成为受到广泛关注和重视的交通工程研究方向之一[113]。交通状态预测方法可分为知识驱动、仿真模型驱动和数据驱动方法 3 种。知识驱动方法多以统计学模型为基础,通过挖掘车辆通行数据以及出行者行为数据中蕴含的统计学规律作为先验知识,构建交通流运行状态模型并标定模型中参数,利用标定后的交通流模型完成对交通流量的预测任务。仿真模型驱动的交通状态预测方法通常利用仿真手段对交通路网进行运行状态模拟,但由于各个路网结构不同,仿真方法需要定制化构造虚拟路网,所以从一定程度上限制了仿真模型的普适性[114]。数据驱动的交通状态预测方法是通过对历史交通数据进行特征提取与模式识别,从而预测未来的交通状态。越丰富的历史数据,越可靠的特征提取方法,将能够更好地支持数据驱动的交通状态预测模型的构建。随着智能交通系统的发展,多源交通检测设备投入使用,采集了海量的交通数据,也让交通状态预测方法逐渐转向数据驱动方向[115]。本质上,数据驱动方法是构造模型将当前时刻的输入交通状态与未来时刻的交通状态联系起来[116],可分为基于参数标定的统计模型类和基于学习模型的非参数方法。参数标定的统计模型,侧重于对交通历史数据的时空序列进行单点分析和预测,如自回归综合移动平均模型(Autoregressive Integrated Moving Average)[117]、卡尔曼滤波(Kalman Filtering)[118]、随机理论[119]。该类模型计算简单、可解释性强,但较难适应实际交通的复杂性、不稳定性、偶发性和非线性特点。随着人工智能、机器学习理论的不断发展,基于机器学习的非参数模型,如支持向量回归(Support Vector Regression)[120]、贝叶斯网络[121]、神经网络(Neural Networks)[122],已在交通状态预测领域得以应用,特别是新兴的以深度学习为基础模型的交通状态预测方法,已成为这一领域的研究热点。

1. 传统基于模型驱动的预测方法

交通预测模型的输入是交通流量时间序列,且在序列中数值之间存在很强的时间依赖性,因此最早采用传统时间序列预测方法来进行交通预测任务。其中,最基础的是历史平均值(History Average,HA)模型,在早期被用于交通场景中进行出行信息规划[123]。该模型事先选取合适且大小固定的窗口长度,通过将窗口内的历史交通流量求平均值,作为下一时刻交通流量的预测数值。HA 模型具有计算简便、速度快以及便于理解等优点,但预测模式单一,随着汽车数量的增长与人们出行方式的多样化,交通流模式越发多变导致 HA 模型精度不足[124-125]。随后,人们提出了比 HA 模型的预测精度高一些的差分自回归移动平均法(Autoregressive Integrated Moving Average,ARIMA)[126-127]。ARIMA 方法将预测目标的时间序列视作一种非平稳随机序列,利用若干次差分将非平稳序列转化为平稳序列,并用自回归与移动平均两个思路来模拟平稳时间序列。ARIMA 方法在交通流预测领域取得了不错的短期预测效果[128-129],适用于平稳的交通流,但仅能捕捉线性相关关系,且模型建模过程复杂、无法动态调整模型参数。SARIMA 和 STARIMA 两种模型[130]则是将交通量的季节性变化与相邻路段空间信息考虑在内。通过实际的交通流数据的验证,季节性 ARIMA 模型表现出了较高的预测精度[131]。

通过季节差分可以解释周期性,基于 Box 和 JenKins 开发的应用构建的 ARIMA 模型,在平均绝对误差和均方误差方面优于 MA、双指数平滑、Trigg 和 Leach 自适应方法[132],并且是最适合原始时间序列的模型[133];基于交通流理论将 ARIMA 与 GARCH 模型结合[134]、将 bootstrapping 抽样方法和 ARIMA 结合[135],可以实现对高速公路交通流的预测。

向量自回归方法(Vector Autoregressive,VAR)也是一种常用的传统时序预测方法,能够捕捉多个样本变量间的关联性,也能够反映交通流的实时波动,但需要估计的参数过多[136]。此外,卡尔曼滤波模型也适用于随机性非平稳序列的数据分析,可以利用实时数据实现在线预测,在短时交通流预测中能取得不错的预测效果[137]。利用卡尔曼滤波建立的实时行程时间预测模型,在实时交通流预测中起到了重要的作用[138]。

此类传统时序预测方法的模型构建思路清晰,能够适用于一些交通场景且计算效率高,在计算机算力不发达的时期广泛应用于交通预测领域[139]。然而此类方法要求输入数据满足一定的统计学先验条件,只能捕捉交通流数据中的较为简单的时间关联,对于复杂多变的非线性场景处理效果一般,因而逐渐淡出交通领域研究人员的视野。

2. 基于非参数回归的预测模型

基于模型驱动的交通流预测方法的有效性取决于假设理论的实用性,然而,实际交通情况复杂多变,具有随机性和非线性,理论假设往往不能完全成立。因此,这些方法在实际应用中很难取得满意的效果。此外,交通网络具有复杂性和时空相关性,从网络角度对交通流量进行预测是极其重要的,而采用基于时间序列的参数方法在交通网络中进行交通流预测容易产生较大误差。为了解决这些问题,相关学者开始探究应用非参数化方法来预测交通流,将混沌理论运用到交通系统中,例如,研究者发现:基于混沌理论的交通流预测优于非线性最小二乘方法[140];可以利用基于混沌理论的单参数和多参数交通流预测方法来判别交通流特性[141];基于混沌理论和遗传算法的非线性混沌交通流预测模型具有鲁棒性和准确性[142]。结合马尔可夫(Markov)方法与粒子滤波算法,可以解决单独使用Markov方法预测精度低的问题[143],或者可以使用高阶多元Markov提高不同交通状态下交通流预测的准确性[144]。

3. 基于传统机器学习的时序预测方法

近年来,得益于通信技术的进步,交通场景下的大数据采集与传输变得更加方便快捷,交通数据量的激增使得机器学习方法能应用于交通领域。传统机器学习方法相较于传统时序预测方法,在一定程度上增强了处理复杂交通流数据的能力,能提取较为复杂的时间依赖。不少传统机器学习算法能够处理交通领域的预测问题,如K最邻近(K-nearest Neighbors,KNN)算法[145-147]、离散小波变换(Discrete Wavelet Transform)模型[148]、支持向量机(Support Vector Machines,SVM)[149]等。

其中,KNN是较为成熟的机器学习算法,不仅能很好地处理分类任务,也能够应用于时间序列数据预测任务中。KNN模型用大量有代表性的历史数据组成数据库,根据当前交通流量的时间序列数据在数据库中筛选出相似的记录,并且用筛选出的历史记录数据对未来交通状态做出精准预测。KNN模型的最大优势为不需要任何关于交通流数据的统计学先验知识,只要拥有充足且全面的交通数据就能够得出较为准确的预测结果。改进的KNN算法也能够实现对大型路网的实时服务需求预测[150]。

离散小波变换模型的原理是对交通流原始数据的信号模式进行识别,在识别过程中,利用小波分解来去除历史数据中的混合噪声。在信号领域通常认为,一组时间序列数据是由一个确定性分量与一个或多个随机分量相叠加形成,交通流数据亦是如此,小波能够有效地处理叠加分量的干扰,从而更好地表达交通流局部波动。在基于离散小波变换提出的一种交通流量异常检测方法中,单个数据样本的长度对以及样本的数量对结果的准确性有较大影响[151]。

此外,SVM 模型以及其变体模型也逐渐被应用于交通预测领域。将 SVM 模型与 ARIMA[152]模型相结合进行的交通流预测,其结果会比单一模型预测更准确,且人们认为基于混合模型的小波去噪可以成为实时动态交通流预测的有效方法。另外一种在线权重学习的支持向量机(OLWSVM)[153]对邻近预测时刻的历史时段赋予较大的权重,使得模型能够更容易捕捉到近期交通流波动对预测结果产生的影响。

综上所述,传统机器学习算法针对传统时间序列算法的弊端,增强了对非线性时间依赖的捕捉能力,在交通流数据骤增的时代成为研究人员进行交通预测任务的选择之一。但由于传统机器学习模型的网络结构不够深,对深层次时间相关性的挖掘不够全面,且并未能考虑路网交通节点间交通流的空间关联性以及时空依赖的相互影响,因此,在交通流预测领域传统机器学习算法仍有很大的提升空间。

传统时序方法以及基于传统机器学习的时序预测方法的对比见表 5-4。

传统时序方法以及基于传统机器学习的时序预测方法　　　　表 5-4

分类依据	典型算法	特点	局限性
传统时序预测	历史平均值法[123]	构建思路清晰,适用于一些交通场景且计算效率高	此类方法要求输入数据满足一定的统计学先验条件,只能捕捉交通流数据中的较为简单的时间关联,对于复杂多变的非线性场景处理效果一般
	差分自回归移动平均法[126-127]		
	向量自回归方法[137]		
基于传统机器学习的时序预测方法	K 最邻近(K-nearest Neighbors,KNN)[145-147]	针对传统时间序列算法弊端,增强了对非线性时间依赖的捕捉能力	网络结构不够深,对于深层次时间相关性的挖掘不够全面,且并未能考虑路网交通节点间交通流的空间关联性以及时空依赖的相互影响
	离散小波变换(Discrete Wavelet Transform)[149]		
	支持向量机(Support Vector Machines,SVM)[151]		

4. 基于深度学习模型的交通状态预测方法研究现状

交通数据包含显著的时空属性特征,基于深度学习(Deep Learning,DL)的交通状态预测方法深度挖掘了数据中的交通时空特征,并且因其强大的非线性拟合和泛化能力,显著提升了交通状态的预测精度[154]。2015 年,研究人员提出了一种堆叠式稀疏自编码的 DL 模型(Stacked Auto-Encoder,SAE)用来预测交通流量,这也证实了深度学习模型应用在交通状态上的可行性[155]。目前,常用于交通预测的 3 种深度神经网络模型是前馈神经网络(Feedforward Neural Network,FNN)、递归神经网络(Recurrent Neural Network,RNN)和卷积神经网络(Convolutional Neural Network,CNN)[156]。

其中,FNN 多用在交通预测的混合神经网络中,实现一个或多个子网的聚合输出,或用于将外部数据(如天气数据)整合到整体网络模型中,作为模型的一个功能组件。

RNN 及其衍生模型,如长短时记忆递归神经网络(Long Short-Term Memory,LSTM)[157],

具有提取长时间序列中隐含的时间关联性的能力,因此近年被应用于挖掘交通状态时序特征从而进行交通状态预测。用 LSTM 模型进行的交通状态预测方法研究表明,该预测模型具有较高的预测精度和较好的泛化性[158-159]。另外,在 LSTM 模型基础上提出的一种超大流量下广域高速公路通行速度估计方法,通过手机数据和少量路侧检测器,能够实现低成本、较高精度的高速公路全覆盖感知[160]。还有一些基于 LSTM 的交通状态预测方法,不断证明了模型在交通状态预测方面的实际效果[161-162]。采用 GA 算法优化 LSTM 的关键参数,使模型的运算速度和误差水平优于其他模型;结合注意力机制的 LSTM 模型在计算效率和预测精度上优于递归神经网络(Recurrent Neural Network,RNN)和卷积神经网络(Convolutional Neural Network,CNN)模型[163-164]。利用 LSTM 的衍生模型循环门单元(Gated Recurrent Unit,GRU)模型对短期交通流量进行预测,其结果表明 GRU 模型比标准 LSTM 模型构造简单,但预测效果相当[165-166]。LSTM 与 GRU 模型具有挖掘长时间序列数据中时间维度特征的能力,避免了梯度消失、爆炸的问题,已成为基于 RNN 的交通状态预测方法最常用的基础模型。

CNN 及其衍生模型主要用于挖掘路网中相邻路段间交通状态的空间关联特征,从而进行交通状态预测。该类方法提取空间特征首先将路网拆分成长线性路段,再将长路段进行均质网格化划分,进而构造模型。目前有很多预测方法均利用 CNN 作为整体深度神经网络的一个组件,通过对交通流空间的关联性特征挖掘来提升预测效果。比如将交通状态变化转化为图像变化,基于 CNN 模型挖掘交通的时空特征,从而进行大规模路网交通速度预测方法[167]或者是基于深度 CNN 的 PCNN 方法,对周期性交通数据进行建模,用于短期交通拥堵预测[168]。

另外一些研究将 CNN 与 LSTM[169-170]、GAN[171](Generative Adversarial Network,GAN)或多种模型相结合,以构造混合深度学习模型,同步提取空间与时间特征,从而预测交通状态。但是,上述方法对于交通空间因素的捕捉依赖于 CNN 模型,主要面向线性化的交通路段网格,所提取的空间特征也主要是相邻路段间的短距关联性。考虑到交通路网的复杂结构,将交通路网划分为多个线性长路段进行网格单元表示,仅考虑了相邻路段的空间关联性,但损失了路网层面交通流的空间关联性,所以对于复杂路网的空间特征提取有待进一步优化研究。

基于深度学习的交通状态预测模型的相关信息见表 5-5。

基于深度学习的交通状态预测模型的相关信息　　　　表 5-5

研究者	试验设置及数据源				模型设计				
	场景	时间颗粒度(min)	预测区间(min)	数据源	预测目标	基础模型	时间因素	空间因素	
								静态	动态
Lv 等[156]	高速公路	5	60	检测器	速度	SAE			
Ma 等[158]	高速公路	2	2	检测器	速度	LSTM	√		
Tan 等[159]	高速公路	5/30/45/60	—	检测器	流量	LSTM	√		
Ding 等[160]	高速公路	5	—	手机数据	速度	LSTM	√		
冉祥栋[161]	高速公路	15	105	检测器+GPS	流量	LSTM	√		
Zhao 等[164]	高速公路	5	60	检测器	流量	LSTM	√		

续上表

研究者	试验设置及数据源					模型设计			
	场景	时间颗粒度（min）	预测区间（min）	数据源	预测目标	基础模型	时间因素	空间因素	
								静态	动态
Fu 等[166]	高速公路	5	30	检测器	流量	LSTM	√		
						GRU	√		
Ma 等[167]	高速公路	2	40	GPS	速度	CNN + NN		√	
Dai[168]	高速公路	5/15/30/45	45	检测器	流量	CNN + NN			
Wu 等[171]	高速公路	5	45	检测器	流量	CNN + GRU	√	√	
Liu[155]	高速公路	15	30	检测器	速度/流量/占有率	CNN + LSTM		√	
Lv 等[169]	高速公路	5/30	120	GPS	速度	CNN + LSTM	√	√	

5. 考虑路网空间特征的交通状态预测方法研究现状

近年来，图神经网络（Graph Neural Network, GNN）模型，通过利用网络的图结构信息，能够提升模型对网络空间特征的挖掘能力。常用于交通状态预测的 GNN 主要为图卷积神经网络（Graph Convolutional Network, GCN）。GCN 可以有效地在复杂交通路网的拓扑结构的基础上，表征交通流在路网层面的空间连接机制，充分提取交通流演化的空间依赖性（Space Dependency）。GCN 构建的混合深度学习网络可以获得较好的预测精度[173-175]。相关研究表明，先利用图拉普拉斯（Graph Laplacian）对路网图结构进行解析，并与 CNN 模型融合进行路网交通速度预测，能够获得非常好的效果[175]。GCN 对交通空间依赖性的挖掘能力[176]可以利用相似的改进算法进行验证。考虑路网拓扑结构和交通流时空相关性，基于 GCN 的大规模城市路网短时交通流预测模型，采用真实城市大规模路网浮动车数据进行验证，获得了较高的预测精度、预测效率和模型解释意义[177]。考虑时间因素的 GCN 模型能捕捉路网交通状态演化的空间和时间依赖[178]。利用将 GCN 与 LSTM 相结合的混合深度学习方法进行交通流量预测，预测结果显示了方法的优越性[179]。还有研究将注意力机制引入基于 GCN 的混合深度学习模型中进行交通预测，显著提升了预测精度[180-181]。可以看出，基于 GCN 的混合深度学习模型既可以保留交通路网真实的空间拓扑结构，从而获取完整的交通空间特征信息，还可以通过与其他深度学习模型融合，学习交通流的时间特征，是目前较为先进的预测方法。此外，基于 GCN 的预测方法也在不断改进，一种新的基于图马尔可夫过程（Markov Process, MP）的时空数据预测体系结构，可以解决存在数据丢失时的交通状态预测问题[182]。也有研究将由相邻传感器数据训练的高斯过程（Gaussian Process, GP）模型引入到 GCN 中，实现了数据缺失路段的交通状态预测[183]。这些方法在一定程度上提高了模型的交通预测精度，以及应对数据缺失的能力，但在这些研究中，道路网被看作是一个无向图，忽略了路网的方向性。因此，对 GCN 图结构的表征方法还需要进行优化。例如考虑到交通流量的动态变化规律，将交通状态的产生视作道路网络结构决定的全局变量和特定时间或交通事件决定的局部变量的叠加，构建相应的张量分解（Tensor Decomposition, TD）模型获取两种变量,并构建相应的拉普拉斯矩阵(Laplacian Matrix,LM)表征空间的动态连接特征,再结合 GCN 进行交通实时状态预测,就能够大幅提高预测精度[184]。另外一种相似的利用端对端 GCN 模型提取动态空间特征并进行交通状态预测的方法,也有助于检测精度提升[185]。

上述基于 GCN 的预测方法已经注意到路网空间连接特征的挖掘对交通状态预测的积极作用,并且证明了路网动态空间特征可以有效提升路网交通状态的预测精度。考虑路网空间连接特征的交通状态预测模型相关信息见表 5-6。

考虑路网空间连接特征的交通状态预测模型相关信息 表 5-6

研究者	数据及试验设计					模型设计			
	场景	时间颗粒度（min）	预测区间（min）	数据源	预测目标	基础模型	时间因素	空间因素	
								静态	动态
Yu 等[175]	高速公路	5	45	检测器	速度	GCN+CNN		√	
Lee 等[176]	高速公路	5	60	GPS	速度	GCN+CNN		√	
Zhao 等[178]	高速公路	5	60	检测器	速度	GCN+GRU	√	√	
Li 等[179]	高速公路	5	60	检测器	速度	GCN+LSTM	√	√	
Pan 等[181]	高速公路	5	—	检测器	速度	GAT+GRU	√	√	
Cui 等[182]	高速公路	5	60	检测器	速度	GCN+MP	√	√	
Diao 等[184]	高速公路	15/30/45	60	检测器	交通数据	GCN+TD	√	√	
李朝阳[185]	高速公路	15/30/60	60	检测器	流量	GCN+TD	√	√	√

第三部分

PART 3

案例分析

第六章

广州—连州高速公路智能车路协同系统

第一节 广州—连州高速公路基本情况

一、项目概况

广连高速公路是广东省高速公路网规划中放射线(S1)的重要组成部分。它起于广州接佛山—清远—从化高速公路,终于湖南省界与衡临高速公路相接,线路全长231km,双向六车道,设计速度为100km/h 或120km/h。广连高速公路清远段于2021年12月31日建成通车,全线计划于2022年12月通车。项目是中交集团目前最大的高速公路单体投资项目,由中交四航局与中咨集团组成联合体,以建设、运营、转让(BOT)+设计、施工、采购一体总承包(EPC)模式承担设计施工运营。

全线设置1处路段管理中心,2处路段管理分中心,5处服务区,4处停车区,2处养护工区;全线隧道13座,最长隧道高峰隧道4345m;全线桥梁87863m,桥隧比50.01%;全线有互通立交20处,其中包括5处枢纽互通立交(五丰枢纽、三凤里枢纽、英南枢纽、小湾枢纽、连塘枢纽),15处服务型互通立交。

广连高速公路按独立路段管理,全线采用"省中心-黎溪北路段管理中心-管理分中心-收费站、服务区、养护工区、隧道"的管理体制。大湾路段管理分中心和龙坪路段管理分中心受黎溪北路段管理中心的管理。全线通信设施、监控收费中心大厅及相关业务仅设置在黎溪北路段管理中心。

广连高速公路的基本情况如图6-1所示。

二、项目交通特点

广连高速公路沿线路网情况复杂,车流交织区较多,交通衔接及路线转换情况复杂,与衡阳—临武高速公路、清远—连州高速公路、汕头—昆明高速公路清远段、乐昌—广州高速公路、汕头—湛江高速公路惠清段、佛山—清远—从化高速公路(北段)等多个现有公路网衔接。服务设施密集,全线桥隧比为50.01%,全线有特大桥7座、大桥54座,桥梁全长87863m;设隧道12座,总长22720m,1km以上隧道有7座,最长单洞长4350m。承接清远—

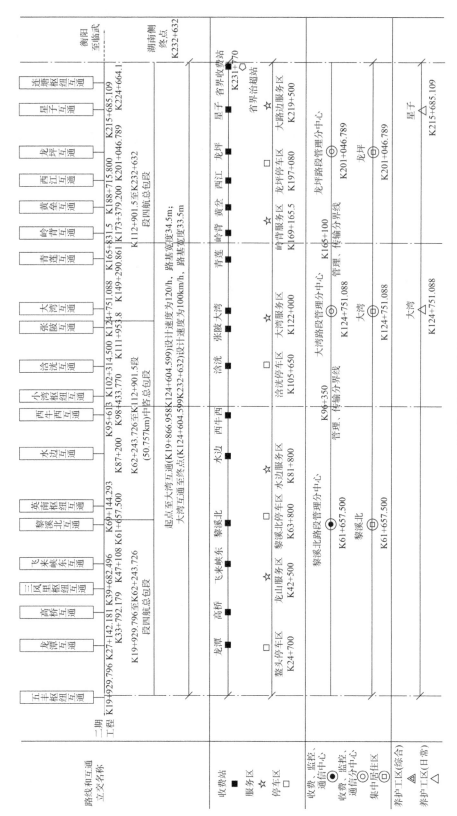

图 6-1 广连高速公路基本情况

连州、乐昌—广州高速公路转移交通量较多,同时与国道 G323、省道 S258、省道 S259、省道 S260、省道 S347、省道 S348 等多条国省干道衔接。总体交通衔接、路线转换情况较复杂,对交通运行安全、效率、服务要求较高。

三、建设目标

以国家重点研发计划项目为技术支撑,通过重点路段车路协同典型场景建设及智慧化提升,打造包含"伴随服务-效率管控-安全预警"在内横跨车路协同系统 L1～L3 级的示范应用体系,建设面向安全高效、精准个性服务的国家优质工程。

第二节　车路协同建设方案

一、体系架构

在本书中,广连高速公路围绕分合流区、服务区、隧道段、施工作业区、弯道路段、异常天气高发段、高边坡路段等典型场景,通过伴随式信息发布服务、分合流区可变限速及匝道控制、异常行为及碰撞预警等包含信息、效率与安全类的典型应用,打造包含"伴随服务-效率管控-安全预警"在内横跨车路协同系统 L1～L3 级的示范应用体系。

广连高速公路构建的车路协同示范系统框架与信息逻辑如图 6-2 所示。

1. 伴随式信息服务

针对 L1 级伴随式信息服务,项目拟实现现有监控中心、高边坡状态检测公有云及外部气象平台间的信息交互。通过云端信息处理及运行状态分析,明确分合流区、服务区、施工作业区等场景的宏观运行态势。所获取的交通环境信息将通过信息发布节点发送至情报板,或经由公网发布至具备多模信息接收能力的车载终端,从而实现伴随式信息服务。

2. 运行效率管控类场景

针对 L2 级交通运行效率管控,项目拟通过高速公路枢纽互通设施上下游可变限速控制与关键合流区匝道控制,缓解关键节点的交通拥堵。

针对可变限速控制,项目将针对关键枢纽互通设施,利用摄像机采集上下游交通信息,并结合枢纽连接高速公路的交通中心数据,综合考虑枢纽各方向上下游车流。当枢纽来流增加或下游出现拥堵时,通过可变限速系统控制枢纽互通设施上游来流,维持枢纽运行效率,防止出现容量下降的情况。

针对关键路段合流区,项目拟设置匝道控制信号,通过控制匝道来流,维持主线运行效率。

项目将根据广连高速公路的实际情况,打造可变限速与匝道控制应用示范,并构建云端联合控制平台。当单应用不足以控制交通效能时,边缘节点将上移控制权,通过云端平台协同控制可变限速与匝道信号,实现应用的跨域联动。

L2 级交通运行效率管控生成的指令信息,除了将通过情报板显示以外,还将通过 RSU 进行发布,并在车载单元进行显示。

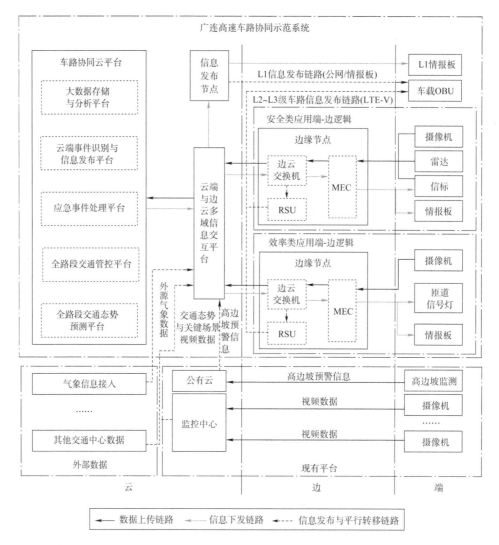

图 6-2 广连高速公路车路协同示范系统架构

3. 安全预警类场景

针对 L2 与 L3 级安全预警场景,项目将基于信号板及信标两种发布模式,构建安全事件发布、碰撞与紧急事件预警及多雾合流区碰撞预警三大应用模块。

针对安全事件发布,边缘节点将根据摄像机与雷达采集的事件信息(如停车、逆行等),直接在分合流区及隧道出入口的信号板上进行提示。

针对碰撞与紧急事件预警,边缘节点将根据传感器采集的轨迹数据,分析紧急事件及碰撞可能性,在情报板显示或经由 RSU 向 OBU 发布。

针对合流区,项目拟采用信标感知与信息发布技术。当合流区有车辆经过,与匝道车辆存在碰撞风险时,雷达与信标将共同感知车辆位置,计算轨迹与碰撞风险。预警信息将直接由信标进行发布(如红色闪烁表示本车存在碰撞风险)。

上述 L2 与 L3 级效率与安全管控信息,均可通过 RSU 直接向高速公路上行驶的安装

OBU 的车辆发布。

二、详细方案

1. 车路协同场景设置

根据广连高速公路项目情况及交通特点,广连高速公路车路协同应用共设置3大类、8小类典型应用场景,覆盖分合流区、隧道段、服务区、桥梁、高边坡等重点路段。具体场景设置见表6-1。

示范场景　　　　　　　　　　　　　　　　　　　　　　　　表6-1

序号	场景路段	拟示范场景	场景类别	场景等级	点位选择	桩号
1	主线段	伴随式信息服务	效率类	L2	全线	全线
2	分流区	分流区提示及异常车辆行为预警	信息类 安全类	L1、L2	飞来峡东互通 西牛西互通	K47+108 K95+612
3	合流区	合流区提示及车辆汇入碰撞预警	信息类 安全类	L1	黎溪北互通 水边服务区	K61+650 K81+800
4	隧道段	隧道信息提示及隧道内事件预警	信息类 安全类	L1、L2	车子岭隧道（右洞）	K82+910
5	施工作业区	施工作业区提示	信息类	L1	K78+000	K78+000
6	弯道路段	弯道限速发布	信息类	L1	K180+500	K180+500
7	异常天气高发路段	管控信息发布	信息类	L1	清莲河大桥	K151+100
8	高边坡路段	危险路段提示	信息类	L1	K90+000	K90+200

各场景设置位置如图6-3所示。

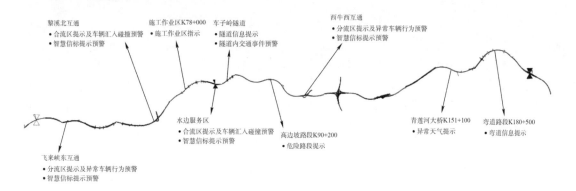

图6-3　广连高速公路车路协同示范方案场景示意图

2. 车路协同云控平台

在黎溪北路段管理中心部署一套车路协同系统云控平台,包括智能网联车路协同子系统、智能网联算法子系统、鉴权子系统、数据接入子系统、数据存储子系统、数据开放子系统、智能网联设备运维子系统等7个功能模块。同时配置服务器2台,接入路段已有的网络系统。

云控平台需与广连高速公路现有综合监控软件对接,以获取全线交通运行状态数据、事件数据、监控视频等,并可将车路协同系统生成的管控指令推送到现有综合监控软件,以实现管控措施的发布。同时,广连高速公路现有 App 和软件可接收车路协同系统推送的伴随式信息服务相关信息,并予以发布。与现有软件对接工程包含在本工程范围内。

云控平台子系统功能如下。

(1)智能网联车路协同子系统。

智能网联车路协同子系统包括数据协同、计算协同、控制协同等功能。

数据协同的内容包括智能网联车实时数据、路侧感知数据、高精度地图数据。此模块通过对实时数据的解析处理,完成区域云路侧传感与车侧传感数据融合,进一步实现感知大数据数据结构化的整合,形成道路交通状态融合信息,面向区域生成局部动态地图(LDM),实现区域内数据融合计算和多区域间数据共享。

计算协同主要利用中心云汇聚各区域云交通数据,利用中心云超高计算能力实时计算、分析交通事件、交通场景。其中,区域云边缘协同计算与驾驶安全相关的低时延事件和场景,中心云则负责其他与效率相关的服务,这些服务需要结合大范围的交通状态进行处理和运算。

控制协同为通行管理、应急管理、平安出行等业务提供协同控制服务,主要包括事件专项处置策略、事件处置流、区域协同策略、多部门应急联动等功能。

(2)智能网联算法子系统。

智能网联算法子系统为基础平台之上的定制化开发对接平台,算法平台提供常规算法运行所需的基础环境,可以保证算法的快速部署运行。

本项目定制开发限速计算算法、交通状态检测算法,用于主线可变限速控制场景;开发信号配时算法、交通状态检测算法,用于合流区匝道智能限流管控场景。

(3)鉴权子系统。

鉴权子系统具备接入注册、认证与授权、令牌管理与更新等功能。

(4)数据接入子系统。

数据接入子系统支持 UDP、WebSocket、mqtt 等多种方式与 OBU、RSU 及 MEC 进行对接,能实时接收设备上报的结构化数据,再对数据进行清洗、转换后转发到车路系统平台及数据存储平台。同时,数据接入子系统接收车路协同平台的计算结果,将数据推送给 OBU、RSU 或 MEC。

(5)数据存储子系统。

数据存储系统采用多种形式对数据进行存储,根据不同存储方式的特点,满足多样性的数据使用需求。

(6)数据开放子系统。

本系统为数据使用者提供多种形式的数据查询方式,以满足不同系统对数据的不同使用需求。主要查询方式如下:

①实时数据查询,如车辆实时位置查询,可通过实时查询接口查询车辆最新的位置数据信息;

②近线数据查询,如近期较小时间范围内的数据查询,可通过近线查询接口查询近期较

小时间范围内的数据列表;

③离线数据查询,如较长时间范围的数据,可通过离线查询接口请求创建离线任务,由离线数据导出服务执行离线任务,并将数据导出后提供给数据查询方。

(7)智能网联设备运维子系统。

覆盖路侧感知设备、网联设备以及边缘计算单元等全生态设备监控,对各类设备实现运行可视化、维护自动化、巡视智能化,解决故障异常,实现基础设施数字化,运营管理精细化,提升运维效率。

系统包括以下功能:

(1)设备管理:对 RSU、路侧摄像头、路侧激光雷达、路侧毫米波雷达、边缘节点、信标进行管理和维护,并记录每个设备的详细信息。用户能够利用此功能很直观地了解每个设备、边缘节点的详细信息,以及各自对应设备的状态。

(2)拓扑管理:维护杆架部署位置、杆架与路段、设备的拓扑关系,边缘节点、感知设备与路段的拓扑关系。

(3)远程升级:支持设备软件包升级和边缘算法升级,通过升级任务的方式给设备下发升级指令,设备从文件服务器获取升级包或者算法包。

3. 应用场景建设方案

1)全线伴随式信息服务及速度引导场景

伴随式信息服务即利用各种定位技术来获取车辆当前的所在位置,按照用户的个性化信息需求,主动利用无线通信技术向该设备提供信息资源和基础服务。伴随式信息服务系统通过移动终端 App、公路沿线可变信息标志、普通车辆车载终端、智能网联汽车车载终端等多种方式实现预警与管控信息的发送。

伴随式信息服务的信息内容由云控平台统一规划,确定统一的数据交互方式,由移动终端 App 或信息发布软件、路侧外场设备及车路协同 RSU 设备等进行发布。数据来源于路侧感知设备、交通管控信息及外部接入数据源,包括交通运行状态信息、交通突发事件信息、公路气象环境信息等数据。

对于网联车辆,上述数据经过中心云控平台统一处理,并形成事件消息发送给 RSU,或直接通过既有可变信息标志发布。车辆搭载 OBU 或移动终端接收相关信息,结合车辆自身位置等信息进行伴随式信息服务提醒。

对于非网联车辆,云平台将信息下发至相关区域内的手机 App,通过手机 App 发布交通事件类型、拥堵严重程度、管控信息等提示信息,同时云控平台向交通事件及拥堵邻近区域内的 RSU 发布控制指令,通过 RSU 向网联车辆发布相关提示信息。

为了在节假日及特殊事件情况下提升全线通行效率,本项目进行全线速度引导,在云控平台增加交通状态检测算法、限速计算算法,实现全线的车道级可变限速控制与管理,利用全线分布的可变信息标志、移动终端 App 进行速度引导信息发布,从而优化区段内通行秩序,有效避免拥堵蔓延,提升高速公路整体通行效率与安全水平。

2)分流区场景

在飞来峡东互通、西牛西互通段开展分流区提示、分流区异常车辆行为预警两个应用场景示范。

(1)场景功能描述。

分流区提示:在分流区前,通过 RSU 向网联车辆发布分流区提示信息,通过可变信息标志、智慧信标向非网联车发布分流区提示信息。

分流区异常车辆行为预警:在分流区,有车辆因错过分流路口,有慢行、连续变道、停车、倒车等异常行为时,MEC 通过雷视融合分析得知异常事件发生,并生成管控预警信息,通过RSU、可变信息标志、智慧信标将信息发布给周围及后方车辆。

(2)设备布设说明。

①在飞来峡东互通广州方向、西牛西互通湖南方向的分流鼻顶点上游 125m 左右新增立杆,配置 1 套高清摄像机、1 套毫米波雷达、1 套边缘计算设备 MEC。

②利用 4 个互通出口前方悬臂式可变信息标志,同时在附近摄像机或情报板立柱上新增 1 套 RSU。

③在飞来峡东互通广州方向互通范围内主线及匝道布设智慧信标及配套的边缘通信基站。

(3)应用效果。

①通过分流区提示,提前预告分流信息,预防事故,提升出行体验。

②通过异常行为预警,及时发现分流区异常事件并给予警示,避免交通事故,保障分流区通行安全。

3)合流区场景

在黎溪北互通、水边服务区开展匝道合流区提示、匝道车辆汇入引导、匝道车辆汇入碰撞预警 3 个应用场景示范。

(1)场景功能描述。

合流区提示(面向主线网联车):在合流鼻端前合适位置通过 RSU 向主线网联车辆发布提示前方合流区信息。

匝道车辆汇入引导(面向匝道网联车):在合流区,感知设备分别检测匝道与主线交通情况,将检测到的信息传输给 MEC,MEC 分析处理后,将控制策略通过 RSU 发布给匝道网联车辆,引导匝道车辆以合适的速度安全汇入。

匝道车辆汇入碰撞预警(面向匝道所有车辆):在合流区,感知设备检测主线和匝道车辆状态,并将检测信息传输到 MEC,MEC 分析主线车辆与匝道车辆有无碰撞风险,当有碰撞风险时通过 RSU 及智能信标提示匝道车辆减速。

(2)设备布设说明。

①在合流鼻顶点上游 125m 左右新增立杆,配置 1 套高清摄像机、1 套毫米波雷达、1 套 RSU、1 套 MEC、1 套边缘通信基站。

②在合流鼻处的匝道路侧,在黎溪北互通匝道新增立杆,在水边服务区湖南方向出口匝道利用卡口立杆配置 1 套高清摄像机、1 套毫米波雷达,用于检测匝道车辆情况。

③在黎溪北互通广州方向互通范围内、水边服务区湖南方向范围内主线及匝道布设智慧信标及配套的边缘通信基站,主线和匝道分别按 15m 和 10m 间距布设。

(3)应用效果。

①通过合流区提示,提前预告合流信息,预防事故,提升出行体验。

②通过合流区匝道车辆汇入碰撞预警,保障匝道车辆安全汇入,避免交通事故发生,提升合流区行车安全。

4)隧道信息提示及隧道内事件预警

在车子岭隧道开展隧道信息提示、隧道内交通事件预警两个应用示范。

(1)场景功能描述。

隧道信息提示:在车辆驶入隧道前,通过可变信息标志向非网联车发布前方隧道名称、长度、车道数、预计通过时间、限速等提示信息,通过 RSU 向网联车发布以上提示信息。

隧道内交通事件预警:基于路段管理中心已有的隧道交通事件检测系统,通过 MEC 与事件检测系统联动,将信息接入 MEC,MEC 根据隧道内事件类型生成提示策略,通过 RSU 向隧道外未驶入隧道的网联车辆提供交通事件预警信息,通过隧道外可变信息标志向非网联车发布信息。

(2)设备布设说明。

在车子岭隧道湖南方向入口洞口情报板处配置 1 套 MEC、1 套 RSU。

(3)应用效果。

①通过隧道信息提示,使驾驶人提前了解,提升出行体验。

②通过隧道内交通事件预警,在发生事件时及时告知,避免发生更为严重的交通事故,保障行车安全。

5)施工作业区场景

在 K78+000 附近的基本路段,开展模拟施工作业区应用场景示范。

(1)场景功能描述。

利用移动式智能路侧一体化设备,向上游车辆发布前方施工作业区信息。

(2)设备布设说明。

在 K78+000 处模拟施工作业区,布设移动式智能路侧一体化设备,实现施工区提示、闯入预警等功能。同时,在 K78+000 利用已有摄像机立柱布设 1 套 RSU 设备,向网联车辆发布。

(3)应用效果。

通过施工作业区提示,使驾驶人提前了解前方路况,提升行车安全水平。

6)高边坡路段场景

在 K90+200 附近的高边坡路段,开展高边坡危险路段提示应用场景示范。

(1)场景功能描述。

当车辆进入该路段前,通过 RSU 向周围网联车辆发布提示信息。

(2)设备布设说明。

在高边坡路段 K90+200 处利用已有立杆,布设 1 套 RSU。

(3)应用效果。

通过高边坡危险路段提示,提升行车安全水平,后期与已有的高边坡预警系统联动,进行危险预警。

7)异常天气高发路段场景

在青莲河特大桥(K151+100)附近开展异常天气预警及管控应用示范。

(1)场景功能描述。

能见度检测仪监测感知周边气象情况,将检测信息上传至云控平台,云控平台对异常天气预警发布的范围做决策后,向发布范围内的可变信息标志及 RSU 下发管控指令,发布相应的管控信息。

(2)设备布设说明。

在 K151+100 利用已有摄像机立柱,加装 1 套能见度检测仪、1 套 RSU 设备。

(3)应用效果。

通过异常天气预警及管控信息发布,提前向司乘人员发布恶劣天气情况及高速公路的管控信息,提高在恶劣天气条件下的行车安全,提升用户出行体验。

8)弯道路段场景

在 K180+500 附近的弯道路段,开展弯道信息提示应用场景示范。

(1)场景功能描述。

当车辆进入该路段前,通过 RSU 向周围网联车辆发布提示信息。

(2)设备布设说明。

在弯道路段 K180+500 处布设 1 台 RSU。

(3)应用效果。

通过弯道信息提示,使驾驶人提前了解前方路况及限速信息,提升行车安全水平。

9)数据图像传输方案

广连高速公路原有监控设备采用工业以太网环网的传输方式,本次新增设备就近接入已有设备工业以太网交换机,并入现有传输网络。

智慧信标通信基站布设 4G 模块传输至公有云的管理平台。

所需的光缆计入本次工程范围。

10)外场设备供电

(1)本次新增设备根据现场实际情况,从附近设备就近接电,通过主干光缆穿管敷设电缆,或就近直埋于路侧。

(2)部分智慧信标通信基站采用太阳能供电方式。

(3)采用 YJHLV22 型铝合金铠装电缆。

第三节 项目亮点

广连高速公路以国家重点研发计划项目为技术支撑,围绕分合流区、服务区、隧道段、施工作业区、弯道路段、异常天气高发段、高边坡路段等重点典型场景,通过伴随式信息发布服务、分合流区可变限速及匝道控制、异常行为及碰撞预警等设计信息、效率与安全的典型应用,打造包含"伴随服务、效率管控、安全预警"在内的横跨车路协同系统 L1~L3 级的示范应用体系,是国家重点研发计划项目"高速公路智能车路协同系统集成示范应用"成套技术成果的集成应用。

CHAPTER 7 第七章

滨州—莱芜高速公路智能车路协同系统

第一节 滨州—莱芜高速公路基本情况

一、项目概况

自动驾驶时代对公路的智能化和网联化水平提出了更高的要求,将催生规模达万亿级别的产业,对于智能汽车和智慧公路等行业的发展意义空前。其中,受控封闭的智能网联测试场地是开展相关技术研究与产业实践的重要基础。目前,国外有许多发达国家已经开始了智能网联汽车试验场建设,其中美国密歇根州的 Mcity 试验场是全球首个专为智能网联汽车设计的测试场,测试内容涵盖自动驾驶、车联网技术和电动安全系统等。随后,瑞典、英国、韩国、日本等国家也相继建造了自己的测试场。近年来,我国智能汽车测试场地的建设和发展较为迅速,中央及地方相关主管部门陆续出台政策规划,在项目支持、测试示范区建设与应用等方面营造良好的环境。截至 2021 年底,全国已建设 16 个国家级智能网联汽车测试示范区、50 多个地市级智能网联汽车测试示范区,开放超过 3500km 的测试道路,发放 700 余张测试牌照,道路测试总里程超过 700 万 km。

滨莱高速公路智能网联高速公路测试基地项目(简称"测试基地")由山东高速公路集团规划建设,是山东省积极布局智慧交通与车路协同产业,占领行业未来制高点的前瞻性和示范性工程。测试基地由原滨莱高速公路改扩建项目中原址保留的 26km 真实高速公路(含 3 座隧道和 1 座桥梁,场景丰富,国内唯一)进行数字化、网络化、智能化改造而来,目标是打造国内"测试里程最长、测试场景最丰富、测试环境最真实"的自动驾驶与车路协同测试基地,逐步建成国际一流的智能网联汽车和智慧交通综合创新试验示范区,支撑智慧交通、车路协同相关产业发展和国家交通强国战略。测试基地位于山东省的丘陵地带,地形复杂,使得 26km 测试路段涵盖了几乎所有典型的高速公路元素,包括山谷、隧道、桥梁、涵洞等。加上山东省地处暖温带季风气候区,气候条件覆盖了高低温、雨雪雾等典型天气因素,因此具备开展高速公路智能车路协同系统封闭测试的多项天然优势,可以为自动驾驶和车路协同测试提供丰富的边界场景。

二、项目交通特点

滨莱高速公路智能网联高速公路测试基地项目是一个高起点规划、高标准建设、高水平管理的示范性工程,其特殊的交通历史背景和地理环境,使之在自动驾驶汽车整车测试、车路协同系统功能测试、智慧交通综合解决方案测试等方面具有独特的优势。

一是道路建设标准较高。测试路段全长26km,双向四车道,中间有隔离带。其中,24km由原滨莱高速公路改扩建而来,2km为新建测试道路,路况完整,配套齐全,建设标准全部按照新建高速公路相关要求执行。能源利用率及环保要求满足行业需求,可以为车路协同及自动驾驶提供各类极限场景下的测试条件和环境,满足不同测试厂家的测试需求。

二是交通场景种类丰富。测试基地涵盖高速公路、城市公路和乡村公路等多类道路场景,建有完善的车车、车路、车云等测试场景及配套设施设备,部分测试路段已经覆盖5G、EUHT等通信网络,具备开展5G-V2X等多源异构网络环境下车路协同测试的条件,以及提供"一站式"自动驾驶综合测试服务的能力,极大提高测试效率。

三是基地管理稳定有序。测试基地全域实行封闭式管理,并根据实际情况制定了适应于自身业务开展的车辆测试、设备测试、运营及服务保障等管理办法,能够实现对基地内外人员及车辆进出等问题的有效管控,并在测试服务、工作辅助、安全及生活等方面,为测试企业和人员提供基本保障。

三、建设目标

滨莱高速公路智能网联高速公路测试基地项目计划用5年时间,分两阶段实施,主要建设目标如下:

(1)构建智能网联汽车和车路协同基础支撑环境,抢占智能网联汽车试验测试和技术标准高地;

(2)深化智能网联汽车创新应用,促进车路协同产业全面融合发展;

(3)探索智能网联汽车和车路协同系统建设可复制、可推广的政策措施和规范体系;

(4)打造国内"测试里程最长、测试场景最丰富、测试环境最真实"的自动驾驶与车路协同测试基地;

(5)逐步建成国际一流的智能网联汽车和车路协同综合创新试验示范区,使山东高速公路集团成为智能网联汽车与车路协同产业的领跑者和实践者,支撑智慧交通、车路协同相关产业发展和国家交通强国战略。

第二节　车路协同建设方案

一、总体规划

滨莱高速公路智能网联高速公路测试基地规划建设综合测试区、车路协同测试区、智慧桥隧测试区、极限场景测试区等4个测试功能区以及1个数据中心,可测试隧道、桥梁、坡道、合流区等80余种测试场景,可实现的相关车路协同智慧化部分包括信息采集、网络通信、边缘计算、云控平台、展示平台等(图7-1)。在信息采集方面,能够实现示范路段的环境信息(天气、空气能见度、路面状况等)、交通信息(周围车辆、信号灯、标识牌、限速预警、紧急事件等)和车辆信息(运行状态、安全状态等)的智能感知与处理。在网络通信方面,将构建以5G为主的多元异构通信网络与北斗高精度定位系统,实现车路信息流数据的可靠、高速传输。在边缘计算方面,将解决包括设备域、网络域、数据域和应用域4个领域的计算问题,提供网络互联(包括总线)、计算能力、数据存储与应用方面的软硬件基础设施。在云控平台方面,将建设边缘云和中心云控制平台,解决多种交通流数据的协同感知、计算处理和决策控制问题。在展示平台方面,将构建1个一体化的智慧管理服务平台。该项目建成后,将成为国内测试里程最长、测试场景最丰富、测试环境最真实的自动驾驶与车路协同测试中心,为产业链上下游企业提供优质的技术孵化与产品研发平台。

图7-1 滨莱高速公路车路协同总体规划

二、体系架构

滨莱测试基地车路协同系统体系架构主要包括感知、网络、计算和服务4个层次。感知层主要通过传感器、车载智能终端设备、射频标签、识读器、摄像头、全球定位系统等,实现对人、车、路、环境等移动对象和静态对象的全面感知;网络层是以Wi-Fi、DSRC等短程通信为主的末梢节点通信与以4G/5G或有线通信链路为主的承载网络通信相结合,通过车路短程通信和自组织网络、路侧与感知中心的承载网络实时采集和传输各种交通信息,构建交通要素信息的精准获取与发布体系;计算层将大数据技术与云计算技术相结合,实现有效的交通信息挖掘与提取,同时提供海量交通数据的存储功能,综合提升交通信息服务质量;服务层构建基于泛在网络和云计算的交通信息服务平台,通过移动智能终端、车载终端、资讯广播、可变信号板等信息发布方式,为交通参与者提供实时动态的交通信息服务和丰富全面的辅助决策支持,实现交通信息服务的智能化与个性化。

根据各个关键模块在体系构架中的定位及相互关系,滨莱高速公路智能车路协同系统基础体系架构如图 7-2 所示。

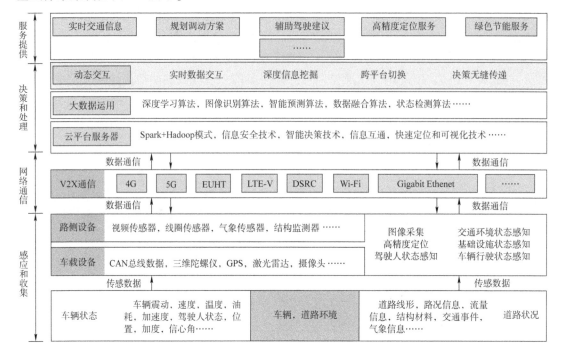

图 7-2 滨莱高速公路测试基地车路协同系统体系架构

三、详细方案

围绕上述体系架构,滨莱高速公路智能网联测试基地在车路协同系统具体建设过程中,进行了测试区划分、车路协同场景设计,搭建了路侧感知系统、车路交互系统、路侧边缘计算系统、北斗卫星增强定位系统、高精度数字地图系统,建立了数据中心,这些系统共同为智能网联汽车和车路协同相关测试提供服务。

1. 测试区划分

由上面的描述可知,滨莱高速公路智能网联高速公路测试基地规划建设综合测试区、车路协同测试区、智慧桥隧测试区、极限场景测试区等 4 个测试功能区,每个测试区建设内容及功能具体如下:

(1)在综合测试区,建设路侧感知、车路交互、路侧边缘计算、北斗卫星增强定位等系统,从而实现车联网和智慧高速公路相关功能测试;

(2)在自动驾驶与车路协同测试区,建设模拟驾驶器仿真测试、整车在环测试、实车道路测试等系统,实现自动驾驶汽车与车路协同系统从仿真测试到半实物台架测试再到实车测试,层层递进的多维评价体系;

(3)在智慧桥隧测试区,建设定向雷达、LTE-V 通信、高精度定位、无线信标等系统,在发挥真实隧道测试能力的同时,进行智慧桥隧相关设备和应用测试;

（4）在极限场景测试区，依托原有高速公路天然的道路特性，在长下坡等危险路段部署雨雾模拟系统，测试自动驾驶车辆在极限场景下的性能。

4个测试区的详细部署情况如图7-3所示。

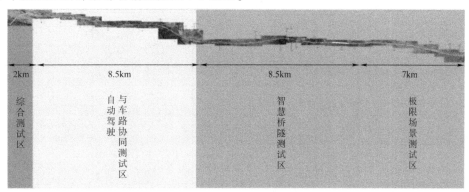

图7-3　测试基地测试区分布

（1）综合测试区，位于基地入口到新旧滨莱高速公路连接线之间，全长约2km，主要针对车联网与车路协同系列基础场景开展测试。

（2）自动驾驶与车路协同测试区，全长约8.5km，主要为高速公路自动驾驶以及C-ITS（车路协同）系统提供持续功能验证及测试，主要涉及自动驾驶、编队行驶、C-V2X以及危险事件处理功能等，主要针对自动驾驶系列场景开展测试。

（3）智慧桥隧测试区，包含由青石关、乐疃、凤凰山3处隧道组成的隧道群，以及樵岭前1号大桥。其中，凤凰山隧道长832m，乐疃隧道长565m，青石关隧道长348m。通过部署隧道内高精度定位、无线通信、交通状况感知等设备，开展典型自动驾驶隧道高速公路通行、隧桥危险交通事件处理、隧桥车路协同应用的测试验证。

（4）极限场景测试区，全长约7km，主要针对极端天气、超高速公路、长下坡系列场景开展测试。

2. 车路协同场景设计

根据建设目标及应用需求，滨莱高速公路智能网联高速公路测试基地在4个测试区内共设置车路系统测试场景81个，见表7-1。

智能网联高速公路功能测试区测试场景列表　　　　表7-1

功能测试区分类	测试场景	测试功能
综合测试区	车车通信测试	紧急车辆警告
		SOS服务
		前方事故警告
		逆行警告
		协同防追尾
		基于车辆的道路状况提醒
		基于车辆的道路特征提醒
		电子紧急制动灯

续上表

功能测试区分类	测试场景	测试功能
综合测试区	车车通信测试	变道预警
		盲点告警
		高速公路并道辅助
		视觉增强
		协同碰撞警告
		高速公路车队编排
		协同自适应巡航控制
		碰前探测
		协同防眩光
		即时信息传递
		车辆队列
		车距保持
	车路通信测试	交通信号提醒
		车辆停止提醒
		左转辅助
		避让行人辅助
		无线电子标志牌
		弯道速度警告
		施工警告
		紧急事件警告
		车辆召回通知
		道路状况提示
		紧急车辆信号优先
		道路状况上报
		事故告警
		自适应前照灯朝向
		自适应传动系统管理
		导航增强系统
		兴趣点提示
		GPS 校正
		智能拦车器
		智能交通信号
	信息交互类测试（车车、车路复杂交互）	紧急车辆安全应用
		高速公路安全应用
		事故安全应用
		车队编排
		收费应用
		网络连接应用

续上表

功能测试区分类	测试场景	测试功能
自动驾驶与车路协同测试区	车辆运动控制性能测试	自动巡航
		起动
		紧急停车
		制动距离
		车道保持
		坡道停车与起步
	道路通行能力测试	自动巡航
		进入匝道
		驶出匝道
		人行横道减速
		减速带限速
		隧道通行
		道路限速
		施工区通行
	车辆避撞能力测试	停车让行
		减速让行
		锥形交通路标
		前方车辆紧急制动
		前方车辆静止
		前方车辆减速
		车辆主动换道
		前方行人横穿
		非机动车同向行驶
智慧桥隧测试区		隧道内信号屏蔽测试
		隧道内车速诱导测试
		隧道内防"黑白洞效应"测试
		隧道内防"侧壁效应"测试
		隧道内LTE-V无线通信性能测试
		隧道内DSRC无线通信性能测试
		隧道内高精度定位测试
		隧道内无线信标性能测试
极限场景测试区		车辆高速公路穿行雨水测试
		车辆高速公路穿行团雾测试
		车辆高速公路长下坡路行驶测试
		车辆高速公路穿越连续隧道群测试

当前可实现 10 余个场景的车路协同演示能力,部分测试场景如图 7-4 所示。

图 7-4　部分测试场景

3. 路侧感知系统

1)视频融合传感器

视频融合传感器提取道路视频信息,与其他传感器数据融合,准确感知实时交通流特征和交通系统数据,也能够为监控人员提供易于分辨的实时交通和测试信息,实现测试中的测试服务和其他安全管理服务,如图7-5所示。

视频传感器的部署原则如下:

(1)单向车道视频传感器呈双向"之"字形部署,部署间隔需不超过500m,当有弯道等造成单摄像头观察距离降低时,应增加布设密度;

(2)视频融合传感器安装在门架或12m立杆上,保证试验对道路内所有区域的实时监控。布设时可充分利用现有门架和立杆,以节约建设成本。

根据以上原则,测试基地在双向车道上共计部署视频融合传感器约43套。

图7-5 视频融合传感器

2)毫米波雷达

毫米波雷达具有抗环境干扰能力强(不受恶劣天气、光线和烟雾的影响)、扫描距离远、物体分辨率高、定位精度高、全天候24h工作等优点,已成为交通事件检测和交通数据采集的主流传感器,如图7-6所示。

图7-6 毫米波雷达

77GHz全向跟踪检测毫米波雷达可以实现对半径约1km范围内车辆位置的高精度感知。配合视频融合传感器、视频融合传感器能够准确判定车型信息及其他车辆特征,发送给道路上运行的相关车辆和交通管理者,实现各类交通安全应用和管理应用。

全方位跟踪检测雷达的部署原则如下:

(1)两个雷达的间隔为700~800m,为实现无缝覆盖,雷达之间要有重叠检测区域;

(2)毫米波雷达的安装高度为4~6m,安装在测试基地公路两侧的立杆之上,尽量保持雷达视觉区域内无物体遮挡,以使设备实现最大的利用率;

(3)由于毫米波雷达在雨雪天气下容易受到影响,因此设备布设的实际间距略小于设备设计间距,以保证在恶劣天气下感知距离降低时,不同设备感知范围的无缝衔接。

根据上述原则,测试基地中安装全向跟踪检测毫米波雷达共计25套。

3)激光雷达

激光雷达(图7-7)感知数据量大,数据频率高,准确度高,能够较好地反映道路车辆和其他交通参与者的位置信息。其检测原理是通过计算激光发出和接收的时间差,获取传感器与感知目标的距离。结合先期标定和点云数据处理,获取相关物体的大地坐标。

激光雷达的部署原则如下:

(1)激光雷达应按照相互交叠布设的方式进行安装,部署间隔应小于200m,以最大限度地减少感知盲区;

图 7-7 激光雷达

(2) 激光雷达应安装在龙门架或中央隔离带立杆处的无遮挡部分约 4m 处,尽量部署在道路中间区域上方;

(3) 激光雷达不应被遮挡,否则无法在遮挡区域感知;

(4) 128 线激光雷达的测量距离为 200m,垂直角度分辨率为 0.25°,安装高度为 4m;

(5) 水平安装时,目标物为约 1.2m 高的汽车,在 100m 处打到汽车上的线束有 3 条,在 120m 处打到汽车上的线束有 2 条,在 150m 处打到汽车上的线束有 1~2 条,在 200m 处打到汽车上的线束有 1 条,灯杆下的盲区距离为 13.08m;

(6) 倾斜角度安装时,128 线激光全部向下打,灯杆下的盲区距离为 6.4m;

(7) 计划部署 5km 的激光雷达覆盖区。

根据以上原则,每 200m 部署 1 套激光雷达设备,因此激光雷达覆盖区域需 10 套设备。

4) 智慧无线信标

智慧无线信标是具有感知和提醒功能的智能化道路节点,它集成了微波探测、热释电检测、地磁检测等,通过远距离(Long Range,LoRa)实时无线互联技术,利用多传感器融合技术与算法,实现低成本、高精度的数据采集与测试基地路面交通信息实时感知。

智慧无线信标的部署原则如下:

(1) 在双向 4 车道上,每隔 10m 部署一个智慧无线信标;

(2) 每隔 2km 安装 1 套 LoRa 网关设备。

根据上述部署原则,已在新建的 1.8km 苗山北连接线部署约 720 个无线信标,以及 1 个 LoRa 通信基站、1 套云平台后台软件及本地化安装。

4. 车路交互系统

车路交互系统主要负责收集测试车辆的状态信息,并传输给边缘计算系统。车辆状态信息和路侧感知系统所获取的信息在路侧边缘计算系统中进行分析、融合,得到优化结果。最终该结果由车路交互系统分发给道路上的测试车辆。

1) LTE-V 通信系统

LTE-V 是我国主推的 V2X 无线通信协议。它之所以可以支持当前和未来的 V2X 应用,是因为其灵活多样的通信模式。一方面,LTE-V 借鉴 IEEE802.11p 的丰富经验,采用 5.9GHz 的 ITS 频段为其短距离直接通信服务,从而可以达到较高的数据传输速率。另一方面,LTE-V 独创地采用现有蜂窝网络通信技术(LTE),利用低频带宽来提供广域、高可靠性的服务。LTE-V 路侧基站如图 7-8 所示。

LTE-V 路侧设备的有效覆盖半径约为 500m，需要实现在道路上的无缝覆盖。在管理端配置设备管理服务，供相关设备维护和车联网信息服务应用的信息发布。同时，设备需要实时接收车载设备广播的基本安全信息，用于重构测试车辆测试轨迹信息。

LTE-V 路侧基站的部署原则如下：

(1) 测试基地按照约 500m 间距全线部署 LTE-V 路侧基站；

(2) 路基段与摄像机同址附着式安装，隧道内与边缘计算服务器同址安装。

图 7-8　LTE-V 通信基站

根据以上原则，LTE-V 路侧基站共计安装 22 套。

2) EUHT 系统

EUHT（Enhanced Ultra High Throughput）是我国自主研发，并结合未来移动通信系统高可靠、低时延、高移动性等需求设计的超高速公路无线通信系统，其峰值吞吐量最高可以达到 3.48Gbps，支持车辆最高移动速度可达 300km/h。EUHT 增强型超宽带网络系统支持高速移动情况下超大带宽、超低时延的网络连接。

EUHT 的布设原则如下：

(1) 滨莱高速公路智能网联高速公路测试基地按照约 500m 间距全线部署 EUHT 路侧基站；

(2) 路基段与摄像机同址附着式安装，隧道内与边缘计算服务器同址安装，主要用于实现测试车辆车载视频的实时回传。

根据以上原则，EUHT 设备计划安装 56 套。

3) 面向 ETC 自由流收费的 DSRC 通信系统

DSRC 是美国 WAVE 车联网框架首推的通信标准。在国内也有相应产品和相关应用。然而，我国由于 DSRC 的知识产权问题，主推 LTE-V 通信标准。因此，DSRC 通信系统的使用必将有所局限。目前比较成熟的应用是 ETC 自由流收费。

图 7-9　ETC 卡口设备系统

因此，计划在原收费站处设置基于 DSRC 的 ETC 自由流收费系统，以建立省界电子收费站测试平台，测试相关电子收费站设备工作流程、网络信息安全以及其他相关技术和管理模式。省界电子收费站按照相关标准要求，建立高速公路两侧收费设备和卡口龙门架、摄像机、ETC 天线和车辆感知设备。同时在管理服务端建立相关应用服务，完成全部 ETC 收费应用测试，如图 7-9 所示。

测试基地包含原苗山北、博山、和庄 3

处收费站。方案计划在每个收费站原收费口布置两套面向ETC自由流收费的DSRC通信系统,以满足ETC自由流收费相关测试需求,共需要部署23套DSRC路侧基站。

5. 路侧边缘计算系统

路侧边缘计算节点单元需要对路侧传感系统所采集到的信息进行分析与处理,利用边缘计算处理设备及存储设备,实现对各类信息的分析,最后将最终结果通过车路交互系统分发到路上的车辆。该系统支持实时任务调度及优先任务调度,将所有任务划分优先级,并按优先级调度处理,计划采用基于OSGI高扩展性软件框架与CUDA高性能CPU硬件框架的分布式自治边缘计算技术,实现边缘增量学习与本地实时决策控制,并支持端-云协同控制,采用深度学习技术,利用车载终端行为信息,对个体车辆行为实现车路协同智能控制,针对视频进行事件、轨迹跟踪等智能分析。

在项目实施过程中,按照约500m间距全线部署边缘计算服务器,路基段与摄像机同址附着式安装,隧道内与车路通信基站同址安装。计划安装50套边缘计算设备。

6. 北斗卫星增强定位系统

滨莱高速公路测试基地规划建立一个高精度、高可靠、无缝覆盖的全球导航卫星系统(Global Navigation Satellite System, GNSS)综合服务网,把GNSS这一高新技术综合应用在测试基地建设中,构建测试基地沿线26km路段的高精度、三维、动态、多功能的现代化空间信息基准体系,以满足测试基地的精准化管理与服务,并为测试车辆的自动驾驶提供高精度定位和授时服务支撑。

为进一步提升测试基地定位服务性能,方案计划采用北斗连续运行基准站系统(Continuous Operational Reference Station, CORS),该系统是重大地理空间基础设施。CORS是在一定区域(县级以上行政区)布设若干个GNSS连续运行基站,对区域GNSS定位误差进行整体建模,通过无线数据通信网络向用户播发定位增强信息,将用户终端的定位精度从3~10m提高到2~3cm,且定位精度分布均匀、实时性好、可靠性高;同时,CORS是区域高精度、动态、三维坐标参考框架网建立和维护的一种新手段,为区域内的用户提供统一的定位基准。

CORS的功能目前主要在于两方面:第一是通过拨号服务器以无线数据通信方式向用户提供实时精密定位服务;第二是通过互联网向用户提供精密的事后处理数据服务。

CORS由基准站子系统、数据中心子系统、数据通信子系统、用户应用子系统组成,各子系统的定义与功能如下:

基准站子系统。由单/多个基准站设施(含GNSS接收机、天线、UPS、防电涌设备、机柜、交换机、数模转换器光纤转换器等)组成,提供CORS网络的数据源,实现GNSS卫星信号的捕获、跟踪、采集、本地存储与实时数据传输。

数据通信子系统。将各基准站的GNSS原始观测数据实时送回数据中心,包括参考站和控制中心之间的通信,以及控制中心和用户之间的通信两部分。

数据中心子系统。控制中心连接并管理各基准站、对基准站原始数据的质量进行分析,同时同步GNSS原始观测数据,实现网络建模、实时数据分流等;数据处理中心管理各种采样间隔和时段的不同数据存储,存储包含北斗的GNSS原始观测数据、存储网络模型文件,进行数据的质量检查和转换,定期进行整网的解算以保障基准框架的稳定,建立数据共享平台。

用户应用子系统。用户管理中心基于网页的用户管理系统,可进行账户和计费管理,VRS 实时动态载波相位差分(RTK)/常规实时动态差分(RTD)RTK/RTD 差分改正数服务,基准站原始观测数据下载服务,用户定制服务,把系统差分信息传输至用户。

北斗卫星增强定位系统部署原则如下:

(1)通信子系统需要分配固定的 IP 地址。

(2)基准站子系统的安装包括基准站硬件设备的配置、参数的调整。

(3)基准站设备的安装,包括天线电缆的铺设、GNSS 天线的安装和天线高的量取、GNSS 接收信号配置、UPS 电源的安装。

(4)基准站设备需要安装电泳防护设备和对所有设备的搭铁处理。

(5)在设备安装过程中,需要注意强电和弱电分开走线,所有电缆沿着机架固定。

(6)北斗卫星增强定位系统部署方案为:系统 RTK 基准站可覆盖 30km 有效范围。因此,方案计划在滨莱桥隧管理所设置基准站子系统 1 套、通信子系统 1 套和控制中心子系统 1 套,其工作范围可覆盖全测试基地区域。

7. 高精度数字地图系统

测试基地中的高精度地图呈现的数据分为 3 类:第一类是道路信息,主要记录道路信息及引导拓扑信息,包括测试基地车道的位置、类别、宽度、坡度和曲率等信息;第二类是与车道相关的附属设施及构造物等信息,包括交通标志、交通信号灯、过街特大桥、隧道、交通监视点(电子眼、测速雷达)、路侧设施、障碍物等道路细节和基础设施信息等;第三类是定位图层,用于车路协同系统及自动驾驶车辆现场匹配。

1)道路信息

道路模型定义的核心内容是与道路相关的数据表达,用于满足道路级别的路径规划需要,以及高级辅助驾驶系统(ADAS)和在车路协同系统应用场景下对加速、制动、方向的预先控制规划需要。车道模型记录了车道的行驶参考线、车道的边线(标线)及停止线、车道与道路拓扑的关系等,可以满足车道级别的路径规划需求,同时通过车道标线信息提供车道间横向联通关系(可否跨越等)。

2)与车道相关的附属设施及构造物等信息

道路周边设施可记录道路和车道行车空间范围边界区域内的要素,其几何表达分为点、线、面 3 种类型,如两侧的护栏等通过线来表达,墙、标牌、文字、箭头、符号等则通过面来表达,电话亭则通过点来表达。周边设施数据通常用于辅助环境感知,以及抽取定位图层用于辅助定位。

3)定位图层

测试基地中的定位图层包括两类:一类是道路采集时的原始点云信息,压缩抽取后为点云数据;第二类是从矢量化后的道路周边设施数据中抽取的部分特征要素。

8. 数字孪生综合管控平台

测试基地的数字孪生综合管控平台,是响应国家"推动交通基础设施规划、设计、建造、养护、运行管理等全要素、全周期数字化"的要求,基于数字孪生技术打造的全要素、全周期、数字化综合管控平台(图7-10)。

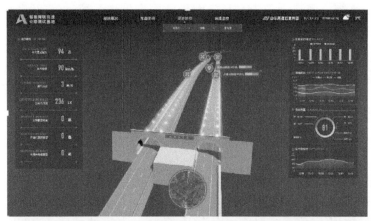

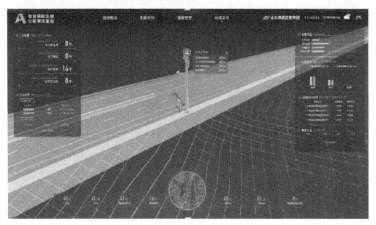

图7-10 数字孪生综合管控平台

其包含的主要功能如下:

(1)智能网联测试基地综合态势管理。集成地理信息系统、视频监控系统及基地各业务系统数据,对通行状态、车流量信息、交通事件、日常管理等要素进行综合监测,对测试基地的路网中断率、路网拥挤度、路网环境指数、路网节点通阻度、通道运行指数、路网综合指数等指标进行多维度可视化分析,帮助管理者实时掌握测试基地整体运行态势。

(2)车流量监测管理。实现管辖路段车流量的实时监测,并可基于专业的模型算法,对车流量、平均车速等多项核心数据进行多维度可视化分析,实现对管辖路段车流量的科学监测评估,为交通指挥提供科学的决策支持。

(3)道路、桥梁、涵洞等基础设施管理。基于数字孪生系统,对道路/桥梁/涵洞等基础设施的名称、起终点、里程以及状态进行直观呈现,提供多种可视分析手段,对基础设施的使用情况、历史养护情况等数据进行分析和研判,助力管理者提高高速公路网络运维效能。

(4)资产设备管理。基于数字孪生系统,可对测试基地收费站/服务区/门架等设施进行管理,并对设施上的监控系统、通信系统、收费系统、低压供配电系统、照明系统、隧道机电工程系统等机电设备的位置、分布、状态进行实时可视化监测;还可通过三维建模,对设备的外观、复杂机械结构进行三维仿真显示;支持集成视频监控、设备运行监测、环境监测数据以及其他传感器上传的监测数据,对设备具体位置、类型、运行环境、运行状态进行实时监控,支持设备运行异常(如故障、短路冲击、过载、过温等)实时告警、设备详细信息查询,辅助管理者直观掌握设备运行状态,及时发现设备安全隐患。

(5)重点区域管理。基于数字孪生系统,对维修路段、事故频发地段、应急车道等重点区域的实时态势进行综合监测,并可对重点区域的位置、状态、关键指标等信息进行联动分析并标注显示,辅助管理者精确掌控重点区域状态,提升监测力度。

(6)道路周边环境管理。基于数字孪生系统,对道路、桥梁、涵洞等交通基础设施周边的山坡、电线、厂房、村落、田地等道路环境进行三维建模,辅助管理者直观掌握道路周边环境状态,及时发现并消除安全隐患。

9. 数据中心

数据中心的主要功能包括对整个测试基地的监控功能,以及对测试用户和测试流程的指挥、调度功能。数据中心可向测试车辆和人员及时提示测试路段的使用情况,发布重大突发事件信息,加强对测试车辆的监控和管理,从而提示测试用户规范地进行测试,降低危险事故发生概率,提高安全性;对测试基地各种突发事件做好及时监管和预警,做好相关调度指挥工作,有力保障测试基地的测试秩序。

"智慧在端"的数据综合应用可实现对测试基地不同交通运行系统的精准管理和控制,保障整个测试基地的交通流量均衡,提高测试基地运行效率,用平台化、服务化思路,以管理为核心,打造数据驱动的数据管理中心,为测试基地管理者提供综合解决方案。

数据中心设置监控计算机系统、闭路电视系统、北斗卫星增强系统、路侧广播系统、动力保障系统和附属设施等。数据中心机房如图7-11所示。

外场监控系统需要将布设在道路沿线的外场设备图像、数据传输至数据中心机房,将数据中心的控制指令传输至外场设备。数据中心需要上传数据、图像至上级管理中心。

数据传输包括路侧布设的毫米波雷达、边缘计算服务器、LTE-V、DSRC、EUHT、三维激光雷达、可变信息标志、气象检测器检测到的数据,以及外场摄像机控制信号和供电设备状态等数据的传输。

图 7-11　数据中心机房

图像传输包括高清网络球形摄像机和卡口抓拍摄像机的图像传输。

1）外场设备与数据中心机房的数据、图像传输

外场监控设备的数据、图像通过由外场工业以太网交换机和放置在数据中心的工业以太网交换机组成的监控视频以太环网,传输至路段视频数据专网 3 层交换机。每个监控视频以太环网传输不超过 40 路图像和多路数据,每个环路占用 4 芯监控光缆。外场监控设备光终端盒通过 8 芯单模光缆,就近从分歧人孔敷设至监控光缆接头盒,并与监控干线光缆熔接。

2）数据中心机房与上级监控中心间的数据、图像传输

数据中心机房至上级管理分中心通过万兆网相连,采用点播方式上传数据图像。数据中心机房至齐鲁交通发展集团运行应急管理中心预留 8 路视频图像和数据的通道资源。采用高清标准上传,每路图像需配置 8Mb/s 带宽。

第三节　项目亮点

项目的主要亮点如下:

(1)项目是国内最长的高速公路自动驾驶汽车封闭测试基地。目前,在我国的法律层面,严禁在开放高速公路上对自动驾驶汽车进行测试,但相关技术的发展迫切需要在高速公路场景下进行开放道路测试和验证等工作,特别是货车队列编组运行相关研发性测试,国内缺少长距离、可封闭的真实高速公路场景。对比国内目前已有的大量试验场,滨莱高速公路智能网联测试基地作为国内最长封闭高速公路,可提供真实、安全、可控的测试环境,为我国逐步开放高速公路自动驾驶提供真实高速公路测试验证数据,支撑高速公路自动驾驶标准和监管制度的制定和验证。

(2)项目是国内场景最丰富的高速公路车路协同系统测试基地。目前国内车路协同测试基地同质化问题较为严重,均是在特定区域内构建的模拟测试场景,且建设标准不统一,缺少普适性和规范性。滨莱高速公路智能网联测试基地依托真实高速公路场景,并补充建设部分模拟城市场景,特色鲜明,场景丰富,可以为自动驾驶测试提供丰富的边界场景测试

环境。此外,测试基地除了为车企提供自动驾驶、车路协同相关测试服务之外,还可以作为探索研究智慧高速公路综合解决方案的试验田和平台,针对性地开展车路协同应用开发和验证;通过灵活部署和场景构建,测试验证智能路侧设备的部署方案,研究和制定相关标准规范,真正推动我国智慧高速公路产业发展。

测试基地当前已开展车路协同相关设备产品与建设方案的测试和验证活动,正在测试和将要测试的产品包括外场感知类(事件检测摄像机、毫米波雷达、激光雷达、摄像机、雷视一体机等)、车路协同类(RSU、雷达、OBU、MEC、CAM、交换机、数字孪生系统、图片结构化等)、智慧隧道类(高清3D摄像机感知终端、RSU、隧道内事件监测、跟踪及信息发布等)及其他类(智慧道钉、智能供电系统、智能机箱、微波交通流检测器、智能广播系统、视频能见度检测器、智慧云、智慧机柜、气象站、智能雾灯等)。

未来,测试基地将基于积累的测试经验,形成基于真实高速公路测试场景的车路协同系统解决方案和路侧设备/产品选型方法,为山东济青中线智慧高速公路和京台南段智慧高速公路的建设输出先进和成熟的车路协同系统解决方案,进而为全国智慧高速公路的建设提供前沿技术和成熟案例,支撑和引领我国智慧高速公路的建设和发展。

CHAPTER 8 第八章

北京—雄安新区智慧高速公路（北京段）

第一节 北京—雄安新区高速公路（北京段）基本情况

一、项目概况

1. 项目背景

2017 年 4 月 1 日，中共中央、国务院设立的国家级新区——雄安新区，规划范围涵盖河北省保定市雄县、容城、安新等 3 个县城及周边部分区域，是继深圳经济特区和上海浦东新区之后又一个具有全国意义的新区，是千年大计、国家大事。

雄安新区的定位是疏解北京非首都功能，打造北京一核两翼的格局。京雄智慧高速公路联系雄安新区与北京高速公路，承载雄安新区和北京未来的交通。京雄智慧高速公路的起点为北京市南五环路，终点接荣乌高速公路，全长约为 97km，其中北京段约长 27km。

建设京雄智慧高速公路，是实现雄安新区与北京中心城区快速联系、促进京津冀区域协调协同共同发展的需要。

2. 道路概况

京雄智慧高速公路（北京段）工程全长 27.043km，双向八车道高速公路标准，路基宽度 42m，路线起点—六环北主线收费站段设计速度为 100km/h，2022 年底建成通车；六环北主线收费站—路线终点段设计速度为 120km/h，六环至市界段已通车，五环至六环段尚未通车。

京雄智慧高速公路（北京段）全线设置五环枢纽、长阳、良乡、六环枢纽和京深路 5 处立体交叉设施；全线设置路段管理中心 1 处，收费所和集宿区 1 处，收费站 4 处（其中包括主线收费站 1 处，匝道收费站 3 处），养护工区 1 处，停车区 1 处（图 8-1）。由于线路跨越永定河，主线位于小清河分洪区，除收费站路段外全线均采用高架桥布设，桥梁比约为 90%。

京雄智慧高速公路（北京段）上的车型以智慧公交、班车和小汽车为主，承担的货运量较低。全线的设计小时交通量系数 K 为 0.1；方向不均匀系数 D 为 0.5。本路段的交通量预测结果以及道路在各特征年份路段运行状况和服务水平情况见表 8-1。

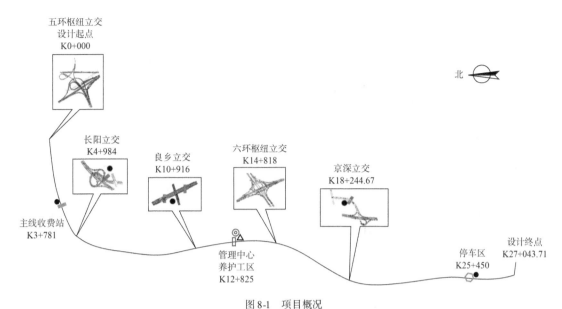

图 8-1 项目概况

道路服务水平分级计算表　　　　表 8-1

路段	车道数（条）	设计速度（km/h）	项目	预测情况			
				2022 年	2025 年	2030 年	2041 年
市界—京深立交	4	120	交通量(pcu)	52616	63910	70824	83636
			服务水平	一级	一级	一级	二级
京深立交—六环立交	4	120	交通量(pcu)	63691	70254	79374	94195
			服务水平	一级	一级	二级	二级
六环立交—良乡立交	4	120	交通量(pcu)	73192	77836	80562	94457
			服务水平	二级	二级	二级	二级
良乡立交—长阳立交	4	120	交通量(pcu)	84996	87284	90852	106298
			服务水平	二级	二级	二级	二级
长阳立交—五环立交	4	100~120	交通量(pcu)	90109	94013	97984	125721
			服务水平	二级	二级	二级	三级

3. 沿线自然环境

1）地形、地貌

京雄智慧高速公路(北京段)位于北京市西南部房山区,地处华北平原与太行山脉交界地带,北邻门头沟,南与河北省涿州市接壤,东部和东北部与大兴区、丰台区毗连,西邻河北省保定市涞水县,位于115°25′E~116°15′E,39°30′N~39°55′N。

2）工程地质

线路穿越区域的整体地貌类型属平原地貌,以冲积平原、洼地及河漫滩为主,地势平坦、低洼,永定河、小清河穿境而过。

3）河流水文

京雄智慧高速公路(北京段)属于海河流域,流经项目区内的河流又分属 2 个水系:永定河水系和大清河水系。

永定河是全区最大的过境河流,河道长 100 余 km,境内流域范围坡度陡,入境处海拔为 373m,出境处为 73m,河道坡降为 2.99%,故水流湍急。

大清河水系的白沟河境内流程较短,出境后入房山区界。大清河水系中上游分为南、北两支。北支主要支流有小清河、琉璃河、拒马河、中易水等。

二、建设目标

基于服务首都北京及雄安新区两地交通的功能定位,以"智慧高速公路"为设计理念建立系统体系框架,在传统的监控系统、收费系统和通信系统进行业务提升,构建一套"安全、绿色、便捷、创新、智能"的交通工程体系,实现道路的"可视、可测、可控和可服务",全面提升高速公路通行的安全性、便捷性和市民的体验感。

具体建设目标如下。

1. 打造多维全息的智能感知体系

利用精准感知技术,实现对沿线运行状态、路网环境状态等的实时感知,为精细化的管理和服务提供数据支撑。

2. 构建高效的融合通信网络

构建京雄智慧高速公路(北京段)融合通信网,通过多网融合、三维覆盖、多元一体的融合网络体系,为海量数据稳定传输、车路协同、设备(设施)互联互通和应急传输提供可靠保障。

3. 打造智能化的公路大脑

整合智慧高速公路各信息系统数据和互联网数据,形成基础数据资源池,对数据进行深度挖掘,形成具有业务应用价值的特征级数据。将检测、调度、管控、应急和服务相关的平台构建在云平台之上,使平台具备统一数据处理、组织协同、人工智能、高精定位能力等基础能力,全面支撑各类服务应用。

4. 打造全过程数字管控

通过动态化智能感知、海量化数据支持、一体化通信保障、精准化业务分析,提供数字化的管控手段。

5. 打造准全天候安全通行

综合运用气象监测预警、行车安全诱导等实现对交通气象的全面感知、精准研判、高效联动、主动干预,全方位守护恶劣天气下的行车安全。

6. 打造全方位立体服务

以出行即服务的理念,将各种交通模式进行高度整合,通过信息集成、运营集成、支付集成,为用户提供从出行前到出行中再到出行后的全链条服务。

7. 打造支持"自动驾驶与车路协同"的智能化创新示范路

基于车路协同技术,实现危险点预警、前方事故预警、超速告警、协同前向碰撞告警、转换车道告警等安全预警功能及辅助驾驶功能。在京雄智慧高速公路(北京段)全线双方向设置一条智慧车道,用于自动驾驶,打造国内智慧车道的创新示范,引领国内自动驾驶技术的发展。

第二节 智慧高速公路建设方案

一、体系架构

本项目采用"1+1+1+5+9"架构设计模式,即1套泛在感知体系、1套融合通信系统、1个数据中心、5个综合应用平台、9个智慧应用及服务,实现管理决策科学化、路网调度智能化、出行服务精细化、应急救援高效化,着力推进交通运输"安全、高效、便捷、绿色"发展,将京雄智慧高速公路打造成"国际领先、世界一流"的新时代示范性智慧高速公路。项目总体框架如图8-2所示。

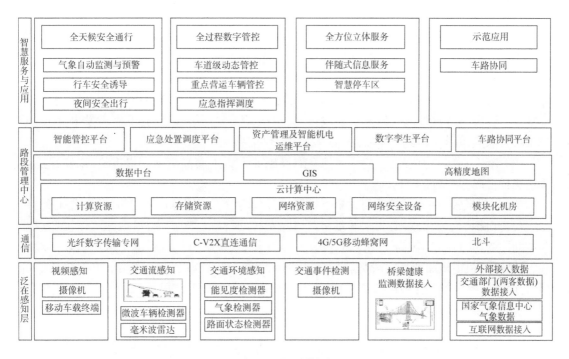

图8-2 项目总体框架

1套泛在感知体系:构建一个多元化多维度的大数据全息智能感知体系,实现对京雄智慧高速公路(北京段)沿线运行状态、路网环境状态和设备安全运行状态的实时感知。

1套融合通信系统:构建多网融合、多元一体的融合网络体系,是指面向公路人、车、路或物、环境等多种元素的通信需求,结合公、专网建设光纤数字传输网、5G网络作为智能化运营的可靠基础,为海量数据稳定传输、车路协同式自动驾驶、设备(设施)互联互通和应急传输提供可靠保障,这便是融合通信中的网络接入及承载网建设。

1个路段管理中心(数据中心):建设京雄智慧高速公路(北京段)大数据中心,提供大数据及云计算服务。

5个应用平台：建设智能管控平台、应急处置调度平台、资产管理及智能机电运维平台、车路协同服务平台、数字孪生综合可视化展示平台。

9个应用系统：搭建气象自动监测与预警系统、行车安全诱导系统、夜间安全出行系统、车道级动态管控系统、重点营运车辆管控系统、应急指挥调度系统、伴随式公众出行服务系统、智慧停车区应用系统以及一个示范应用车路协同系统。

二、详细方案

1. 多维物联感知

借助新一代的物联网、"互联网+"等信息技术，通过感知化、物联化、智能化的方式，构建一个多元化、多维度的大数据全息智能感知体系，实现对道路沿线运行状态、路网环境状态和设备安全运行状态的实时感知。物联感知系统包括视频监控、交通流感知、气象环境感知、车辆运行动态感知、桥梁健康状态感知和第三方数据接入等。

1）视频监控

（1）固定点位视频监控：全线按约800m间距设置监控点位，每处监控点设置1套高清遥控摄像机和1套高清固定摄像机，主要用于监视道路沿线的交通运行情况。

（2）车载移动视频监控：设置2套车载移动视频监控设备安装于养护工程车，用于日常道路巡检或突发事件情况下的应急指挥调度，同时在路段管理中心配置移动视频管理平台。丰富日常管理与运营管理信息采集手段，补足路段视频监控的不足，在发生突发事件时，可在现场获取高清图片和实时视频，对远程指挥提供信息支持。

（3）枢纽互通设施监控：在每个枢纽互通设施处设置1套高清全景摄像机，以监视匝道车辆运行情况，共设置4处。

（4）大桥监控：在主线永定河大桥下每侧设置2套桥下高清球形摄像机，共设置4套。

（5）车路协同视频感知：为了满足车路协同系统的视频感知需求，沿道路双侧按照点位单侧间距约为200m部署高清摄像机，实现对车牌信息、车辆特征等数据的采集。在一般路段，高清摄像机沿道路双侧对等部署，点位单侧间距约200m，每个点位布设2套高清摄像机（1套近焦摄像机和1套远焦摄像机）。在互通处车辆汇入而形成的合流区，设置1个点位，每个点位布设1套高清摄像机。

2）交通流感知

（1）一类交通量调查站：在枢纽互通设施间、省界设置一类交通量调查站，共设置4处（半幅）。

（2）微波车检器：在互通立交两侧设置的微波车检器，共设置3处。

3）气象环境感知

（1）气象检测器：在主线永定河大桥附近设置1套全要素气象检测器，以实现交通气象的无缝监测和大范围预报预警。

（2）能见度检测器+遥感式路面状态检测器：在全线约按4km间距设置能见度检测器+遥感式路面状态检测器，以提高恶劣天气尤其是低能见度条件下的交通管控能力，并配合智慧交通的行车安全诱导子系统的需求。

4）车辆运行动态感知

为了满足车路协同系统对车辆运行动态的感知需求,沿道路双侧按照点位单侧间距约200m部署毫米波雷达,实现车辆微观运动状态的精准感知。

毫米波雷达需要对道路的车辆进行定位和跟踪,需要满足对至少256个目标进行跟踪,纵向检测距离至少达到250m,横向检测能够覆盖1~8车道,实现大场景检测等需求。雷达需要能够对目标车辆的运动状态进行检测,实现对目标的连续轨迹跟踪。

一般路段:毫米波雷达与高清摄像机共点位布设,沿道路双侧对等部署,点位单侧间距约200m,每个点位布设1套毫米波雷达。

合流区:在互通处车辆汇入而形成的合流区,设置1个点位,每个点位布设1套毫米波雷达。

5)桥梁健康状态感知

在永定河大桥设置了桥梁健康监测系统,获取桥梁的各个状态参数(如采集关键截面应力应变,以反映车辆荷载、风荷载等引起的桥面异常变形),并对采集到的信息进行数据分析处理,分析桥梁的健康状况,周期性地将分析结果与规定的安全标准做对比,当监测结果超过设定的阈值时,系统自动报警。

6)第三方数据接入

为提升路况实时分析与预测的准确性,将国家气象信息中心气象数据、重点营运车辆数据、基于互联网地图的实时路况数据等接入路段中心。

2. 融合通信系统

构建京雄智慧高速公路(北京段)融合通信网,通过多网融合、三维覆盖、多元一体的融合网络体系,面向公路人、车、路或物、环境等多种元素通信需求,结合公、专网建设光纤数字传输网、5G无线传输、短程通信专网等网络,相互融合、互为补充、各施所长,构成层级和作用有机结合的体系,作为智能化运营的可靠基础,为海量数据稳定传输、车路协同、设备(设施)互联互通和应急传输提供可靠保障。

1)光纤数字传输系统

在沿线设置传输设备,并敷设1根单模光缆,为路段业务提供传输通道。本项目沿道路两侧管道各敷设了1根72芯单模光缆,为智慧交通外场设施提供可靠的传输介质。

2)5G无线传输

5G无线传输用于满足道路外场设备的灵活接入需求,是道路范围内实现宽带无线接入的支撑设施。本项目采用租用5G移动通信带宽或者打包租赁服务的方式应用5G技术,根据业务流进行按需租赁。

3)短程通信专网

短程通信专网是为车路协同通信所发展的无线数据传输网,其中车路、车车通信以及附加的节点边缘计算网络是一个相对独立的功能性网络。

3. 路段管理中心

在路段管理中心搭建大数据平台,整合各类基础数据、交通流、交通事件、气象等数据,为各类智慧应用提供数据支撑。构建智能管控平台、应急处置调度平台、车路协同服务平台、资产管理及智能机电运维平台、综合可视化展示平台,提升高速公路精准管控能力、实时高效的服务水平,实现高速公路"主动安全控制、智能运行诱导、高效指挥调度、统筹区域管理"。

路段管理中心(监控分中心)的整个架构分为五大层次和两大体系。五大层次分别为基础设施层、基础设施服务层、数字平台层、应用系统层和信息展示层(图8-3)。其中,基础设施层和基础设施服务层对应 I 层(IaaS);数字平台层对应 P 层(PaaS);应用系统层和信息展示层对应 S 层(SaaS),即应用软件服务层。两大体系分别为安全管理体系和运维管理体,它们贯穿于五大层次,为各层次的系统安全和运行管理提供重要保障。

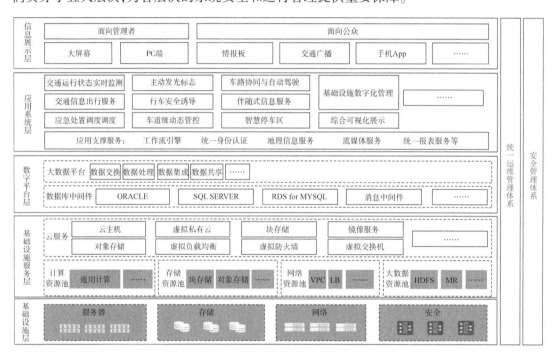

图 8-3　路段管理中心架构

基础设施层:为各应用系统运行提供必要基础设施及设备。主要包括服务器设备、存储设备、网络设备以及机房设施等内容,其中服务器设备主要有云平台计算服务器、云平台网络服务器等,存储设备主要有分布式块存储设备、对象存储设备等,网络设备包含交换机、路由器、防火墙、入侵检测、入侵防御等设备,机房设施主要有电源、UPS、机柜、空调、消防设备、网络布线、环境监测等。

基础设施服务层:通过云操作系统实现服务器、存储设备、网络设备等资源池化,虚拟资源统一接入云管平台进行统一运维管理和调度,向上层提供基础设施的弹性计算、存储、网络服务的能力,通过服务目录实现资源的二级运营服务。该层可以进行资源的灵活分配,提供云主机服务、物理机服务、云磁盘服务、对象存储、虚拟防火墙、虚拟负载均衡、VPC 等基础设施服务,提供自助资源发放。该层为应用系统提供自助灵活的虚拟设备支撑,在对资源(物理资源和虚拟资源)进行有效监控、管理的基础上,通过自助服务的方式,提供弹性计算、负载均衡、资源编排、动态迁移、按需供给、自动化部署等功能。

数字平台层:分为中间件层、数据中台层。中间件层为上层系统提供基础系统支撑,主要包括数据库系统软件、中间件系统软件、基础地图引擎软件等。其中,数据库软件主要有关系型数据库、非关系型数据库,对象数据库等。消息中间件系统软件主要有消息队列、云服务总线、业务实时监控服务、分布式任务调度、API网关等,地图引擎提供基础地图服务。数据中台是智慧高速公路体系中数据分析的基础,是数据管理的关键,可提供从交通数据接入数据应用的全链路智能数据构建与管理能力,快速形成数据资产、挖掘数据价值、赋能交通业务,实现交通数字化转型及智能应用。

应用系统层:主要由两个部分组成。一是应用支持服务,主要包括工作流引擎、统一身份认证、地理信息服务、流媒体服务、统一报表服务、基础构件等为应用系统提供基础支撑服务等内容;二是在应用支撑层基础上,根据业务特性,进行业务逻辑及业务功能应用的快速开发。

信息展示层:信息展示层针对不同用户分别提供不同的应用服务。面向公众,通过沿线可变信息标志等提供公众出行服务;面向管理者,通过监控大厅大屏、电脑等提供各类数据的展示,为运营管理和指挥调度提供可视化展示。

4. 智慧应用服务

1) 准全天候安全通行

(1) 气象自动监测与预警系统。

根据北京市历年交通事故数据统计分析,发现团雾、凝冰、积雪等恶劣气象是交通事故的主要诱因之一,严重影响道路安全、高效出行。

围绕本项目道路交通气象服务需求,通过在路侧设置气象检测器、能见度检测器、路面状态检测器等设备,对全线气象数据进行采集,同时结合本高速公路沿线及周边主要区域的气象站监测数据,如能见度、气压、温度、湿度、降水量、风向、风速等气象要素,开发高速公路道路交通气象预警预报系统,制作并发布精细化道路交通气象预警预报信息,包括凝冰预警、团雾预警、横风预警、降水预警、路面高温预警等,实现对雨、雾、冰、雪等多种气象灾害的监测与预警,为运营管理单位提供道路交通管理气象数据支撑。

(2) 行车安全诱导系统。

行车安全诱导系统主要应用于危险路段(特别是雾区),系统结合能见度检测器、路面状态检测器、智能诱导灯等设备,通过提醒和诱导,预防交通事件的发生。

在主线路段按30m间距在道路每个方向的两侧设置智能诱导灯,智能诱导灯安装于道路两侧的护栏上。利用诱导灯发出的红、黄光语信号帮助驾驶人员判断前方道路状况(路宽、线性、边界位置等)和前方车辆状况(车速、车距、数量等),实现安全示廓诱导、警示和防止追尾预警等智能诱导功能。该系统能有效提升驾乘人员的道路感知管控能力以及危险路段的警示预警能力,为高速公路安全行车提供具有高可靠性的智能诱导视觉导航服务,大幅降低了一次事故率,减少二次事故的发生,有效提高了车辆通行效率及通行安全水平。

京雄智慧高速公路(北京段)在道路全线(27.043km)设置行车安全诱导系统。

(3) 夜间安全出行系统。

为了能更好地服务于路段内的运输车辆和大众,提高行车安全系数,提升公路品质及整体形象,本项目在五环和六环枢纽处,将主线出口相关的预告及出口指路标志设计为具备智慧功能的主动发光标志,通过互联网与标志牌的结合,进行信息交互,智能调节标志牌,实现交通出行智能化、管理系统智能化。智能的主动发光标志在传统逆反射反光膜标志的基础上,增加了主动感知、主动发光、远程控制、状态实时传感、远程同步监测的功能,融入了智慧交通、主动防御的理念,即便因特殊原因主动发光功能暂时失效,仍可以作为普通反光膜逆反射标志正常使用。

2)全过程数字管控

(1)车道级动态管控系统。

车道级动态管控系统根据全面感知系统采集的实时交通流量、交通事故、天气环境等信息,通过车道指示标志实现不同区段、不同车道、不同级别的车道动态管控,提前对车辆进行预告提示,最大限度降低事件对道路通行的影响。

为实现系统功能,本项目在门架式可变信息标志处设置车道控制器,每条车道设置1套,同时考虑到进京方向车流量大,容易对北京五环内交通造成压力,在主线收费站—六环的进京方向增设两个断面,合理控制进京车辆,提前限速,缓解进京主线站压力和市内交通压力。

该系统需要根据交管及有关部门的要求,制定具体的管控策略,确保满足执法和道路运营管理需求。

(2)重点营运车辆管控系统。

京雄智慧高速公路(北京段)通行车辆主要以客运班车等为主,班车属于重点运营车辆动态管控范围,建设重点营运车辆管控系统,能有效地保证重点在途车辆的安全,减少交通延误和阻塞,提高道路的运营安全和效率水平,提高整个路段的通行能力。

京雄智慧高速公路(北京段)建设与部级"联网联控车辆动态数据交换平台"的专线链路,打通区域壁垒,获取本项目范围内相关重点车辆的数据信息;监控中心的监控管理人员能够实时获得所辖路段内的所有运行重点车辆的信息和预警信息,以及可能有潜在危险的异常事件信息等;同时监控中心结合路网内前端感知系统采集的相关车辆数据信息,对在途重点车辆进行实时监控,可利用路段上设置的管控手段对重点营运车辆驾驶员予以提示或者警告。一旦重点营运车辆发生违法停车等异常情况,系统自动响应,并会显示发生异常事件的车辆的所在地点、所属路段、报警类型等,可快速组织应急救援队伍赶往现场,同时对预警信息进行发布,提示通知该路段过往车辆注意安全,实现以最快的速度处置交通事故,避免引起其他更为严重的事故灾害。

(3)应急指挥调度系统。

应急指挥调度系统通过建立以道路感知、问题防控和事件处置为中心的知识库,将应急预案进行程序化,是利用高科技设备、技术建设成的预防、预警、指挥、调度、协调、信息自动处理系统。

应急指挥调度系统建成高速公路范围内均可联动和资源共享的中心。在紧急事件中向人们展示出高速公路上甚至更大范围内的交通状况,便于出行者了解交通状况,实现资源共享;建成一个信息枢纽中心,当灾害发生时,系统将承担所有信息的收发工作,包括灾害信息、交通状况信息、资源信息、指令信息等。系统能迅速展示这些信息,真正起到中心枢纽作用;建成可统一指挥和快速反应的操作平台,操作简单、便利,实现信息的快速发送和指令的统一下发。同时,应急指挥调度中心支持通过电子地图查询所接入相关设备信息,录入突发报警事件,并按事件等级将事件分发推送给相关领导及处理单位;对事件处理过程进行监控;查询事件记录,并对数据进行统计分析及研判。

3)全方位立体服务

(1)伴随式信息服务。

伴随式公众出行服务系统可根据路况情况、突发事件、施工、气象、环境等沿线采集的信息以及互联网交通信息数据,结合车辆位置和终端类型,由路段管理中心统一规划信息内容,通过道路沿线可变信息标志、车路协同RSU设备、互联网导航App(如高德、百度等)、手机公众号等发布交通信息,实现面向个体车辆的诱导和出行辅助信息精准推送,为行车用户及时提供"出行前""出行中""出行后"等不同阶段的信息服务,提供更安全、更便捷、更可靠的综合路网服务。

(2)智慧停车区。

本项目在沿路建设智慧停车区,包含监控抓拍和信息发布等功能。

①监控设备:在每侧停车区分别设置4套高清球形摄像机、1套高清全景摄像机,共8套高清球形摄像机、2套高清全景摄像机,用于监视停车区。

②抓拍设备:在每侧停车区出入口各设置1套出入口抓拍系统,对进出停车区的车辆拍摄卡口图片,完成车辆信息的采集,实现图片信息识别、数据缓存以及压缩上传等功能。

③信息发布设备:在停车区入口前设置1套停车区前悬臂式可变信息标志,主要用于发布停车场的停车位信息;在停车区内设置1套停车区信息发布屏,用直观的方式使在停车区的出行者及时了解最新的综合信息。

5. 车路协同系统

本项目全线建设车路协同系统。结合国家有关车路协同试点政策要求,同时为提升人民生活幸福感,开展车路协同及自动驾驶试点应用研究。最内侧车道为智能网联车专用车道,近期实现全路段的车路协同,远期支持全路段自动驾驶。

车路协同系统主要包括路侧子系统、车端子系统、云端子系统和支撑系统,具体如图8-4所示。

1)路侧子系统建设方案

路侧子系统由路侧感知设备、路侧边缘计算设备、车路通信设备及信息发布设备构成。

(1)路侧感知设备。

要实现车路协同系统安全、效率、信息服务相关功能,需要实现道路交通状态、车辆微观运动状态、气象状态、道路基础设施状态实时、精准感知。本系统通过路侧感知设备对道路数据进行采集。路侧感知设备包括毫米波雷达、高清摄像机、气象检测器、能见度检测器、路面状态检测器等。毫米波雷达、高清摄像机尽量与沿线照明灯杆共杆,或与监控系统中的高清遥控摄像机点位共杆,通过在立杆6m处加装2.5m长的横臂进行安装。在不能共杆的位置单独设置7m立杆,在立杆6m处设置2.5m横臂,设备安装在横臂上(图8-5)。

(2)路侧边缘计算设备。

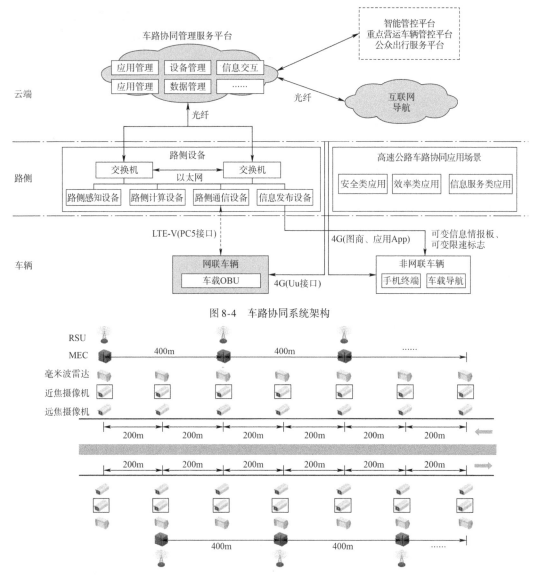

图 8-4 车路协同系统架构

图 8-5 车路协同路侧感知设备部署示意图

路侧边缘计算设备(MEC)将路侧感知设备原始信息接入,对多源感知信息进行融合计算,每套路侧边缘计算设备具备 4 路高清摄像机和 2 路毫米波雷达的数据融合能力,支持全路段的轨迹跟踪,具备道路事件检测能力,可提供目标信息,支持车辆类型识别。路侧边缘计算设备同侧每 2 个点的毫米波雷达和高清摄像机接入 1 套路侧边缘计算设备,路侧边缘计算设备与感知点位共点,即单向布设间距约 400m。

(3)路侧通信设备。

车路协同系统可通过 PC5 接口和 Uu 接口两种接口实现路侧与网联汽车的通信。路侧通信设备与路侧边缘计算设备同址,沿道路双侧交错部署,点位单侧间距约 400m。

①PC5 接口:对于时延要求较高的预警信息、动态车辆数据等,可通过 RSU 直接与 OBU 进行通信(PC5 接口);对于时延要求较低的云端融合处理数据、跨区域的预警信息等,可通

过云端-RSU-OBU(PC5接口)进行通信。

②Uu接口:对于时延要求较高的云端融合处理数据、跨区域的预警信息等,也可通过云端-OBU(Uu接口)进行通信。

(4)信息发布设备。

为实现面向网联车和非网联车混合流的车路协同应用,在专用短程车路通信网络之外,还可利用监控系统布设的可变信息标志、可变限速标志进行发布;同时在9处合流区各设置1套悬臂式可变信息标志,用于对行驶在匝道的车辆进行信息发布。

2)车端子系统建设方案

车端建设主要通过车辆安装智能车载终端(含OBU和触控显示终端)实现。OBU主要用于实现车、路、云等各种V2X通信功能,支持LTE-V2X通信技术,可搭载丰富的V2X应用场景。可为辅助驾驶、高级自动驾驶提供车路协同应用支撑。触控显示终端实现人机交互。

本项目共部署20套智能车载终端。

3)云端子系统建设方案

在路段中心建设车路协同管理服务平台,部署于路段管理中心云平台上,为高速公路车路协同系统提供中心端的服务与管理。

车路协同管理服务平台采用先进的大数据分析技术、人工智能技术,对系统信息进行深度挖掘,支持多边缘节点感知信息的深度融合,加载不同车路协同应用场景中心算法,支持跨多边缘节点的联动控制,具备交通全局优化、关键事件提取和辅助决策支持能力,支撑车路协同应用场景实现,支持对系统的全面管理。

4)支撑系统

(1)基于北斗的高精度时空服务系统。

地面时空服务系统将为具有北斗增强信号处理功能的车载终端和路侧设施设备提供稳定可靠的高精度定位和授时服务,支撑重点营运车辆精准管控、车路协同、自动驾驶、应急指挥调度等应用实现。

在北斗卫星导航系统的基础上,建设覆盖京雄智慧高速公路(北京段)主干线的高精度时空精准服务系统,配合使用高精度数字地图,为高速公路上的车辆、人员和设备设施等提供全天候、全天时、高精度的定位、导航和授时服务。

高精度时空精准服务系统的软硬件采用租用服务模式。向高精度服务商购买高精度定位账号,通过账号使用全国统一的高精度定位服务。在该模式下,后续服务范围可拓展性更强、稳定性相对有保障且无须维护。

(2)高精度数字地图。

高精度数字地图覆盖京雄智慧高速公路(北京段)全线,包括线路内的全部要素信息和线路周边与通行相关要素信息,建立统一的高精度地理信息数据库,为京雄智慧高速公路(北京段)全线道路与基础设施装备的数字化提供支持。数据采集依赖于高精度时空精准服务系统,因此高精度数字地图的制作应在高速公路土建工程完工、高精度时空精准服务系统建设完成之后进行。

京雄智慧高速公路(北京段)高精度数字地图的开发制作与部署,委托给具备许可资质的第三方单位完成。

第三节　项目亮点

1）智能网联车专用车道

京雄智慧高速公路作为北京与雄安之间直连直通、便捷高效的高速公路联系通道,是交通运输部加快推进新一代国家交通控制网和智慧公路的试点工程,也是北京推动 5G 车联网重点示范应用的试点工程。北京京雄智慧高速公路将最内侧车道施划为车路协同专用车道,可实现以通勤车辆(如智能公交)为主的车路协同,为自动驾驶创造条件。

2）数字孪生

本项目充分结合路段实际情况,结合数字孪生技术应用于交通视频监控,在数字世界里构建三维道路,在数字世界里实现对道路的 1:1 实时还原,打造数字孪生系统。系统实时采集道路交通目标及重要设施的地理位置信息,通过路侧摄像头,实现对人、车、路的精准检测和识别;并采用计算摄影测量等方式,对目标的位置、速度、运动方向进行精准识别,准确获得道路上每一个参与主体精确到米级经纬度信息,为道路上每个行驶的目标、静止的设施等赋予一个真实的定位信息。为道路"可测、可服务"提供数据基础。

3）车道级动态管控

本项目构建车道级动态管控系统,根据全面感知系统采集的实时交通流量、交通事故、天气环境等信息,通过车道指示标志实现不同区段、不同车道、不同级别的车道动态管控,提前对车辆进行预告提示,最大限度降低事件对道路通行的影响。并针对进京方向车流量较大的特点进行加密布设,合理控制进京车辆,提前限速,缓解进京检查站的压力和市内交通压力。

CHAPTER 9 第九章

北京—台北智慧高速公路（山东段）

第一节 北京—台北高速公路（山东段）基本情况

一、项目概况

京台高速公路是国家"7918"高速公路网中的首都放射线，编号为G3，是连接华北、华东及华南地区的国家干线。京台高速公路泰安至枣庄（鲁苏界）段位于山东中西部，起点为京台高速公路与青兰高速公路交叉设置的泰山枢纽，终点位于鲁苏两省交界的张山子镇南的省际，途经泰安、济宁、枣庄等大中城市，主线全长约189km。

开展京台高速公路泰安至枣庄（鲁苏界）段改扩建工程是完善国家和山东省高速公路网络、适应国家综合运输大通道发展的需要，也是提高公路通行能力和服务水平、适应交通量不断增长的需要，是实施国家和省区域战略、促进区域经济发展的需要，对加快构建现代综合交通运输体系、加强"平安交通"建设、促进区域旅游资源开发和旅游业发展具有积极作用。同时，为了加快推进信息化、智能化技术在高速公路的应用，开展京台高速公路泰安—枣庄段（简称"泰枣段"）智慧高速公路专项建设。

本项目全线共设置互通式立体交叉设施18处（其中枢纽互通设施6处），服务区6对，监控通信分中心2处，收费站14处，养护工区3处。

项目全长约189km，按双向8车道高速公路技术标准改扩建，设计速度为120km/h；采用"两侧拼宽为主，局部受限制路段单侧拼宽、高架桥为辅"的加宽方式。采用两侧拼宽方式扩建一般路段的路基宽度42.0m，采用单侧拼宽方式扩建路段的路基宽度为(28+20.75)m（新建半幅宽度20.75m，利用既有公路作半幅宽度维持28m）。

二、项目交通特点

根据交通量预测结果，本项目主线建成通车年全线平均汽车交通量为48094pcu/d，2042年为86778pcu/d，预测期内交通量增长率为3.2%。京台高速公路（山东段）车型比例预测结果见表9-1。

京台高速公路(山东段)交通流预测表(单位:%)　　表9-1

年份(年)	小型货车	中型货车	大型货车	特大货车	集装箱货车	小型客车	大型客车	合计
2023	7.1	3.8	5.6	21.6	2.8	56.4	2.7	100
2025	7.0	3.8	5.7	21.6	2.9	56.4	2.6	100
2030	6.8	3.8	5.8	21.7	3.0	56.5	2.4	100
2035	6.6	3.7	5.9	21.7	3.1	56.6	2.4	100
2040	6.4	3.7	6.0	21.8	3.2	56.7	2.2	100
2042	6.3	3.7	6.0	21.8	3.3	56.7	2.2	100

随着沿线地区社会经济的不断发展,人民的生活水平逐渐提高,客运出行量将不断增加,小型客车的比重将上升。区域内相关铁路开通后,将分流部分长途客运交通量,大型客车所占比例将逐年下降。由于大型货车的运输效率明显高于中型和小型货车,因此,大型货车、特大型货车、集装箱货车等的比例将有所增加,小型货车、中型货车的比例将有所下降。

同时,基于对用户的问卷调查分析和对历史数据的分析,总结出京台高速公路道路特点如下:

第一,京台高速公路泰安至枣庄(鲁苏界)段是整体交通流量偏大的改扩建道路。

第二,货车占比非常高,达到了40%,而我国全国货车平均占比是25%。

第三,沿线经过山区、水域,气象环境比较复杂,团雾现象多发。另外,在特大桥、大桥路段因为靠近水域,气温又相对较低,冬天、夜间极易发生凝冰、黑冰现象,威胁着交通出行安全。

第四,在大交通量和气象复杂的情形下,交通事故较多。

第五,传统运维平台管理决策能力不足,仅靠人工经验发现问题以及做运营管理、养护决策已不能满足现实需要。

三、建设目标

本项目拟建成全线189km示范路,同时建设单侧20km全面支持车路协同自动驾驶的路段,开展车路协同自动驾驶场景测试及应用等工作。预期目标如下:

(1)建设安全之路:围绕道路泛在感知系统,利用智能交安、新型装备及材料,形成提升道路安全的整体性解决方案,实现"准全天候"通行,保障恶劣气象条件下车辆的安全通行。

(2)建设快捷之路:围绕道路通行效率,将现有高速公路管理由路段级提升为车道级,对分流区、合流区、危险路段提供安全预警和智能管控服务,提高路面畅通水平和路网运行效率。

(3)建设探索之路:围绕自动驾驶等前沿技术,建设全面支持自动驾驶的路段,近期实现支持货车编队行驶和L3级及以上车辆自动驾驶,远期全路段支持自动驾驶车辆准全天候行驶,为省内乃至全国智慧高速公路建设积累经验。

第二节 智慧高速公路建设方案

一、体系架构

本项目基于泰枣段道路特点和运营管理中存在的痛点，结合山东省交通厅《智慧高速公路系统工程研究及实践试点工作实施方案》要求和山东高速公路集团建设管理要求，确定如下建设思路：总体遵循"现有技术用足，未来技术预留"的建设原则、"先行先试，大胆探索"的建设定位、"全路段感知、全过程管控、全天候通行、全方位服务"的应用目标，通过顶层设计、系统设计和系统实施3个层面推动方案的实施工作。

围绕本项目交通流量大、货车占比高、气象情况复杂、管理决策不足等特点，运用大数据、云计算、边缘计算、物联网、车联网、北斗定位、高精度地图、人工智能以及数字孪生等多种新兴技术，打造"改扩建工程+智慧高速公路"创新型建设模式，推动传统基建向新基建的有效转变，重点打造"全路段智能感知、全过程数字管控、准全天候安全通行、全方位立体服务"的创新应用，为公众提供精准的信息服务和良好的出行体验，为管理者提供科学管理决策能力。本项目智慧高速公路设计架构如图9-1所示，自下而上包括智能感知层、通信层、云控平台以及应用服务层。

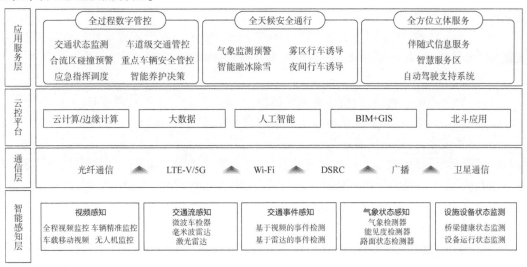

图9-1 京台智慧高速公路总体技术架构

二、详细方案

1. 智能感知

1）视频感知

（1）主线监控：全线按约1km间距设置监控点位，用于获取道路全程监控图像及视频数据。

（2）互通区域监控：每个互通区域设置1套360°全景摄像机，用于获取互通区域监控图像及视频数据。

(3) 收费场区监控：收费站场区设置 180°全景摄像机，用于获取收费广场区域图像及视频数据。

(4) 服务区场区监控：在主线两侧服务区广场前各设置 1 套 180°全景摄像机，用于获取服务区监控图像及视频数据。

(5) 桥下安防监控：为实现桥面及桥下的安全监管，本次在部分大桥、特大桥桥下设置安防摄像机，实现对桥下安全的监管。

(6) 车载移动视频监控：在外场配备移动视频采集车，用于日常道路巡检或突发事件情况下的应急指挥调度，同时在路段管理中心配置移动视频管理平台，丰富日常管理与运营管理信息采集手段，补足路段视频监控的不足，在发生突发事件时，可获取现场高清图片和实时视频，为远程指挥提供信息支持。

(7) 无人机监控：为实现主线部分路段智能化巡查、紧急事件及时响应等场景，本次在部分路段设置无人机蜂巢及巡检无人机。

(8) 车辆精准监控：在每两个互通设施之间上下行均设置 1 处主线卡口，用于进行车牌识别、车身颜色识别、车标识别、车型识别、车辆路径识别、测速等。在部分智慧化提升服务区两侧出、入口分别设置 1 套卡口设备，对出入服务区的车辆进行监控，同时为驾乘人员提供服务区停车位信息。在重点路段为了配合毫米波雷达获取车辆信息实现车辆轨迹追踪，对主线卡口进行适当加密。

(9) 服务区监控：在宁阳智慧服务区的场区及室内重要地点设置视频监控点位，用于监测服务区整体态势；其余部分服务区仅针对场区设置视频监控点位。

2) 交通流感知

(1) 一类交通量调查站：在枢纽互通设施间、省界设置一类交通量调查站。

(2) 微波车检器：在互通立交桥两侧设置微波车检器。

(3) 毫米波雷达：在枣庄管理中心所辖范围内选择约 48km 的路段，沿线部分路段按照约 500m 的间距设置定向毫米波雷达传感器，在部分路段按照约 800m 的间距设置全向毫米波雷达，主要设于道路中分带，借用沿线摄像机立柱或门架安装，在特殊路段加密设置，部分位置遇跨线桥，采用膨胀螺栓设置于跨线桥下。

3) 交通事件感知

(1) 视频事件检测：建立基于 AI 的视频事件检测系统，利用前端视频监控设备和路段管理中心视频管理分析平台，对沿线摄像机采集的图像和图片进行交通事件自动检测并告警（图 9-2）。

(2) 雷达事件检测：利用前端设置的毫米波雷达和路段管理中心雷达分析平台，可进行交通事件自动检测，由于雷达检测器受环境影响较小，因此具有极低的误报率。

4) 交通环境感知

(1) 气象检测器：在跨水系重点桥梁等路段设置气象检测器，用以检测特殊气候信息。

(2) 能见度检测器：在团雾多发路段设置能见度检测器，用于监测道路沿线的能见度，并配合智能行车安全系统使用。

(3) 路面状态检测器：本次在跨水域特大桥、大桥等易发生积雪、凝冰、黑冰的路段路面上设置埋入式路面状态检测器,采集路面温度、湿度等信息,用于路面结冰预警,配合融冰除雪系统。

图 9-2　视频 AI 识别

5)设施及设备状态监测

(1)桥梁健康监测:选取部分重点桥梁设置健康监测设备,在智慧高速公路管理平台构建桥梁健康监测平台,实时监测结构运营状态,辅助桥梁结构检测,为桥梁结构养护决策提供依据,确保运营安全(图 9-3)。

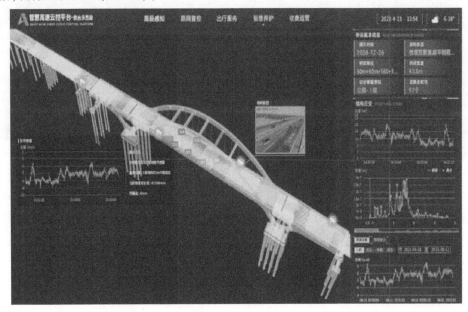

图 9-3　桥梁健康监测

(2)设备运行监测:沿线设置智能机箱,实时监测机箱环境状态、电力状态、设备连接状态,实现对外场设备的远程监控,便于及时维护。

6)外部数据共享

(1)接入中国气象局共享数据,获取道路沿线温度、风力、降水量、能见度、路面温度、路面湿度等气象信息。

(2)接入互联网的实时路况数据,用于辅助道路交通运行状态监测与分析。

2. 融合通信

1)有线通信网络

(1)光纤数字传输系统:在沿线各通信站设置光纤通信传输设备,为路段业务提供传输通道。本项目在进行智慧化提升的服务区和车路协同管控中心新增视频数据传输以太网交换机。

(2)光缆工程:提供智慧高速公路信息业务专用传输通道,本次为保障传输可靠性,为车路协同段设备敷设专用光缆。

(3)站区广播:以简单、快捷的方式为出行人员提供安全驾驶信息,是应急疏散的重要手段。在服务区、收费站及危险路段设置广播系统,支持系统定时播放、终端点播、临时插播、紧急广播等系统服务功能。

2)新一代无线通信网络

(1)5G:实现宁阳服务区5G网络覆盖。现阶段5G移动网络可为具备5G网络通信的手机用户提供服务;同时应用于智能养护、应急救援的手持终端,以及无人机视频回传。

(2)LTE-V:本项目现阶段将LTE-V应用于车路协同、自动驾驶PC5通信模式。

(3)DSRC:本项目将DSRC应用在ETC收费领域。

(4)Wi-Fi:在部分收费站、服务区实现Wi-Fi覆盖,提升公众出行体验。

(5)窄带物联网:本项目部分基础设施监测采用窄带物联网通信技术实现数据汇聚、上传。

3)卫星通信网络

建设北斗地基增强基站,获取全线北斗差分数据,用于高精度时空服务。

3. 智慧高速公路管理平台

本项目利用山东高速公路集团既有的"高速公路云"建设京台南段智慧高速公路管理平台。基于数据挖掘、大数据分析、云存储、指建筑信息模型(Building Information Modeling,BIM)技术、地理信息系统(Geographic Information Systems,GIS)技术、分布式计算等先进技术,实现对海量数据的汇聚、数据预处理、数据脱敏、数据清洗、数据标准化转换、大数据挖掘分析、数据交换共享、视频智能分析、动态可视化管理等,为实现全过程数字管控、准全天候安全通行和全方位立体服务提供支撑。

京台智慧高速公路管理平台采用两级部署模式,即"高速公路云"-路段管理分中心分级部署:①基于"高速公路云"部署上级管理平台,作为全集团范围内的智慧高速公路云控平台;②基于路段中心的机房实现视频事件识别、对雷达识别等大数据量的数据进行结构化处理服务。结构化数据上传到智慧高速公路上级管理平台,产生数据量较小的设备的数据经路段中心转发至集团平台,由上级平台实现智慧高速公路的感知、分析、处理与控制的全部功能。同时,路段中心建设应急控制系统,在紧急情况下可以直接在路段中心进行发布设备的应急控制。

智慧高速公路管理平台分为"云-边-端"3级通信节点。①云端节点:山东"高速公路云"云控平台。②边缘节点：包括路段管理分中心、车路协同管控中心、服务区等路段级管理单元，边缘节点通过省级高速公路骨干网与云端节点相连。③终端节点：包括高速公路沿线感知设备、控制设备、物联网设备等。

智慧高速公路云控平台技术架构可分为五大层次，分别为基础信息层、数据接入层、运营支撑层、业务系统层、交互展示层。同时，贯穿于五大层次建立信息标准规范体系、信息安全体系和运维保障体系，为各层次的系统安全和运行管理提供重要保障。

4. 应用服务

1）全过程数字管控

（1）交通运行状态监测与态势评估。

构建高速公路运行状态评估指标体系和综合评估方法，基于大数据中心感知层接入的交通流、视频、路面状况、气象等数据，实现高速公路交通运行状况的综合评估；基于交通态势推演模型，确定异常交通事件对交通流的时空影响范围；通过合理的阈值设置，对可能或将要发生突发事件的情况进行及时预警，实现日常运行管理和协调调度。

（2）车道级动态交通管控。

通过车道级策略管控算法，实现不同区段、不同车道、不同级别的车道限速及车道资源分配，通过信息发布手段对相应车道进行限速提醒和速度控制，并向过往车辆发布拥堵、事故等实时路况信息，引导车辆提前避让，从而最大限度地降低对道路通行的影响（图9-4）。

图9-4 动态交通管控

（3）合流区碰撞预警。

合流区最常见的安全隐患包括主路外侧车道车辆超速、主路和加速车道存在违停车辆、匝道出现大货车和主路车流量大几种情况。通过设置高清摄像机和毫米波雷达一体化合流区预警设备和智慧路桩自动识别检测危险事件，并通过路面投影设备、红蓝爆闪灯、语音广播、智慧路桩等方式实时发布预警信息，降低合流区行车风险（图9-5）。

（4）重点车辆安全管控。

融合交通运输部通信中心数据和路侧设备采集数据，对"两客一危"车辆实现全程、全时轨迹跟踪与预测重点车辆短视轨迹与运动状态，对超速、违停等异常状态及时报警，实现对突发事件的快速处置,变被动监管为主动管控,变事后处理为事前预防。

图9-5　合流区碰撞预警设备

(5)应急指挥调度。

应急指挥调度系统平时以日常监控监测预防管理为基础,发生突发事件时以应急事件全过程处理为业务主线,满足日常值守、信息采集、应急事件处置、预案流程定义、现场视频查看与情报板交通诱导信息发布等业务管理功能的要求,能借助北斗卫星定位及4G/5G网络,以"事件处置过程轴"为顺序清晰地记录事件处置过程的所有工作流程,自动形成事件处置档案,还可根据预案的设置自动派单,协调公安、消防、医院、路政、救援等各方力量,提高应急救援的效率,实现事件处理全过程的可溯性。

(6)智能养护决策。

通过对公路病害、养护历史和基于物联网的桥梁、路面检测设施等自动检测的数据在大数据中心进行计算分析,为公路管理者提供重要决策支撑,实现科学制订养护计划,提升养护效率,保证道路良好的服务水平。

(7)道路资产管理。

通过经济有效的管理、计划和资源分配决策,为监测道路运输系统、优化道路的维护、改善及定期更换提供一个坚实的基础。

(8)机电智慧运维。

利用物联网、移动互联网及大数据等信息技术,通过分解满意度指标,优化业务流程,实现运维过程移动化、状态监测可视化、资源管理集约化、服务评价标准化及决策支持数据化,全面优化运维管理过程,对机电资产实行统一管理,实现机电信息资源共享,达到"重点感知、充分整合、全程可溯、闭环管理"的管理目标。

2)准全天候通行

(1)气象自动监测及预警。

通过高速公路布设的交通环境感知设备以及气象部门共享数据,可获取实时温度、湿度、风速、风向、降水量、能见度、路面状态等数据信息。对交通环境信息进行智能分析,基于气象预报模型,自动识别团雾、结冰、雨雪等天气状况,并通过信息发布方式,实现精准气象播报及预警。

(2)智能行车诱导。

智能行车诱导系统包括主线雾区诱导灯、分合流区智慧道钉。在易出现不良气象等危险路段车道两侧设置智能行车诱导灯(图9-6),用于强化低能见度或夜间环境下的道路轮廓线,确保车辆驾驶人能获知相对清晰的道路走向,同时能够通过逆向流水闪烁功能达到视觉速度控制效果,避免事故或降低一次或者二次事故发生率。在道路分合流区沿标线布设智能道钉(图9-7),强化道路轮廓,引导车辆提前变道,降低车辆剐蹭或追尾风险。

图9-6　智能行车诱导灯　　　　　　　　　图9-7　智能道钉

(3)智能融冰除雪。

在靠近水域、易发生凝冰积雪的桥梁等特殊路段设置智能消冰除雪系统。通过路面状态检测器,对路面状态和温度进行实时检测;通过道路结冰预警模型提前预测道路结冰情况,实现结冰预报;当预测到路面将要结冰时,根据预先设置的阈值自动喷洒环保型融雪剂。从而确保车辆安全行驶,保障准全天候通行(图9-8)。

图9-8　智能融冰除雪

(4)夜间行车诱导。

将枢纽互通立交设施出口前的出口预告标志等出口相关标志设置为智能主动发光标志,标志可与中心平台进行信息交互,智能调节标志牌,实现交通出行智能化、管理系统智能化。此外,通过设置雨夜反光标线等提升道路轮廓可视性。整体打造"夜光公路",提升行车安全水平。选择易发生交通事故、路线相对平直且容易引发疲劳驾驶的路段附近,利用门架式信息标志龙门架设置"防疲劳激光光幕",防止疲劳驾驶(图9-9)。

图9-9　防疲劳激光光幕

3)全方位立体服务

(1)伴随式信息服务。

伴随式信息服务系统可根据路况情况、突发事件、施工、沿途、气象、环境等沿线采集的信息以及互联网交通信息数据,结合车辆位置和终端类型,由智慧高速公路管理平台统一规划信息内容,通过路侧外场设备、第三方出行服务平台等多种信息发布方式,服务于100%的司乘人员,实现精准化、个性化、定制化的服务体验,提供更安全、更便捷、更可靠的综合路网服务。

(2)智慧服务区。

本项目拟将宁阳服务区打造成智慧服务区亮点工程,打造设施人性化、运营有品质、服务可预约的融合型智慧服务区,全面提升服务区品质。智慧服务区建设内容包括:视频监控系统、视频AI分析、车辆管控、信息发布、分析决策、服务区广播、智能停车诱导、ETC加油、无人值守自助洗车(图9-10)、车位级停车导航、无人超市、无人售货车、智慧能源管控、智慧灯杆、行人安全预警(图9-11)、智慧卫生间、交互展示等。同时对邹城服务区和枣庄服务区场区范围进行智慧化改造提升,建设内容包括视频监控系统、车辆管控、服务区广播、信息发布等。

图9-10　无人值守自助洗车

图9-11 服务区行人安全预警

5. 车路协同/自动驾驶支持系统

本书所述的内容选取自满庄收费站至贤村水库特大桥终点单侧约20km建设车路协同试验路段，近期支持货车编队和L3级及以上车辆自动驾驶，远期全路段支持自动驾驶车辆准全天候行驶。系统包括智能感知展示系统、车路通信系统、基于北斗的高精度时空服务系统、高精度数字地图系统、车路协同管控平台、车路协同应用系统。

1）智能感知展示系统

（1）单侧20km试验段内按照200m间距设置近、远焦高清摄像机，在分合流区点位进行适当加密；

（2）单侧20km试验段内按照200m间距设置定向毫米波雷达检测器，在分合流区点位进行适当加密；

（3）单侧20km试验段内分合流区点位设置定向激光雷达检测器，同时选取5km危险路段设置定向激光雷达检测器；

（4）单侧20km试验段内交通环境感知设备复用主线已设置的环境检测设备；

（5）单侧20km试验段内展示设备复用主线已设置的门架式可变信息标志。

2）车路通信系统

（1）本项目采用以LTE-V直连通信模式为主，以Uu蜂窝通信模式为辅的车路通信系统；

（2）车路直连通信模式的前端包括路侧边缘计算设备、路侧通信设备和专用车载通信设备；

（3）单侧20km试验段内按照400m间距布设路侧通信设备、路侧边缘计算设备。

3）基于北斗的高精度时空服务系统

单侧20km试验段内建设北斗地基增强基站，获取全线北斗差分数据，用于高精度时空服务。

4）高精度数字地图系统

（1）本项目高精度数字地图覆盖京台高速公路南段全线，包括线路内的全部要素信息和线路周边与通行相关要素信息，为京台高速公路南段全线道路与基础设施数字化、自动驾驶、车道级管控提供支持；

(2)高精度地图数据精度优于10cm；

(3)三维模型数据包含路面、收费站、路面设备设施等要素。

5)车路协同管控平台

本次在车路协同管控中心内建设的基于路段级的车路协同管控平台，主要是一套针对本项目车路协同试验段各项车路协同场景应用的软件功能模块集合，是车路协同的神经中枢与大脑，是后台能力的提供平台(图9-12)。

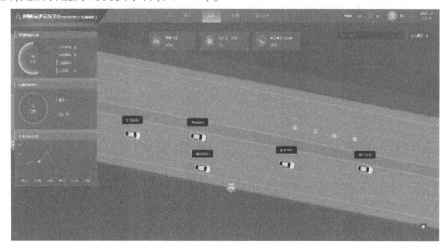

图9-12　车路协同可视化展示

车路协同管理平台提供车路协同基础服务业务及数据分析、路侧边缘计算单元管理等边云协同服务能力，能够通过掌控本路段全局路网信息，提升驾驶安全和道路通行效率，助力智慧高速公路车路协同试点创新。车路协同管理平台，可实现对车辆和路侧各类车路协同设备进行统一接入和管理的功能，并承载周边系统对接以及上层业务运行的任务。通过连接路侧设备，执行信息数据采集、存储、分析、策略下发，并提供运维管理和实况展示。平台可接入高精度地图、"高速公路云"管控平台等第三方业务系统，并结合交通行业特点，支持各种复杂车路协同实车场景发布，包括面向行车安全的车路协同应用和面向行车效率的车路协同应用。提供全场景数据开放，为第三方应用提供全面的交通设备数据和交通事件数据。

车路协同管理平台需要具备事件融合分析、事件精准调度、事件算法管理、高精度地图管理、业务数据开放、设备接入管理、配置管理、升级管理、车内标牌信息发布、道路事件信息手动发布、道路事件信息自动发布等基础功能。

6)车路协同应用系统

车路协同应用包含交通事件预警模块、合流区并线预警模块、特种车辆预警模块、施工区预警模块、危险路段预警模块、路面状态预警模块、气象预警模块、车辆违法占道预警模块、道路信息服务模块、交通状态服务模块、自动驾驶体验支撑模块、车辆列队行驶体验支撑模块、车路协同仿真测试模块。

第三节　项目亮点

本项目是目前国内首条开通运营的改扩建智慧高速公路示范项目，也是目前国内里程最长、规模最大、应用场景最全、设备类型最丰富的智慧高速公路,同时,项目建成了全国首个"省域级"智慧高速公路管控平台、国内最长开放式支持车路协同自动驾驶的高速公路试验路段和全国首个全向/定向毫米波雷达融合实现车道级轨迹追踪的路段。

1)里程最长

本项目对全线189km均进行智慧化提升,整体建设成示范型智慧高速公路,是目前全国里程最长的智慧高速公路示范项目。

2)规模最大

本项目全线涵盖18处互通、14处收费站、6对服务区、大桥24座、特大桥8座等重要构造物,是目前全国建设规模最大的智慧高速公路项目。

3)设备类型最丰富

本项目布设监控摄像机、无人机、毫米波雷达、激光雷达、北斗差分基准站、智慧路桩、疲劳唤醒光幕、智慧道钉、融冰除雪设备、智慧灯杆、RSU通信设备、MEC边缘计算节点、信息发布屏、地磁检测器等70余种外场设施,涵盖感知、监测、诱导、发布等多种设备类型。

4)应用场景最多

本项目全方位打造了恶劣天气行车诱导、夜间行车诱导、分合流区碰撞预警、导流线占用报警、碾压统计、一键联动多方报警、车道级精准管控(异常交通状况预警、多级动态限速、应急车道开闭、车道资源动态分配、拥堵诱导分流、灯态上网等)、无人机智能养护巡检、桥梁智能融冰除雪、桥梁健康监测、智慧服务区(重要车辆精准服务、危险品车辆管控、车流行驶流线引导、加油区、充电区信息发布、智能停车诱导、无人超市、行人安全预警、机器人精准送餐、智慧卫生间、能源智能管控等)等30余项创新型场景。

5)全国首个"省域级"智慧高速公路管控平台

山东高速公路集团依托本项目打造全国首个"省域级"智慧高速公路管理平台,制定统一的数据接入标准,制定一体化、智慧化、标准化的管控要求,为山东省济青中线及其他智慧高速公路的数据接入与统一管控提供标准与支撑。

6)最长开放式支持车路协同自动驾驶的高速公路试验路段

本项目在泰安段选取单侧20km建设支持车路协同自动驾驶系统的试验路段,作为目前全国最长的开放式支持车路协同自动驾驶的高速公路试验路段,为研究人员提供了一个先进的车路协同及自动驾驶测试环境,推动车路协同自动驾驶场景测试及应用,为"一号公路"项目起到先导示范作用,带动行业发展,为后续高速公路车路协同及自动驾驶的应用落地提供经验。

7)全国首个全向/定向毫米波雷达融合车牌识别实现车道级轨迹追踪路段

本项目是全国首个通过全向毫米波雷达、定向毫米波雷达、车牌识别数据进行融合,实现48km的车道级轨迹追踪试验路段。该路段把车辆的车牌、车速、行驶车道、行驶方向、行驶位置等信息在路侧进行初步拟合,通过后端管理平台数据融合算法,对采集的数据进行深度融合,在虚拟数字空间中对现实交通系统进行1∶1仿真重建,实现行驶车辆车道级轨迹追踪监视,对高速公路进行精准管控,提升道路运行效率。

第十章 北京—台北高速公路（北京段）（高级别自动驾驶示范区智能网联汽车测试道路）

第一节 北京—台北高速公路（北京段）基本情况

一、项目概况

京台高速公路（北京段）位于北京市南部，起点位于南五环旧宫新桥，与德贤路相接，终点位于礼贤镇田家营村（京冀界），与京台高速公路河北段相接。设计速度为100km/h和120km/h，双向8车道。全线设互通式立体交叉设施6座、特大桥1座、通道桥13座、主线收费站2座。道路面积为114万 m^2，桥梁面积为41.5万 m^2。工程于2014年12月底开工，路线全长26.6km，全部位于大兴区内。

本书所选路段位于京台高速公路（北京段），全部位于大兴区内。道路设计速度为100km/h和120km/h，双向8车道。项目起点是南五环旧宫新桥，项目终点是兴亦路，单向约5km，全程约10km。

二、建设目标

通过逐期道路基础设施智能化改造，实现亦庄开发区全域的道路智能化，开展以商业化为目标的全域自动驾驶测试示范和多种基于车路协同的智能交通场景应用。本部分内容涵盖在京台高速公路（南五环路—兴亦路）道路基础设施上建设C-V2X智能终端、智能路侧设备，实现道路通信设施互联互通，具备路网全域感知能力，满足车路协同和高级别自动驾驶测试与应用需求；促进C-V2X信息交互网络架构、通信协议等关键技术验证，提出相关数据交换规范、标准，推动V2X车路协同智能交通应用；通过智能化典型应用场景，进一步提高交通智能化水平，探索交通管理新模式、新方法，为推动C-V2X车路协同技术的产业化商用提供宝贵经验。

面向开发区规划发展定位，结合区域路网现状特点，融合先进通信技术、高精度定位、人工智能、边缘计算、车路协同、自动驾驶等前沿科技，推动高速公路领域信息技术水平的发展,充分发挥信息技术创新对高速公路建设、管理、养护、运营和服务的引领、支撑作用,推动高速公路行业治理转型升级,最大限度发挥交通基础设施的效能,为公众提供高效、安全、便捷、舒适的出行服务,把京台智慧高速公路打造成安全有序之路、畅通高效之路、优质服务之路和创新发展之路。

第二节 车路协同系统建设方案

一、体系架构

高速公路智能车路协同系统需要实现对交通信息的准确感知,对数据进行高效的计算处理,实现低时延、高可信度的车路信息交互。边缘计算技术结合V2X技术,可以降低端到端数据传输时延,并缓解终端或路侧智能设施的计算与存储压力,减少海量数据回传造成的网络负荷,提供具备本地特色的高质量服务。因此,京台高速公路(北京段)车路协同系统采用"端-边-云"的系统架构来实现系统的应用功能("云"不在本项目建设范围),综合管理平台主要包括平台主机系统、网络系统、网络安全系统以及平台软件等(图10-1)。高速公路车路协同系统作为子系统,接入上级云控平台。

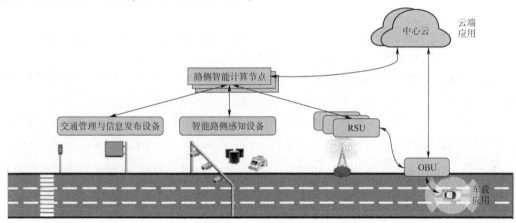

图10-1 系统体系架构

二、详细方案

在京台高速公路智慧高速公路部署的车路协同系统主要提供分合流区预警、施工区预警、弯道/坡道提醒、交通状态信息提示、危险路段预警、交通事件预警、路面状态提示、不良视距预警、动态限速提示、车内标牌提示、路侧碰撞风险提示、车辆精准定位功能、车路协同的车辆自主自动驾驶、车路协同的智能网联车辆监测和车路协同的智能网联车辆管控功能,包括匝道分合流碰撞预警子系统和主线交通运行监测与管控子系统。

1. 匝道分合流碰撞预警子系统

1)系统功能

(1)合流区监测及预警。

高速公路合流区作为高速公路内部车流和其他车流相互作用的联系纽带,匝道车辆的汇入行为,往往会引起合流区交通流紊乱、交通冲突数量增大等问题。而且根据交通事故统计数据,交通事故有相当一部分发生在合流区内。因此,高速公路合流区的安全问题十分重要。

对高速公路合流区进行安全预警,是通过采用交通传感器实时采集合流区交通状态信息,根据合流区交通情况,利用路侧设备和安装在车辆上的车载终端通信的车路协同系统,以听觉、视觉方式对即将进入合流区的车辆驾驶人进行预警,向目标车辆发送车辆汇入提醒、车辆变道提醒、非正常车辆提醒等,从而规避潜在事故隐患。

在高速公路或快速道路入口匝道处,路侧单元(RSU)获取周围车辆运行信息和行驶意图,通过发送车辆引导信息,协调匝道和主路汇入车道车辆,引导匝道车辆安全、高效地汇入主路。此应用适用于高速公路或快速道路的入口匝道汇入场景。

①预期效果。

协作式匝道汇入应用在确保安全汇入的前提下,通过选择合理的汇入时间、汇入位置和汇入车速,减少汇入车辆对主路车流的影响,提高高速公路或快速道路入口匝道处通行安全和通行效率。

②场景描述。

RSU引导匝道车辆装载通信系统的车辆(Equipped Vehicle,EV)汇入主路:

EV在匝道上行驶,即将汇入主路,最右侧主路有未装载通信系统的普通车辆(Normal Vehicle,NV)直行,匝道附近设有路侧单元(RSU);

EV与RSU需具备无线通信能力,主路最右侧车辆NV可以具备或不具备无线通信能力,RSU要求能够通过无线通信交互或自身系统感知能力,实时获得NV的运行信息和状态;

RSU根据匝道EV的行驶状态信息或EV发送的行驶意图信息,判断EV即将汇入主路,并根据主路车辆运动信息等,生成匝道汇入的引导信息,发送给匝道EV;

如主路NV也具备无线通信能力,则RSU可以向其发布驾驶辅助信息,来确保主路车辆NV的安全形势和匝道车辆的安全汇入;

EV收到RSU的汇入引导信息,根据自身运行状态和主路交通参与者信息(可能来自自身感知或其他V2X),生成驾驶行为策略或汇入轨迹规划,在不影响主路车辆正常行驶的前提下,安全地从匝道汇入主路。

③基本原理。

匝道EV将自身基本信息(状态、位置等)及汇入意图发送给RSU;

RSU根据收到的车辆基本信息,判断出车辆在匝道;

RSU根据主路车辆上传信息以及RSU感知信息,计算主线车流的汇入间隙是否可满足匝道车辆的汇入需求。若满足,则生成汇入引导方案,并发送给匝道EV;

匝道EV收到RSU发送的汇入信息后,根据自身运行状态和主路交通参与者信息(可能来自自身感知或其他V2X),生成驾驶行为策略或汇入轨迹规划,在不影响主路车辆正常行驶的前提下,安全地从匝道汇入主路。

④通信方式。

EV与RSU之间以单播/广播方式进行信息交互;在应用触发期间,周期性发送消息。

(2)分流区监测及预警。

高速公路出口附近是高速公路上事故多发区域之一,高速公路出口典型的事故征候有:在高速公路上行驶的车辆距离出口很近时突然制动;在快速车道行驶的车辆突然穿越多条车道直接斜插向出口;车辆因错过出口而倒车甚至掉头等。这些在高速公路违反行车安全规范,甚至违法的行为,都会让高速公路出口区域危险系数倍增。

在高速公路出口前后一定距离范围内设置感知设备,对出口车辆进行监测。监测结果通过 RSU 发布至各智能网联车辆,可对高速公路出口车辆的汇入、变道等情况进行提醒,并对非正常行驶车辆进行重点提示,提高高速公路出口安全水平。

2)系统布设

(1)进京方向合流区域。

高速公路合流区设置 4 个点位,如图 10-2 所示,均设置于合流匝道处:

①第 1 个点位设置于合流端处,设置 2 套智能摄像机、2 套毫米波雷达、1 套全景摄像设备。

②后 90m 设置第 2 个点位,设置 2 套智能摄像机、2 套毫米波雷达、1 套激光雷达、1 套全景摄像设备、1 套边缘计算单元。

③后 105m 设置第 3 个点位,设置 2 套智能摄像机、2 套毫米波雷达、1 套激光雷达、1 套全景摄像设备、1 套 RSU。

④后 95m 设置第 4 个点位,设置 2 套智能摄像机、2 套毫米波雷达、1 套全景摄像设备。

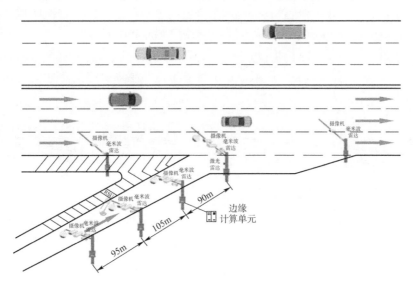

图 10-2　进京方向合流区设备布设示意图

(2)进京方向分流区域布设。

高速公路分流区设置 4 个点位,如图 10-3 所示,均设置于分流匝道处:

①第 1 个点位设置于分流端处,设置 2 套智能摄像机、2 套毫米波雷达、1 套全景摄像设备。

②后 105m 设置第 2 个点位,设置 2 套智能摄像机、2 套毫米波雷达、1 套激光雷达、1 套

全景摄像设备、1套边缘计算单元。

③后105m设置第3个点位,设置2套智能摄像机、2套毫米波雷达、1套激光雷达、1套全景摄像设备、1套RSU。

④后105m设置第4个点位,设置2套智能摄像机、2套毫米波雷达、1套全景摄像设备。

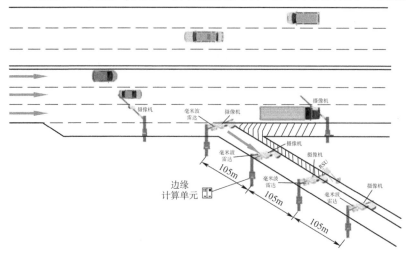

图10-3　进京方向分流区设备布设示意图

(3)出京方向合流区域布设。

高速公路合流区设置3个感知点位:其中合流区感知点位设置于合流匝道位置,第1个点位设置于合流端前约50m处,后两个设备分别按140m间距布设。

各出京匝道合流感知点位均设置1个高清摄像机、1个雷达传感器。路侧单元与感知设备同址布设,可覆盖合流区整个区域。边缘计算节点与感知机路测单元同址布设,具体布设情况如图10-4所示。

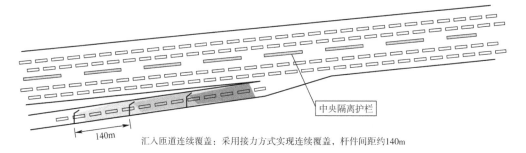

图10-4　出京方向合流区设备布设示意图

2. 主线交通运行监测与管控子系统

1)系统功能

(1)事故易发路段通行与预警。

事故易发路段通常是指急转弯、坡道、桥梁、道路变窄、落石多发、事故多发地段等区域。事故易发路段通行与预警包括弯道监测与预警、坡道监测及预警、桥梁监测及预警等。当车辆即将进入该区域时,对车辆进行提前预警,将道路情况通过语音或警报等方式提前通知智能网联车辆,提醒驾驶人注意驾驶安全,提前减速或变道。

(2)前方拥堵提醒及诱导。

前方拥堵提醒是指主车(HV)行驶前方发生交通拥堵状况,路侧单元(RSU)将路段信息发送给 HV,相关应用将对驾驶人进行提醒。前方拥堵应用提醒驾驶人前方路段拥堵,有助于驾驶人合理制定行车路线,提高道路通行效率。基本工作原理如下:

HV 根据收到的道路数据,以及本车的定位和运行数据,判定本车在路网中所处的位置和运行方向;判断车辆前方道路是否有交通拥堵,若有,则直接提醒驾驶人。

高速公路的拥堵提醒的应用,应在车辆到达高速公路拥堵点的前一个出口前提醒驾驶人提前进行路线规划。

前方拥堵诱导是当前方道路发生了交通拥堵后,高速公路的交通管理人员可通过采取各种行之有效的措施,对交通运行状态进行调节,使道路逐步回归正常运行状态。这种调节要借助临时的交通管理措施,通过控制进入高速公路的车辆类型、交通广播、交通诱导屏、RSU 下发推荐路线、人工监管等措施,对车辆进行诱导,缓解高速公路拥堵情况。

(3)施工区域管理。

车辆接收到施工信息可提前避让或减速。施工区域附近 RSU 路侧智能站接收到道路施工提醒信息后向后台服务器上报施工信息,后台服务器根据施工路段智能判断通知区域,并向区域内 RSU 路侧智能站转发施工信息,区域内智能站收到监管信息后,以广播方式通知覆盖范围内的车辆提前避让或减速。道路施工信息也可提前通过后台服务器配置,向区域内 RSU 路侧智能站发送施工信息,区域内智能站收到监管信息后以广播方式通知覆盖范围内的车辆提前避让或减速。

(4)异常天气/路面异常监测及预警。

通过智能网联 V2X 设备,对过往车辆途经区域大雾、低能见度、路面结冰、路面高温、大风、强降雨、降雪、冰雹等多种异常道路交通气象状况进行实时预警。基于环境监测终端,对高速公路进行全覆盖气象监测,确保整条高速公路的行车安全。气象条件是影响高速公路运营安全的主要因素之一。不良气象条件,如雾、雨、冰雪、大风以及高温等,都会影响到高速公路运行安全。不良的天气条件或是改变了道路的表面状况,破坏了车轮与地面的正常接触,或是降低了能见度,影响了驾驶人的视距。此外,气象条件还影响着驾驶人的心理状态。衡量气象条件对交通安全影响的指标主要有两大类:天气状况类指标,包括温度、湿度、风速与风向、气压、降水、能见度等;路面状况类指标,包括路面温度、干湿度等。因此,气象信息的采集也应当包括上述两大类指标。

当检测器监测到异常后,将异常数据发送至智能路侧基站处理器,并进一步发送至后台管理中心,由后台管理中心统一向相应智能路侧基站系统下发天气环境异常提醒信息,并由智能路侧基站系统通过 V2X 网络广播提醒消息。也可以配合电子指示牌、警示灯或广播等方式使用。

(5)不良视距预警。

车辆驶入不良视距区域或在不良视距条件下行驶时,附近 RSU 智能基站会接收到云控平台传输的道路实时路况信息、车辆的位置信息,进一步通过车路交互技术将实时路况信息发布至车路协同的车载终端,车载终端会根据自身坐标信息及道路实况为车辆提供安全预警,引导车辆在受限的条件下安全行驶。在高速公路可见度极其低下的条件下,高速公路交通流由自由流转变为受控流状态,车路协同智能路侧系统在感知全路段信息的基础上进一步发挥其智能决策的功能,根据局域范围内细粒度交通状态信息生成单车驾驶引导信息,引导车辆在视线受限条件下安全行驶,保证高速公路全天候运行,提高交通安全水平、交通效率和信息服务水平。

(6)路侧碰撞风险提示。

当车辆驶入测试路段时,车路协同系统智能 RSU 可实时感知覆盖范围内的所有交通参与者的信息,例如位置、速度、类型等,并将原始数据传输至云控平台进行分析,预测自车与周边运动目标发生碰撞的概率,云控平台将决策信息发布至车载智能终端,提醒用户调整驾驶行为,避免碰撞事故发生。

京台高速公路车辆系统为用户提供车辆自主驾驶功能、智能网联车辆监测功能以及智能网联车辆管控功能。通过智能感知设备、路侧终端以及智能车载终端,提供实时准确的交通路况信息,实现车车交互、车路交互,通过感知交通参与者的信息,对用户进行实时智能监测,提高智能网联汽车在极端环境下的安全性。

2)系统布设

(1)进京主线路段设备。

每 105m 布设 1 个感知设备,每 4 个智慧杆件点位布设 1 套 RSU,每 6 个点位布设 1 套边缘计算单元。借用现有门架杆件设置 8 套智能基站。

感知设备主要包括智能摄像机、毫米波雷达、激光雷达等。其中,每个点位布设 1 套智能摄像机和毫米波雷达;每 2 个点位布设 1 套激光雷达。边缘计算单元置于抱杆箱内,安装高度约为 4m。具体布设示意图如图 10-5 所示。

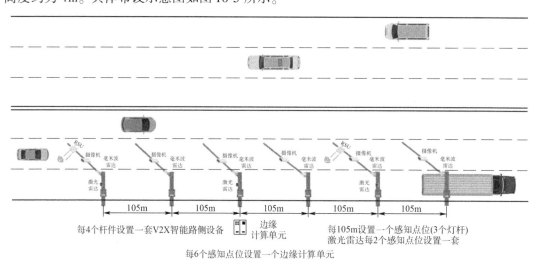

图 10-5 进京主线路段设备布设示意图

(2)出京主线路段设备。

每 140m 布设 1 个感知设备,每 4 个点位布设 1 套路侧单元,每个点位布设 1 套边缘计算节点。

感知设备主要包括高清摄像机(近、远焦各 1 台)、雷达传感器等。其中每个点位设置高清摄像机2台(近、远焦各1台)、雷达传感器1套;边缘计算单元置于抱杆箱内。具体布设示意图如图10-6所示。

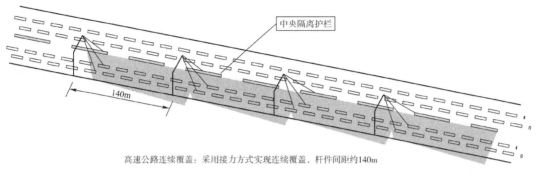

高速公路连续覆盖:采用接力方式实现连续覆盖,杆件间距约140m

图10-6 出京主线路段设备布设示意图

第三节 项目亮点

1)多类型设备适配,为未来设备选择提供支撑

本项目选择了多家设备厂家提供感知设备与通信设备,不同厂家的感知设备和通信设备适配,一种感知设备和多种通信设备适配,在进行设备效果对比的同时,也能够为未来设备的选择提供参考。

2)毫米波雷达与激光雷达结合布设,支持多元化测试验证

除毫米波雷达外,本项目还布设了激光雷达,毫米波雷达与激光雷达结合布设,辐射范围更广,能够适应多种复杂的交通环境,支持更加多元化的自动(辅助)驾驶测试。

3)路段限速120km/h开放道路测试场地,为测试速度提供标准

该路段限速为120km/h和100km/h,满足高速公路限速标准,同时也为测试速度提供参考。

4)充分利旧,节约成本

由于项目路段属于高架桥,无法重新安装灯杆,所以本项目主线设备(除部分设备安装在龙门架上)均利用现有灯杆,在灯杆6m处增加横臂,进行力学结构测试和厂家设备测试之后,设备均安装在横臂上。

第十一章

昭阳西环智慧高速公路

第一节　昭阳西环高速公路基本情况

一、项目概况

近些年来,云南省高速公路建设步伐逐步加快。其中,昭通中心城市昭阳西环高速公路(简称"本项目")是昭通市交通强国战略部署下的重要通道,将与渝昆高速公路、都(匀)香(格里拉)一同构成昭阳区城市外环线,不仅可作为G85渝昆高速公路的过境分流通道,还可与宜昭高速公路一起构成彝良—昭阳—鲁甸的又一条快速通道。其建设对于构建滇川黔区域综合交通枢纽,畅通云南融入长江经济带和成渝经济区的交通走廊,促进昭鲁一体化等具有重要意义。

昭阳西环高速公路起点位于昭阳区北闸镇,通过麻柳湾—昭通高速公路(简称"麻昭高速公路")的北闸枢纽互通设施与麻昭高速公路相交,并顺接宜宾—昭通高速公路(简称"宜昭高速公路"),总体走向为北—南向,沿山脚布线,止于绿荫塘附近,通过昭通西枢纽与都香高速公路相接。项目设计速度为80km/h,路基宽度为25.5m,全长28.809km,桥隧比为20%,采用4车道高速公路标准,设计速度为80km/h,全线采用水泥混凝土路面。全线有5处互通式立体交叉设施,4座隧道(长隧道1361.5m共1座,中隧道512.5m共1座,短隧道563m共2座),16座桥梁(3329.5m),1处服务区。

二、项目交通特点

1. 路网特征

1)兼顾城市环线和过境通道功能,对出行服务水平和管理水平要求高

昭通西环高速公路通过麻昭高速公路的北闸枢纽互通设施与麻昭高速公路相交,并顺接宜昭高速公路,总体走向为北—南向,沿山脚布线,止于绿荫塘附近,通过昭通西枢纽与都香高速公路相接。昭阳西环高速公路既承担城市环线功能,又承担昭通高速公路主干网G85重庆—昆明高速公路(简称"渝昆高速公路")和G7611都匀—香格里拉高速公路(简称

"都香高速公路")的过境通道分流功能,靠近昭阳西环的城市道路禁止货车通行,同时将昭麻二级公路的原有部分大型客、货车流量引流到本项目,造成本项目交通量转换较大,交通流构成复杂,需与城市道路的衔接与协同联动,对公众出行服务水平和管理者运营管理水平提出了更高的要求。

2)立足门户通道功能,打造智慧高速公路新亮点

昭通市地处滇、川、黔3省交会之处,位于西南地区的交通咽喉。昭阳西环高速公路是3省经济交流和文化传播的重要载体,也是展现地方经济发展和文化特色的示范窗口,对于拓展城市发展空间、促进中心城市昭阳西部的发展具有重要意义。

2. 交通特征

1)交通量预测

昭阳西环高速公路交通量预测的特征年为2021年、2025年、2030年、2040年。交通量预测结果见表11-1。

交通量预测情况(单位:pcu)　　　　　　　　　　　　　　　　　　　表11-1

年份(年)	2021	2025	2030	2040
起点—西衙门互通	12755	15936	20140	28004
西衙门互通—旧圃互通	12709	15879	20067	27903
旧圃互通—三善堂互通	12792	15962	20127	27810
三善堂互通—三甲互通	12905	16103	20306	28058
三甲互通—终点	13616	17041	21590	30204
全线平均	12919	16138	20387	28311

2)车型构成

预测年份车型构成见表11-2。交通组成中客车约占80%,货车约占20%,客车所占比例相对较大。

预测年份车型构成(单位:%)　　　　　　　　　　　　　　　　　　　表11-2

年份(年)	小型客车	大型客车	小型货车	中型货车	大型货车	拖挂车	合计
2021	70.3	5.2	14.0	4.0	4.0	2.5	100
2025	72.7	4.8	12.6	3.4	3.9	2.5	100
2030	75.8	4.5	10.9	2.8	3.7	2.3	100
2040	79.5	3.7	9.0	2.0	3.6	2.2	100

3. 自然环境特点

昭阳区境内地处暖温带,为北纬高原大陆季风气候。冬季气温较低,夏季气候凉爽,干湿两季分明。全年无霜期有220d左右,年均气温为11.6℃,最热月7月均温为19.8℃,最冷月1月均温为2℃,极端最低气温为-13.3℃,极端最高气温为33.5℃,全年活动气温≥10℃的活动积温为3217℃,年均日照时数为1902.02h,年降水量为735mm。存在不良天气,冬季交通出行易受路面结冰的影响,极大地影响道路行车安全性和通行效率。因此,该路段对气象异常情况的识别预警、信息发布、运行组织和应急管控的要求高。昭阳西环高速公路位于云贵高原北部,属滇东高原与黔西高原分界处,地形复杂,沟谷密度大,沿线分布多处风

险等级较高的边坡。地形地貌以剥蚀低中山及低中山间河谷、沟谷为主，局部为小盆地，全线海拔一般为1900~2000m，局部海拔为2100~2150m，地形起伏变化，总体地势为北西高、南东低。昭通地区域内的高速公路地质复杂，本项目沿线有不良地质，存在特殊岩土发育，有膨胀土分布，对路基影响较大，沿线分布的高风险边坡/路堑也会对给车安全带来一定隐患，对区域内行车安全需求较高。

三、建设目标

坚持需求导向、先进实用和适度超前的原则，围绕"创新、协同、安全"理念，建设智慧高速公路示范路。

（1）实现"全天候安全通行、全方位出行服务、全体系指挥调度"；
（2）打造国内首个"山区高速公路安全管控智慧化提升示范"；
（3）打造国内首个"高速公路AR智慧可视化增强技术应用示范"。

第二节 智慧高速公路建设方案

昭阳西环高速公路智慧部分建设内容主要包括：全息泛在物联感知体系、高效融和通信网、智慧公路云控中心、智慧服务与应用、智能车路协同系统、增强现实（Augmented Reality，AR）可视化增强技术示范应用以及基础配套设施等。

一、体系架构

昭阳西环智慧高速公路系统以需求为导向，按"11132"的系统框架构建昭阳西环智慧高速公路体系，即1套全息泛在物联感知体系、1套高效融合通信网络、1个功能齐备的智慧公路云控中心、3类智慧服务与应用以及2项特色创新示范应用，能够切实满足出行者安全高效的出行需求和管理者精准全面的管理需求，使智慧高速公路功能与需求相互匹配。系统总体框架如图11-1所示。

二、典型示范区域

1. 起点至西衙门互通附近区域

昭通地区域内的高速公路地质复杂，沿线有不良地质，存在特殊岩土发育，有膨胀土分布，对路基影响较大，沿线分布的高风险边坡/路堑也会给行车安全带来一定隐患。且本项目路面采用混凝土结构，在低温天气路面易结冰湿滑。

根据沿线地质与构造物情况，将起点至西衙门互通附近区域作为地质与气象监测示范路段，选取海坝村大桥设置路面状态检测器，提升恶劣天气条件下的安全保障能力，为行车诱导提供数据支撑，在适宜位置布置高边坡监测、路基、路面监测点位。

2. 永丰隧道

永丰隧道全长大于1km，为本项目路段最长的隧道。隧道易产生视觉盲区，依靠人力运营维护难度较大且效果有限。选取永丰隧道作为示范区域，进行智能车路协同应用示范与智能机器人巡检,提升车辆通行隧道的安全性,对隧道结构进行灾害、老化等异常监测。

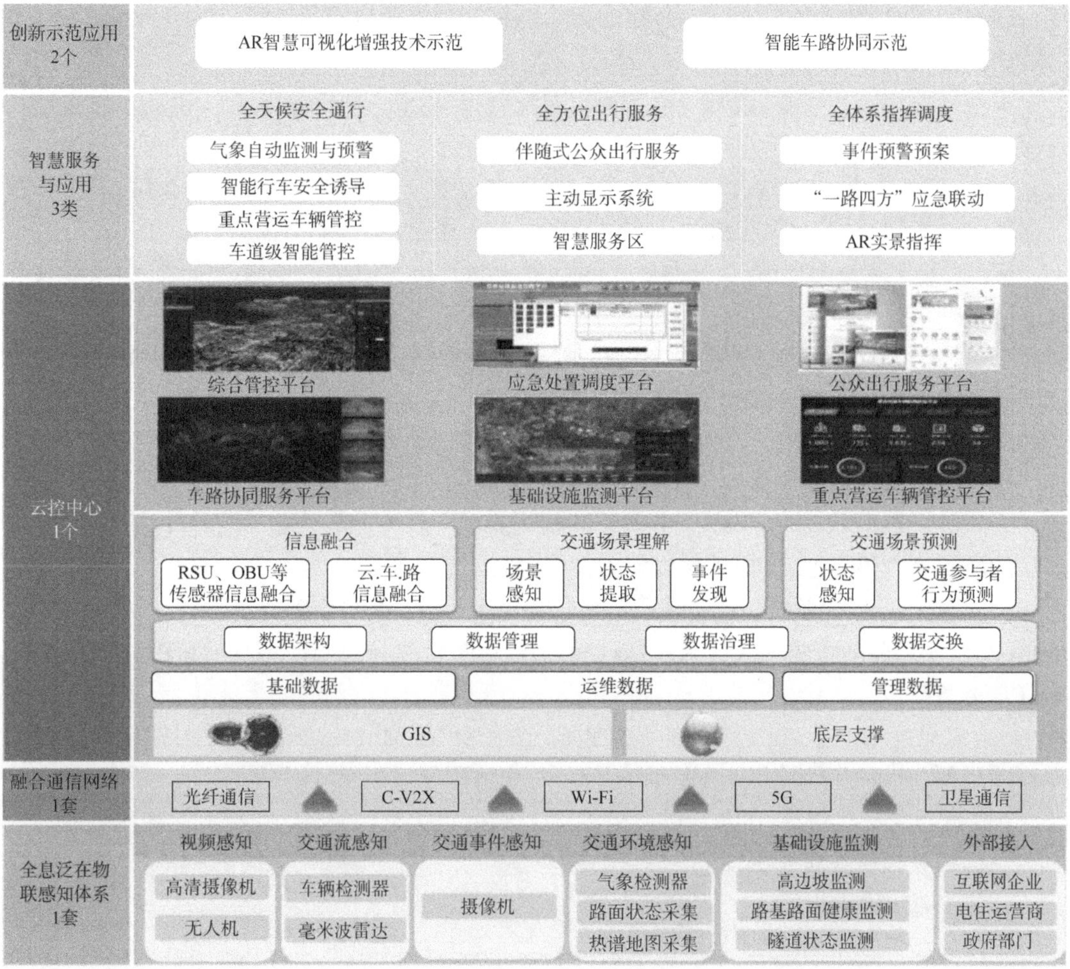

创新示范应用 2个	AR智慧可视化增强技术示范		智能车路协同示范	
智慧服务与应用 3类	全天候安全通行	全方位出行服务		全体系指挥调度
	气象自动监测与预警	伴随式公众出行服务		事件预警预案
	智能行车安全诱导	主动显示系统		"一路四方"应急联动
	重点营运车辆管控	智慧服务区		AR实景指挥
	车道级智能管控			

云控中心 1个	综合管控平台	应急处置调度平台	公众出行服务平台
	车路协同服务平台	基础设施监测平台	重点营运车辆管控平台
	信息融合	交通场景理解	交通场景预测
	RSU、OBU等传感器信息融合 / 云.车.路信息融合	场景感知 / 状态提取 / 事件发现	状态感知 / 交通参与者行为预测
	数据架构 / 数据管理 / 数据治理 / 数据交换		
	基础数据 / 运维数据 / 管理数据		
	GIS		底层支撑

融合通信网络 1套	光纤通信	C-V2X	Wi-Fi	5G	卫星通信
全息泛在物联感知体系 1套	视频感知	交通流感知	交通事件感知	交通环境感知	基础设施监测	外部接入
	高清摄像机	车辆检测器	摄像机	气象检测器	高边坡监测	互联网企业
	无人机	毫米波雷达		路面状态采集	路基路面健康监测	电住运营商
				热谱地图采集	隧道状态监测	政府部门

图 11-1　昭通西环智慧高速公路系统总体框架

3. 旧圃服务区

昭阳西环高速公路既承担城市环线功能,又承担昭通高速公路主干网 G85 渝昆高速公路和 G7611 都香高速公路的过境通道分流功能,靠近昭阳西环的城市道路禁止货车通行,同时将昭麻二级公路的原有部分大型客、货车流量引流到本项目,造成本项目交通量转换较大,交通流构成复杂,需与城市道路的衔接与协同联动,对公众出行服务水平和管理者运营管理水平提出了更高的要求。服务区是人员、车流的主要汇集区域,既是司乘服务运营的体现,又是安全运管的体现。本项目选取旧圃服务区作为智慧服务区示范区域,通过智慧化手段提升公众出行体验,提升服务区的管理运营效率。

三、详细方案

1. 全系泛在物联感知体系

通过布设交通流感知、交通环境感知、视频感知、交通事件感知、基础设施检测等设备,构建1个多元多维度的全息泛在感知体系,实现对高速公路运行状态、环境状态、设备安全运行状态的实时感知,为智慧高速公路的运营管理和公众服务提供数据支撑。

1)交通流感知

本项目采用一类交通量调查站、二类交通量调查站(微波车辆检测器)和毫米波雷达实现交通流感知。

(1)一类交通量调查站:在项目起、终点位置各设置一套全幅一类交通调查站,其中半幅与门架式可变信息标志合建,检测互通两侧断面的交通量、车速等参数。

(2)二类交通量调查站:在每两座之间设置一套二类交通量调查站,实时检测主线及互通立交区的交通量、车速、占有率等,对一类交通量调查站形成数据补充。

(3)毫米波雷达:在永丰隧道及影响区根据车路协同系统应用需要布设毫米波雷达,实现对隧道内及隧道影响区的交通流信息的感知。

2)交通环境感知

交通环境感知系统主要可以实现对周边大气温度、相对湿度、风速、风向、降水量、降雪量、路面温度、路面状态和能见度的全天候实时监测,系统自动采集气象数据应至少确保85%的准确度与可靠性,数据采集周期为30s~5min。

(1)气象检测器:根据本路路线及沿线气象情况,本工程在服务区各设置1套全要素气象检测器,用以监测特殊气候信息,可以测量温度、湿度、气压、风速、风向、降水量、降水强度和降水类型。

(2)能见度检测器:在北闸枢纽互通设施至西衙门互通设施之间,按照2km间距设置能见度检测器,共设置2套,用于配合智能行车安全诱导子系统使用。

(3)路面状态检测器:在海坝村大桥设置1套路面状态检测器,用于气象自动监测与短时天气预报及短时灾害预报。

3)视频感知

本项目的视频感知包括全程视频感知系统、无人机视频感知系统。全程视频感知系统可实现对高速公路的全程可视化,实时、直观地再现道路现场实况;车辆精准感知系统可实现对车辆的精准识别,实时掌握每辆行驶在高速公路上的车辆信息;无人机监控系统可用于突发事件的紧急处理,快速获取现场信息,便于管理者快速组织应急救援和现场交通疏导。

(1)全程视频感知。

在主线路段、互通立交、服务区设置了完善的图像感知设备,图像感知采集设备采用高清摄像机(图11-2)。

主线路段:传统机电监控系统在主线路段按1.5km间距设置1套全方位摄像机(星光级网络高清枪型摄像机)和1套固定摄像机,固定摄像机主要用于视频事件检测。考虑到建设资金情况,在传统路段监控间距基础上进行加密,全线按750m间距布设监控点,每处监控点共杆设置1套高清遥控摄像机和1套高清固定摄像机,在路段弯道处等通视性较差的位置,视情况进行加密。摄像机具备日夜自动切换功能,全天24h实时监测全程道路情况。

互通立交:在终点枢纽互通设施匝道处设置全景超高清(带视频追踪)摄像机,可实现在一幅画面内显示监控区域的180°全景,并根据需求设置监控目标实现追踪监控。

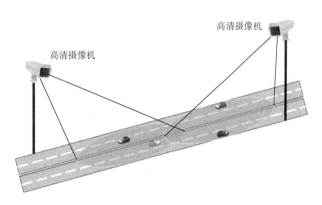

图 11-2　全程监控示意图

服务区：服务区是人员、车流的主要汇集区域，既是驾乘服务运营的体现，又是安全运管的体现。在服务区每侧场区分别设置 2 套全景超高清（带视频追踪）摄像机和 8 套高清遥控摄像机，保证广场区域无盲点监视。

隧道：在隧道洞口、隧道内、车型横洞和隧道变电所内设置高清摄像机，由传统机电系统设置。在隧道入口洞口外设置 1 套高清遥控摄像机，用于监视隧道口附近的交通状况。在隧道洞内按 120m 间距连续设置高清固定摄像机，根据实际情况在隧道内转弯和车行横通道等位置加密，对隧道内的交通状况实现无盲区连续监视。车路车协同系统将复用隧道内摄像机，为达到系统要求，将隧道洞内 200 万像素高清固定摄像机升级为 400 万像素高清固定摄像机。在车行横洞设置一体化球形摄像机，实现对车行横洞的实时监控。在隧道变电所内设置固定半球摄像机。

(2) 无人机视频感知系统。

设置无人机视频感知系统，一方面可应用于日常交通状态巡视，通过预先设定巡航路线实现自动长线巡航，采集高速公路动态视频信息，有效替代人工巡逻，并且可以抵达人工巡检不便到达的地点，为高速公路交通运行状态、路面状态的监测及预警提供实时、高效的信息来源；另一方面可用于应对突发事件的紧急处理，当高速公路发生拥堵、事故等突发事件时，可在第一时间指派就近位置的无人机飞往现场，快速获取现场信息并将视频实时回传至指挥中心，便于管理者快速组织应急救援和现场交通疏导。无人机系统作为道路全程监控视频的补充，结合部署的 AR 实景指挥系统，更利于开展一路多方应急救援，提升救援效率。

无人机视频感知系统由无人机巢、无人机以及无人机管理软件平台构成。

在旧圃服务区设置一套无人机蜂巢及控制站。控制站带有以太网口，可通过光纤直接接入管理中心，将蜂巢信息、无人机视频等业务数据传输到无人机管理平台。同时，控制站可通过 5G 网络实现与管理中心的通信。

在每个无人机巢内配置 1 架无人机。无人机携带高清摄像机，具有变焦和俯仰云台功能，可拍摄和回传高清的视频流。图像数据传输系统具备 2.4/5.8GHz 双频自动切换功能，抗干扰能力强。无人机可搭载照明装置、喊话器、摄像机等，用于现场应急指挥救援。

在管理中心建设一套无人机管理软件平台。无人机管理软件平台提供基于 GIS 的管理界面，可依据权限接入、配置无人机巢及无人机。管理人员可依据现场情况规划无人机巡视路径,包括水平坐标连线、飞行高度、各段速度、飞行姿态等。也可记录人工操作的飞行轨迹,保存为巡视路线。巡视路线可以下发给指定的无人机巢,并安排为定时计划任务。规划完成后可重复、定时自动执行。在偶遇突发事件时,也可临时规划应急任务航线,由事故点坐标和出警级别触发,指派就近无人机立刻飞往现场留空观察。无人机巢内部和无人机出动的视频可以从无人机巢的固定相机回传。无人机的操作日志、视频记录可保存和查询。无人机飞行需要符合《民用无人驾驶航空器经营性飞行活动管理办法(暂行)》相关要求。

(1)交通事件检测。

项目建立了基于AI的视频事件检测系统,系统包括前端固定摄像机、基于AI的视频事件分析仪及后端平台,对沿线高清固定摄像机采集的图像进行交通事件自动检测并告警。该系统能对以下交通事件进行检测:停车、交通拥堵、车辆排队超限、行人进入隧道、车辆逆行、交通事故。同时,系统能进行车辆丢抛物检测、能见度检测,并且伴有声光告警信号提示监控值班员。该系统也能提供检测范围内的交通参数,如车流量、平均车速、车间距、车道占有率等。这种方式极大地减轻了值班员的工作负担,使值班员不用一直盯着图像观察,而只需要等系统报警时再观察报警点的图像即可。

(2)基础设施监测。

基础设施健康监测系统包括高边坡监测系统、路基健康监测、路面健康监测、隧道状态监测。基础设施监测通过在关键设施需要监测的结构位置布置传感器实现,传感器检测到的信息通过5G物联网卡传输至云控中心,租用运营商的公有运行数据汇集和处理。

(3)外部数据计入。

通过部署数据交换平台,做好多方联动和数据资源共享接口设计,具备接入外部数据的能力,并通过第三方平台从交通运输部、气象部门、百度、高德等购买数据服务,实现交通与气象、交警、互联网企业(如高德、百度)多方平台的无缝对接、数据共享和交互。其中,互联网数据接、气象部门数据具体通过出行服务平台接入。

2. 高效融合通信网

通信网络系统融合有线通信(光纤通信)和无线通信(Wi-Fi、LTE-V、5G、卫星通信)。面向不同用户、设备和场景提供高效的信息传输服务,构建空地一体的融合通信网络。

1)光传输通信专网

光传输通信专网采用干线传输网与综合业务接入网相结合的网络结构。全线业务经接入网汇聚至守红路通信分中心,经守红路通信分中心分插复用器(Add-Drop Multiplexer,ADM)设备传输至云南省通信中心,融入云南省干线通信网。

项目综合业务接入网采用同步数字体系(Synchronous Digital Hierarchy,SDH)与分组传送网(Packet Transport Network,PTN)相结合的双平面结构通信传输设备方案(SDH传输等级为STM-4,PTN传输速率采用10GE)。对于收费、语音、专线等对传输质量要求高但数据量较小的业务,通过SDH平面来传输;对于视频(路段、收费、隧道)、办公自动化等业务量大但对传输质量要求不高的业务,通过PTN平面来传输。

项目在西衙门匝道收费站、旧圃匝道收费站、三善堂匝道收费站、三甲匝道收费站各安装一套综合业务接入光网络单元(Optical Network Unit,ONU)设备,与都香高速公路守红段通信分中心已设置的接入光线路终端(Optical Line Terminal,OLT)设备按光纤隔站跳接的方式组成自愈环网,以提高通信专网的可靠性。

2)5G 移动网络

项目将依托 5G 网络为高速公路机电系统管理、基础设施监测(路基、路面、桥梁、边坡等)、主动发光标志、无人机数据回传等提供传感器与云平台的传输通道。

项目在沿线建设 5G 通信基站 43 个,其中,高速公路内(隧道)共建设 8 个 5G 基站(肖家梁隧道、梨园隧道、高家营隧道以及永丰隧道各建设 2 个 5G 基站),其余的 5G 基站部署在道路附近,每个基站配置 2 个 5G 天线。项目沿线部署的 5G 基站可基本实现包括 4 处收费站、1 处服务区在内的道路沿线和隧道路段的 5G 信号覆盖。

部署在本高速公路隧道内具体基站明细见表 11-3。

隧道基站明细表　　　　　　　　　　　　表 11-3

规划站名	站点属性	经度 (°)	纬度 (°)	建设扇区	射频拉远单元 (Remote Radio Unit,RRU) 数量(个)	载频 (MHz)
昭阳区西环高速公路肖家梁隧道左洞-5HHN	新址新建	103.736089	27.427105	S1	2	1
昭阳区西环高速公路肖家梁隧道右洞-5HHN	新址新建	103.736089	27.427105	S1	2	1
昭阳区西环高速公路梨园隧道左洞-5HHN	新址新建	103.709217	27.407011	S1	2	1
昭阳区西环高速公路梨园隧道右洞-5HHN	新址新建	103.709217	27.407011	S1	2	1
昭阳区西环高速公路高家营隧道左洞-5HHN	新址新建	103.689748	27.405608	S1	2	1
昭阳区西环高速公路高家营隧道右洞-5HHN	新址新建	103.689748	27.405608	S1	2	1
昭阳区西环高速公路永丰隧道左洞-5HHN	新址新建	103.639058	27.269868	S1	2	1
昭阳区西环高速公路永丰隧道右洞-5HHN	新址新建	103.639058	27.269868	S1	2	1

项目在旧圃服务区建设 Wi-Fi 无线网络,实现服务区信息服务和休闲娱乐功能,为出行者提供更优质的服务。

3. 智慧公路云控中心

建设云控中心,以实现智慧公路全体系智慧调度的目标。项目云控中心总体架构分为四大层次和两大体系。四大层次分别为基础设施层、数据交换平台、应用系统层和信息展示层。其中,基础设施层对应 I 层,即基础设施服务层(IaaS);数据交换平台对应 P 层,即平台服务层(PaaS);应用系统层、信息展示层对应 S 层(SaaS),即应用软件服务层。两大体系分别为安全管理体系和运维管理体系。两大体系贯穿于四大层次，为各层次的系统安全和运行管理提供重要保障。云控中心整体架构如图 11-3 所示。

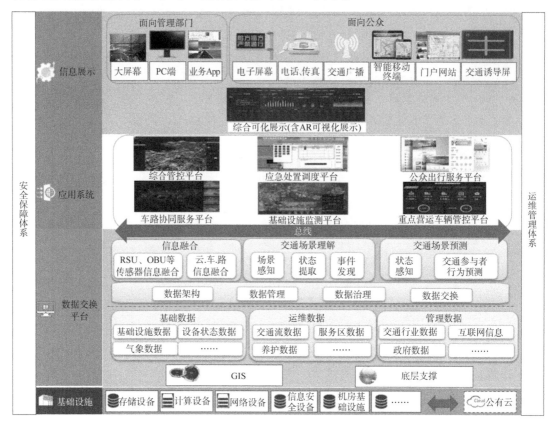

图 11-3　云控中心总体架构

4. 智慧服务与应用

1) 全天候安全通行

(1) 气象自动监测与预警子系统。

项目起点北闸枢纽互通设施附近及道路背阴面气象条件恶劣，冻雨、凝冰、积雪等恶劣天气常发，严重影响本公路安全、高效出行。围绕昭阳西环高速公路交通气象服务需求，通过在路侧设置气象监测站(传统机电设置)、能见度检测器(本项目物联感知体系设置)、路面状态监测器(本项目物联感知体系设置)对全线气象数据进行采集，开发高速公路基础气象预报和短时灾害预报预警，为运营管理单位提供道路交通管理气象数据支撑。

在昭阳西环高速公路建设全线的气象服务平台，主要由气象监测设备、路面状态检测器和运算服务系统组成。其中气象监测设备可实时感知温度、湿度、风速、风向、降水量、能见度等气象信息，路面状态检测器可采集路面状态信息和温度信息，可基于以上数据，结合历史气象数据、政府气象数据，生成气象预报和灾害预报，再利用实时采集数据对预报信息进行人工智能预报自动修正，从而形成可以保证交通流安全通行的稳定模型，运营期内可根据实时采集数据优化模型，确保结果的先进性和稳定性。

项目设置 1 套智能气象监测站实时监测气象站区域相关气象信息；在北闸枢纽互通设

施和西衙门互通设施之间,按照2km间距增加设置能见度检测器,共设置2套;在海坝村大桥处设置1套路面状态检测器,负责采集路面状态信息和温度信息。

(2)车道级智能管控子系统。

项目基于门架式可变信息标志实现高速公路车道级智能管控,通过对沿线交通流状态以及环境特征进行自动检测和分析,实现对当前路线交通流运行状态的实时分析和主动判别;基于预先设置的交通控制策略自动调整车道限速值,并通过门架式可变信息标志发布当前车道限速值和异常交通状况预警信息。

动态限速控制系统基于门架式动态限速标志实现高速公路车道级智能管控,通过对沿线交通流状态以及环境特征进行自动检测和分析,实现对当前路线交通流运行状态的实时分析和主动判别;基于预先设置的交通控制策略自动调整车道限速值,并通过门架式动态限速标志发布当前车道限速值和异常交通状况预警信息,从而实现对高速公路交通流的主动干预,达到稳定交通流状态、降低行驶速度差、提高通行效率和降低交通事故率的目的。

①车道级动态限速功能。

基于门架式动态限速标志的车道级智能管控系统功能如下:

a.联网控制:根据全息泛在物联感知体系采集的高速公路的客流量、车流量、天气环境等信息,制定相应管控策略,通过门架式动态限速标志分别进行相应车道最高行驶车速以及相应车道是否可以行车的信息发布,从而保证交通流的稳定和维持较大的流量,降低交通事故率和交通拥堵的发生频率。

b.控制方式:系统采用一级控制模式,通过控制主机和消息数据发布服务器发布到门架式可变信息标志,同时具有最高权限和审批功能。

c.数据管理:发布信息、屏体工作状态、系统日志、日常数据等的管理功能。

d.数据治理:为减轻对数据库服务器和网络的负载压力,系统各类信息以及日志记录可按需求将指定数据存放在工作站上。

e.实时检测:系统具备的实时检测功能依托屏体硬件、发布的数据、通信链路自检。

②正常情况下的动态限速(图11-4)。

图11-4 动态限速场景

交通运行状况正常时,动态限速标志显示正常限速值。

③突发事件情况下的动态限速。

高速公路道路被划分成若干个控制单元,当某区域发生突发事件时,需对上游车辆进行速度管控。借助动态调整上游路段的限速值,控制逐渐靠近事件发生路段的行驶车辆,通过限速值逐渐减小,减缓沿线的车流车速。随着交通量不断增长,车辆排队现象将逐步向上游扩散。为缩小相邻路段的速度差,需梯度调整上游各路段的限速值,从而使交通流平滑,同时可变信息标志提示前方事故预警信息(图11-5、图11-6)。

图11-5　效果图1:前方事故预警,车道动态限速

图11-6　效果图2:事故车道禁行,根据车流情况临时开放应急车道

④大流量拥堵情况下的动态限速。

在沿线发生交通拥堵的状况下,路上车辆速度下降,车速差异大,易引发追尾事故。动态限速控制可从根本上降低相邻车辆行驶速度差,从而在缓解拥堵的同时提高行车安全。当沿线发生交通拥堵时,通过有效的动态速度控制手段降低某路段内高速公路行驶车辆的比例,使路段内车辆运行速度维持在平稳均匀的状态,并可根据相邻两路段限速值的配合减小其速度差,减少追尾事故的发生,在路段车流拥挤情况发生时,保障车辆交通安全。同时,可变信息标志提示前方拥堵预警信息(图11-7)。

图11-7 效果图3：大流量拥堵情况下动态限速

⑤恶劣气象情况下的动态限速。

在出现大雾、强降水、冻雨、暴雪等恶劣气象的条件下，动态限速控制系统可有效降低相关路段内车速，实现高速公路准全天候通行的效果。配合超速抓拍系统，适时改变高速公路不同路段最高限速值，实现路段内车辆速度的动态控制，同时，可变信息标志提示恶劣气象预警、前方交通事故等信息，可有效预防交通事故发生（图11-8）。

图11-8 效果图4：恶劣天气下信息预警及动态限速

（3）重点营运车辆子系统。

设置重点营运车辆管控平台，该平台接入交通运输部重点营运车辆动态信息公共交换平台，并获取全国重点营运车辆数据，对驶入本路的全国各地的营运车辆数据进行分析和决策，在重点营运车辆管控平台中进行场景展示。"重点营运车辆动态数据交换平台"可实时观测车辆的运行状态，当车辆驶入相关区域后，平台将相关车辆的所有信息及时发送给所在地交通执法部门；管理人员能够获得所有运行车辆的信息，如车辆基本信息、车速、方向、车辆所属企业信息、可能存在的潜在危险以及相对应的应急预案等；对重点营运车辆行车轨迹进行分析，判定车辆是否按规行驶，统计违规车辆，为管理者提供辅助决策。平台能实现对全路段高速公路交通运行状态及道路环境情况的实时监督，能对报警事件进行统一协调、统一管理，具备对全区域内的路网进行宏观监视、事件应急处理、协调、交通诱导的功能；能对加强路网资源的协调管理、及时诱导疏散拥挤阻塞地段的交通、加快交通事故处理速度、减少交通延误和因交通事故造成的经济损失和人员伤亡起到重要作用;可从整体上提升业主方对道路交通的管控力度及服务水平。

(4)智能行车诱导子系统。

高速公路行车安全诱导子系统是一种智能型全天候无人值守系统,该系统整合了气象监测、智能诱导灯等设备,常应用于危险路段(特别是弯道、大雨天、雾区等),能有效地解决危险路段交通安全问题。通过安装在道路两侧的智能诱导灯,利用其发出的红、黄光语信号帮助驾驶人判断前方道路状况(路宽、线性、边界位置等)和前方车辆状况(车速、车距、数量等),实现安全示廓、警示和防止追尾预警等智能诱导功能。

根据运营需求,结合道路实际情况,项目在北闸枢纽互通至西衙门互通主线路段约5km范围内设置智能行车诱导系统。

①设备布设。

a.智能诱导灯:在主线路段按30m间距在道路两侧设置。

b.车辆检测设备:通过安装于道路两侧的车辆检测器对是否有车辆通过进行检测,按照30m间距布置,可通过主动红外入侵探测器进行探测,对经过车辆进行检测,触发,适用于雾霾、雾区、夜间、雨天、雪天等能见度低的环境下的车辆探测。智能诱导灯和车辆检测设备集成在箱体内,安装于道路一侧的护栏上。

c.能见度检测器:能见度检测器布设详见全息泛在物联感知体系。

②系统功能。

智能行车安全诱导系统主要功能为道路轮廓强化、行车主动诱导、防追尾警示。系统根据现场的能见度情况和预先设置的阈值,自动切换工作模式,以便在不同能见度天气下引导车辆安全行驶。

行车诱导系统响应分为4级。

第1级:待机状态。在能见度大于500m时,关闭智能诱导灯,设备处于低功耗模式。

第2级:道路轮廓强化模式功能。在能见度大于400m小于500m时,系统进入道路轮廓强化模式。位于道路两侧的智能诱导灯处于工作状态,点亮黄色引导灯,关闭红色引导灯,从而在低能见度区朦胧的环境里以高反差的方式实现道路线形诱导。该诱导系统无论在白天还是夜晚均可提供长距离、高精度、高清晰的线形诱导,从而保证车辆在雾天拥有一个比较安全的运行环境。

第3级:行车主动诱导模式功能。在能见度大于300m小于400m时,系统进入行车主动诱导模式。黄色诱导灯能够按照预先设定的特定频率进行同步闪烁,红色警示灯一直处于关闭状态,从而利用闪烁的动态灯光提醒驾驶人注意路况信息,小心驾驶。

第4级:防止追尾警示模式功能。在能见度小于200m时,系统进入防止追尾警示模式,有车辆通过诱导装置时,可使上游一定的诱导装置红色警示灯点亮,形成红色尾迹提示后车前方有车辆行驶并保持安全车距,此时其他诱导装置的黄色智能诱导灯可以同步闪烁,当车辆向前行驶经过下一组诱导装置时,红色尾迹会与车辆动态同步前移。

情况1:单车辆通行。

只有一辆车通行,诱导显示警示灯标示汽车尾迹(警示灯范围内为非安全距离,警示灯范围外黄色灯光区域为安全距离),如图11-9所示。

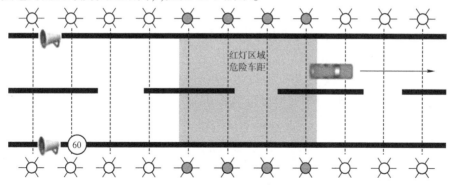

图11-9　单车辆通行警示灯示意图

情况2:多车辆通行。

当道路有多辆车辆通行时,车辆可根据前方智能诱导灯的情况判断前方是否有车辆通行,后车只需要保持行驶在安全区域(黄色诱导灯区域内),避免驶入诱导灯区域即可保证与前车的安全距离,从而降低追尾的风险,如图11-10所示。

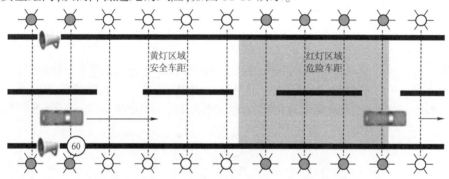

图11-10　多车辆通行警示灯示意图

2)全方位出行服务

通过建立起实时、准确、高效以及全方位的交通出行服务系统,充分发挥交通基础设施潜力,提高交通运输效率和通行能力,提升交通安全系数。全方位出行服务系统主要有伴随式公众出行信息服务、主动发光标志提示服务、智慧服务区出行服务。该系统的建立,使出行者能够更快速、更高效地获取高速公路基础信息,进而提前做好路线规划,制订合理的出行计划,保证出行的安全性、可靠性、便捷性,感受到高速公路出行的便利。

(1)伴随式公众出行信息服务。

伴随式公众出行服务系统主要包含系统服务平台和信息发布设备终端。

系统服务平台可从高德、百度等互联网交通大数据公司获取交通信息数据,经过数据协议标准化处理后,通过联网发布标准接口提供给大数据分析引擎,分析引擎根据算法综合判定后将数据推送至云控中心供决策使用。在云控中心一定的授权模式下,可由高德、百度等公司的互联网交通大数据出行信息发布平台直接向道路侧发布设备、手机移动端地图App等发送出行信息。同时,交通大数据网关可向外提供数据的实时传输转发,如将互联网数据标准化处理后向云控中心统一提供,并向应急指挥系统开放完整、标准的信息发布接口。

信息发布设备终端主要包含可变信息标志、手机导航 App 以及富媒体通信套件(Rich Communication Suite,RCS)5G 消息。

可变信息标志可用于发布不同的诱导信息、控制文字信息或图像信息,向不同的出行者提供差异化的服务信息。在北闸枢纽互通设施下行入口后设置 1 套,在西衙门互通设施、旧闸互通设施、三善堂互通设施、三甲互通设施上下行出口前各设置 1 套,在旧闸服务区出入口前各设置 1 套,共计 11 套门架式可变信息标志。项目所使用的可变信息标志采用全彩 16mm 小点间距屏,点间距越小,分辨率越高,显示出来的图形就越清晰,图像更加细腻柔和,视觉效果更好。

项目采用的可变信息标志在发布如"前方施工　减速慢行""雨天路滑　保持车距"等文字信息的同时,还可以显示相关路径、路网信息、图形化信息等易辨识的内容,让出行者能更清楚地了解目前道路上的天气状况、服务区停车位信息等,减少交通堵塞和事故发生,实现对高速公路的交通流的诱导。

在以下场景中,可变信息标志能充分发挥其作用。

①当道路施工时,由于出行者缺少道路施工的信息,易导致道路拥堵;当道路发生事故时,因后续车辆无法得知前方情况,不能及时减速,可能导致事故的二次发生,造成道路拥堵现象。针对这类交通事件,通过可变信息标志发布图像化诱导指示,向出行者提供所需的前方道路突发状况文字信息或图像信息,包括施工信息、事故信息、限速信息等。

②当高速公路出现恶劣天气造成安全隐患的时候,易导致交通事故,造成道路堵塞,威胁出行者人身安全。针对气象信息发送不及时的现象,通过气象检测器检测以及大数据分析此路段历史天气数据来预测道路沿线局部气象情况。在出现影响行车安全的气象情况时,通过可变信息标志及时发布预警,提醒驾驶者小心驾驶、减速慢行,提高出行安全水平(图 11-11)。

图 11-11　恶劣天气预警效果图

③当出行者即将路过服务区时,可变信息标志可显示车辆到服务区的剩余距离以及服务区车位数量、加油站油品种类、充电桩位、地方特产等服务区所提供的服务信息,为出行者

带来便捷的体验(图 11-12)。

图 11-12 剩余车位提醒效果图

(2)主动发光标志提示服务。

昭阳西环高速公路地处云贵高原,雨量充沛,同时作为城市环路,承担着过境分流通道功能,出行需求较大,保证夜间、雨天等低能见度情况下的出行安全至关重要。而在互通设施出口处,由于车辆要在较短的距离内完成分流操作,换道频繁,交通流运行较为复杂,往往为高速公路的运行瓶颈。基于此,本次针对互通设施出口系列标志进行智慧化提升设计,即将传统反光标志变更为主动发光标志。

①系统功能。

在白天正常能见度情况下,发挥传统反光标志功能。系统能够自动检测外部环境照度,在低照度情况下能够自动点亮标志;能够根据外部环境照度的变化,分级调整标志亮度,实现与环境照度的最佳对比度,避免产生眩光等不利影响;能够接收环境气象数据,在低能见度等情况下自动点亮标志;能够自动检测标志实时状态信息,并回传给后端交通设施管理云平台,当出现断电、位置状态发生变化等异常情况时,云平台自动发出报警信息;能够接受云平台下发的控制信息,实现手动控制标志开启、关闭、调光等功能;图形化时空标志能够接受云平台下发的交通运行状态信息,并驱动显示模块,借助红、黄、绿光带向驾驶人发布当前道路交通状态。

②外场标志布设。

服务型互通设施1km、500m、基准点出口预告标志及三角端出口标志变更为半透型主动发光标志。

枢纽互通设施3km、2km、1km、500m、基准点出口预告标志及三角端出口标志变更为半透型主动发光标志。

出口三角端两侧通行视线诱导标志、门架附着禁止超车或限速标志变更为全透型主动发光标志。

标志统一设计为在空旷平坦的地面上离地10m高,以重现期为50年10min平均最大风速值 26.4m/s 作为基本风速,并根据版面大小、路侧条件、标志作用等因素,针对不同标志分别采用柱式、悬臂式、门架式及附着式的支撑方式。标志结构中所有钢构件均应进行热浸镀锌处理,螺栓、螺母等连接件的镀锌量为 350g/m²,其余均为 600g/m²。路基路段的标志基础采用现浇钢筋混凝土基础,标号为 C25 号。

(3)智慧服务区出行服务。

智慧服务区包含服务区信息发布及查询系统、停车位管理及发布系统、客流统计与分析系统、视频监控系统、智慧公厕系统、服务区 Wi-Fi 系统、广播系统。

其中,信息发布及查询系统、停车位管理及发布系统、服务区 Wi-Fi 系统、广播系统为传统机电的设计系统;客流统计与分析系统、智慧公厕系统是本次服务区智慧高速公路新增系统。

传统机电中,在服务区设置场区视频监控系统,包含 16 套全方位摄像机、2 套全景超高清摄像机、16 套球型安防摄像机用于场区监控,10 套室内半球摄像机用于室内监控;设置服务区停车位管理及发布系统,包括卡口抓拍设备 4 套、车位信息发布服务器 1 台等;设置服务区广播系统;设置服务区 Wi-Fi 系统;设置服务区信息发布及查询系统,包含服务区管理服务器 1 台、信息化查询触摸终端 2 套、服务区 LED 显示屏 2 套。

本次智慧高速公路设计新增客流统计与分析系统,将传统机电设计中的室内半球摄像机升级为安装人脸识别摄像机,在综合楼门口及需要统计客流量的入口处安装人脸识别摄像机,此外还新增智慧公厕系统(图 11-13)。

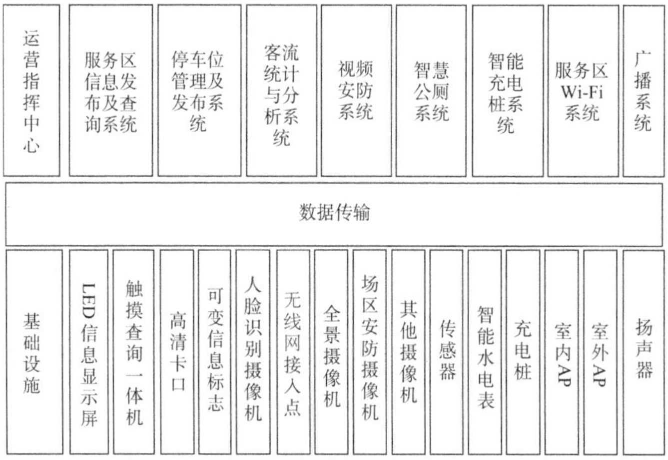

图 11-13 智慧服务区系统构成

3)全体系智慧调度

依托云南省交通运输行业应急通信系统建设,搭建控制、通信、指挥"三位一体"的应急处置调度平台,整合高速公路分布信息、动态监测数据、突发事件信息等应急资源,构建应急管理全过程信息化体系,满足日常应急管理与突发事件应急指挥调度的需要,实现各类自然灾害、安全生产事故灾难、交通事故及其他事故的迅速响应、科学决策、有序调度和高效处置,实现应急救援全流程智慧化管理,实现事件接报、预案管理、应急培训、应急演练、应急值守等常态化管理和监测预警、抢修保通、重建评估等应急处置全过程管理。当高速公路指挥调度中心主动检测或通过接警获知并确认事件发生后,生成事件信息;立即启动紧急救援程序,依据输入信息生成事故处理方案,发出警报,上报领导,调度相关救援部门,包括公安、消防、医院、路政等。

应急指挥业务作为全体系指挥调度的重要组成部分,遵从应急管理部信息化发展战略规划总体业务框架,突出昭通实战应用需求,基于应急综合展示"一张图",重点打造道路监测预警、应急指挥调度、数字预案、指挥决策、移动端应用和应急指挥子系统等业务体系,实现对异常气候类、自然灾害类、重大交通安全事故等各类事件的监测预警和指挥协同。

5. 智能车路协同系统示范

基于数据采集层、信息通信层、设施服务层、平台服务层的技术框架以及"端-边-云"的系统架构,在云控中心为车路协同系统配置合理的计算存储资源,在外场布置感知、计算、通信、发布设备,打造车路协同服务平台与基于数字孪生的隧道平台,形成隧道及施工作业区两大高速公路安全薄弱场景下的车路协同系统应用功能。

1)示范范围

结合昭阳西环项目路网特点和实际需求,聚焦高速公路隧道、施工作业区高速公路关键场景进行智能车路协同系统应用示范。经分析,考虑永丰隧道的整体长度相比于路段内其他隧道较长,更具有示范意义,因此,隧道场景选取永丰隧道及其影响区,在K26+000至K28+100右侧行车方向进行设备布设,全长2.1km。施工作业区场景位置一般不具有确定性,可根据实际建设、养护作业情况进行设备布设。

车路协同系统包括车路协同系统软件(车路协同服务平台、基于数字孪生的隧道平台、车路协同系统应用功能)、路侧感知和计算设施、车路通信系统。根据隧道、施工作业区应用场景应用需求,设置车路协同应用功能与设施,实现车辆-道路信息交互,实现交通预报警类、交通效率类的功能。

2)示范技术亮点

(1)面向混合交通流的信息发布。

目前,智能网联汽车渗透率较低。本示范项目除了应用C-V2X技术进行信息发布外,还考虑结合可变信息情报板进行信息发布,可以同时覆盖非网联车和网联车。

(2)隧道内车路协同通信设备时钟同步。

同步是LTE-V2X通信的基础。在隧道外,通信设备通过卫星导航系统获得GNSS时钟建立同步;在隧道内无法接收卫星信号的地方,需依托RSU来建立同步。RSU可通过逐级传递的方式,将GNSS时钟引入到隧道内,并且OBU通过RSU获得基准时钟,这样可确保隧道内外时钟的一致性,实现了车辆从隧道外驶入隧道内的通信连续性。

(3)隧道内网联车辆精准定位。

车辆获取自身精准位置信息是车路协同安全预警类消息有效的基础。在隧道外,车载定位系统可通过接收北斗卫星定位系统信号进行定位;在隧道内,北斗卫星定位系统信号丢失。本示范项目依托在隧道内布设的RSU,实现OBU的无线空口定位,该定位方式不受光线的影响,增加了隧道定位手段的多样性。

(4)隧道内雷视融合感知。

雷达发射的电磁波,经过目标反射直接回到雷达接收端,而隧道壁产生的电磁波反射会造成大量的虚假目标,对雷达检测造成严重影响。对雷达与视频信息进行融合处理,可通过对视频数据对雷达检测目标进行视觉排查,进而实现对车辆位置的精准识别,满足车路协同感知需求。

(5)应用车路协同感知数据搭建数字孪生隧道。

在高精度地图和三维建模的基础上,将车路协同感知形成的数据回传至中心,应用数字孪生映射模型,将真实交通流在虚拟孪生世界进行准确、实时的还原,进而支持数字孪生下的展示、统计、分析及管控应用。

3)系统架构

智能车路协同系统需要实现对交通信息的准确感知,对数据进行高效的计算处理,实现低时延、高可信度的车路信息交互。边缘计算技术可以降低端到端数据的传输时延,并缓解终端或路侧智能设施的计算与存储压力,减少海量数据回传造成的网络负荷,提供具备本地特色的高质量服务。而对于大数据的处理需要依托于高计算量的云平台实现。因此,系统采用"端-边-云"的系统架构来实现系统的应用功能(图11-14)。

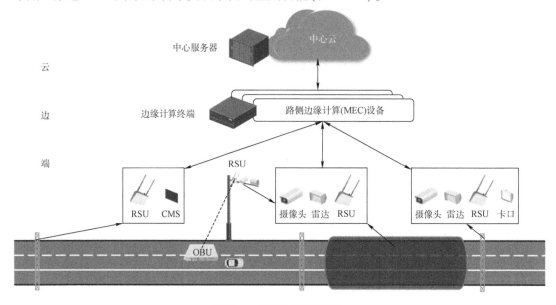

图11-14 车路协同系统架构

(1)车路协同服务平台。

车路协同服务平台采用大数据分析技术,能对海量历史数据及实时数据进行检索、统计与分析,实现车路协同智能控制;采用深度学习、计算机视觉、非结构性知识库等人工智能技术对信息进行深度挖掘,实现交通全局优化、关键事件提取和各类决策支持。根据本项目非连续、多场景的建设思路,项目需对一般性云平台进行简化,本项目车路协同云平台主要实现设备管理、算法管理、拓扑管理、数据管理、地图管理功能,对边侧与端侧上传的数据进行统一的管理、储存以及分析,并将管理与控制信息下发到相应位置的路侧计算设施,通过与路侧计算设施连接的RSU将信息进行下发。车路协同服务平台的具体功能有应用算法及管理、设备管理、拓扑管理、数据管理、地图管理。

①应用算法及管理。

算法管理是车路协同综合管理平台的核心部分,包含系统应用功能的模型和算法,负责系统节点间的联动控制,支持车路系统应用功能,同时,支持快速部署、任务管理、运行监控、远程升级等功能。

②设备管理。

设备管理是车路协同综合管理平台的核心服务,可定义各种路侧设备的能力,包括路侧计算设施、RSU等的能力属性,为路侧设备提供统一的设备模型、发放、认证、注册鉴权、设备升级、配置、数据订阅、命令、数据存储归档服务等,保证合法设备相互通信以及传输信息的安全。

③拓扑管理。

车路协同综合管理平台采取全网拓扑管理方式,实现设备计入与设备业务的发放、智能感知设施和路侧计算设施逻辑拓扑的管理、路上异常事件发生后依据设备位置与连接关系,按照事故属性向指定区域的车辆提供车路协同服务等。

同时,路侧计算设施的边缘网络能够自治,各计算设施节点可以对本站点设备逻辑进行拓扑管理,及时发现本站点设备的异常状况,实现站点内设备管理自闭环。在所属站点管辖区域发生事故时,根据拓扑结构和事件处理策略推送给本站点的RSU进行相应处理,同时将事件上传平台进行统一处理及备份。

④数据管理。

车路协同综合管理平台能够提供统一应用接口,支持其他应用平台通过统一协议调用平台信息。同时,其他平台也能够同样通过统一协议将交通信息推送到车路协同综合管理平台形成事件,进而集成多元交通数据,按照交通事件模型进行统一定义,并形成结构化交通和车辆数据。

⑤地图管理。

因车路协同系统应用功能及数字孪生平台的需要,本项目建设高精度地图,主要对K26+000—K28+100范围进行高精度地图的制作,通过地图引擎搭载。

车路协同综合管理平台支持多元异构地图数据导入,同时对地图数据进行管理及更新,实现一体化地图信息发布。可通过智能感知设备对事件及车辆实现精准定位,将动态事件与路段匹配到区域高精度地图上,实现动态事件的位置信息推送。

(2)车路协同应用场景。

①隧道场景。

隧道场景包含隧道事件预警、隧道紧急事件三级疏导、拥堵提醒、有限网联车辆交通管控。其中,前3个场景通过调用综合管控平台的数据实现。

a. 面向混合流的隧道事件预警。

当车辆在隧道外时,隧道内部情况属于视觉盲区,隧道内部情况难以获取。智能车路协同系统对包括车辆异常停车、车辆逆行、车辆交通事故、行人、抛洒物等事件进行检测。基于隧道交通事件应急管控系统,当隧道发生以上交通事件后,系统同时面向网联车和非网联车,通过车路协同路侧通信设备RSU及门架上的信息情报板,将交通事件及道路管控信息向后方车辆进行发布(图11-15)。

b. 隧道紧急事件三级疏导。

基于隧道交通事件应急管控系统,在隧道事件检测的基础上,同时面向网联车和非网联车,通过 RSU 和可变信息情报板,形成面向混合流的隧道应急处置三级诱导(图 11-16)。在监测到隧道发生交通事件后,在互通上游发布隧道事件信息,引导改变行驶路线,避免车辆进入隧道及影响区域。对于未进入隧道区域的车辆,引导它们减速或停车。应用车路协同技术对隧道内车辆向车行横洞进行应急诱导。

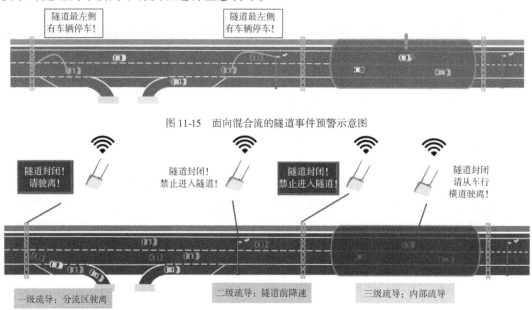

图 11-15　面向混合流的隧道事件预警示意图

图 11-16　隧道紧急事件三级疏导示意图

c. 拥堵提醒。

基于项目管控平台中的隧道及影响区交通态势分析系统,通过路侧感知设备实时获取道路交通流数据,从而实时获取内部及隧道出入口区域的交通态势状况。可基于对短期统计数据的分析,进行行车风险及拥堵的预测。可服务于车路协同系统,通过车路协同通信技术,对网联车实时发布提示信息,实现拥堵提醒的功能(图 11-17)。

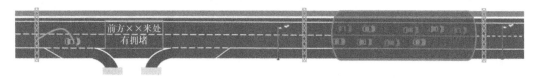

图 11-17　隧道拥堵提醒

d. 有限网联车辆交通流调节。

当隧道外出现大雾、大雨等视距不亮、路面状况不好及勤务类事件时,通过车路协同系统诱导网联车辆的行车速度和行驶车道,在交通流中构造人工移动瓶颈,诱导车辆从高速行驶环境转换到低速行驶环境,形成车队,提升安全性,对车流进行管控。当隧道内或前方出口范围发生交通拥堵的情况时,通过协同诱导网联车的车速控制以及控制两车之间的纵向距离产生可换道间隙,利用网联车诱导车辆从低速行驶环境换到高速行驶环境,从而减少拥堵震荡,起到缓解拥堵的作用,以较低成本的方式,发挥可变限速控制的作用,提高交通安全水平和出行效率(图 11-18)。

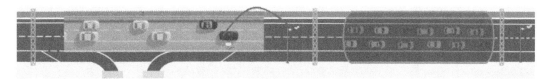

图 11-18 交通流调节

②施工作业区。

a. 施工作业区提醒。

施工作业区智能车路协同系统,通过可移动式一体化智能路侧设备将施工作业区位置及影响范围信息实时发布至周边网联车。对于未安装车路协同智能车载终端的车辆,可通过可移动式一体化智能路侧设备上的可变信息情报板实时发布施工区预警提示(图11-19)。

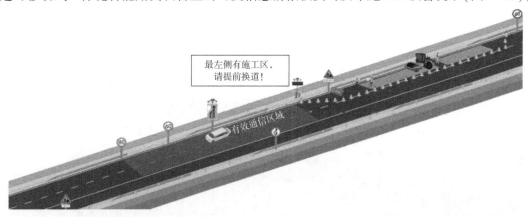

图 11-19 施工作业区提醒

b. 工程车辆防护预警。

工程车辆在进行施工作业区交通安全设施布设的过程中,车辆会减速并停在指定位置,处于非常危险的状态。在布设过程中,还未在路侧布设的一体化可移动式智能路侧设备可获取由工程车智能车载终端提供的车辆位置、速度信息,通过一体化可移动式智能路侧设备上 RSU,可实现将工程车辆信息向周边网联车的发布(图 11-20)。同时,一体化可移动式智能路侧设备上的可变信息情报板可对周边的非网联车辆进行一定的信息发布。

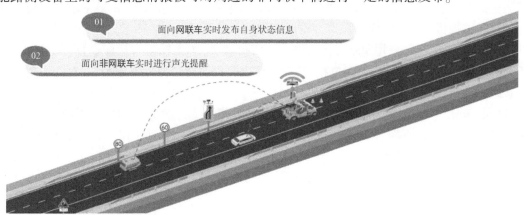

图 11-20 工程车辆防护预警

c. 施工作业区分级预警。

在施工作业区上游过渡区布设的一体化可移动式智能路侧设备,可通过雷视融合的感知方式获取上游过渡区前一定距离范围内车辆的交通参数,通过边缘计算终端加载的车辆轨迹预测算法及危险目标筛选算法,实现对车辆轨迹的短期预测与闯入预判。当判定途经车辆有侵入养护作业区的可能时,通过一体化可移动式智能路侧设备与养护作业人员佩戴的智能手环进行无线通信,对养护作业人员及途经智能网联车辆进行预警提醒。预警区域在养护作业区中分为一级报警区和二级报警区,一级报警区处于情况更为紧急的区域,收到报警信息的作业人员应在第一时间逃离,二级报警区的作业人员应做好防护工作,当预警结束确认作业区前方发生事故时,可第一时间进行报警(图11-21)。

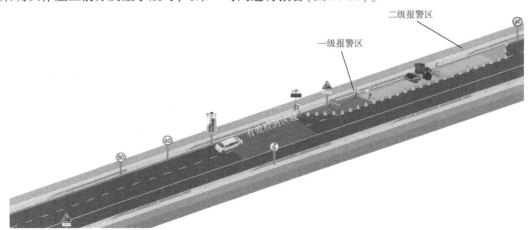

图11-21 施工区分级预警

(3)外场设备布设。

①隧道及隧道出入口。

a. 布设原则。

毫米波雷达:在隧道外不考虑连续感知,考虑能采集隧道出入口部分区域车辆位置感知即可,因此隧道外的布设点位以考虑RSU的覆盖范围为主,毫米波雷达与RSU共点位布设;隧道内需考虑连续感知,本项目车路协同感知系统采用雷视融合技术,因此毫米波点位与现有隧道内监控摄像机设置间距保持一致,采用120m间距。

高清摄像头:项目采用400万像素以上高清摄像头,主要辅助雷达标定目标特征,在隧道外与RSU、毫米波雷达布设点位相同,在隧道内复用原隧道监控摄像头,并对隧道监控摄像机进行升级。

RSU:RSU通信范围实际以400m为有效距离,同时,基于冗余、共杆、隧道内定位、授时和通信等情况考虑,本项目RSU与隧道监控摄像头点位一致,设计采用120m间距。

MEC:本项目每个感知点位设置1台Ⅰ型MEC,对雷视数据进行融合处理,同时设置区域边缘云即Ⅱ型MEC,加载车路协同应用功能的边端算法,用于区域内RSU通信和可变信息标志信息发布。

b. 布设方案。

根据布设原则,本项目在隧道及其影响区范围内整个路段共形成17个布设点位。

②隧道外布设点位。

在 K26+000 和 K28+100 处每个点位布设 1 个 400 万像素高清固定摄像头、1 个定向毫米波雷达、1 个 RSU,单独立杆布设于"L"形立杆上,在路侧布设 1 个智能机箱,并配置 1 个 Ⅰ 型 MEC 和 1 个交换机。

在隧道入口 K26+200 处布设 1 个定向毫米波雷达、1 个 RSU、1 个可变信息情报板、1 套高清卡口,同时在路侧布置 1 个智能机箱,并配置 1 个 Ⅰ 型路侧计算设施(MEC)、1 个 Ⅱ 型 MEC 和 1 个交换机。

在隧道出口 K27+960 点位处的高清卡口门架上布设 1 个定向毫米波雷达、1 个 RSU、1 套卡口,同时布设 1 个智能机箱,并配置 1 个 Ⅰ 型 MEC 和 1 个交换机。

在 K23+850 和 K24+500 两个点位处复用信息发布门架及监控立杆、机箱及传输设备,增设 1 个 RSU 和 1 个 Ⅱ 型 MEC。

③隧道内布设点位。

在隧道内每隔 120m 进行布设,其中摄像头复用传统机电监控系统隧道摄像机,并升级为 400 万像素高清固定摄像机,并在每个点位增加 1 个定向毫米波雷达、1 个 Ⅰ 型 MEC、1 个 RSU,并配置 1 个交换机和 1 个智能机箱。

(4)施工作业区。

根据《公路养护安全作业规程》(JTG H30—2015)施工区标志设施的布设方案,本系统主要在上游过渡区起始点布设 1 个可移动式一体化智能路侧单元,并在此段内选择 3 个锥桶替换成智慧锥桶。

4)传输方案

采用光纤自愈环传输方案,对于视频数据采用 H.264 压缩格式对摄像机视频进行数字压缩编码,可在单模光纤环上同时传输多路视频信号和多路数据、音频及数字量信号,支持光纤环网保护,即单点光纤断纤后系统正常工作。同时,该系统还可提供双码流工作模式,即可同时上传两种码流的视频,高码流用于数字孪生系统,低码流用于车路协同系统相关管理。

智能车路协同系统在每个感知设备布设点位处设置 1 台工业以太网交换机,通过工业以太网交换机成环(占用 4 芯光纤)上传至中心。

5)供电方案

智能车路协同系统外场设备供电方案如下:

(1)对于隧道外离供电点较远的外场设备,采用链路浮动电压远距离供电方式;对于其他距离较近的外场设备,采用低压电力电缆供电方式,并和其他外场感知设备统一考虑。

(2)隧道内设备电源引自隧道监控配电系统。

6)路侧及中心设备

(1)路侧感知设备。

路侧雷视融合感知设备可实现对区域车辆运行状态的精准刻画,当发生车辆缓行、紧急转弯、交通事故等情况时,可以快速检测识别。智能路侧感知设备实现道路交通数据的采集与初步分析,再通过光纤通信将数据传输到边缘计算终端。

(2)路侧通信设备。

路侧通信设备 RSU 可与智能车载终端 OBU 通过 LTE-V 无线通信技术实现车路信息的

交互。

(3)路侧计算设备。

①Ⅰ型路侧计算设备(MECⅠ)。

MECⅠ加载智能车路协同系统雷视融合算法软件,可对感知设备采集到的道路数据进行深度处理分析,实现车辆特征提取及轨迹数据提取。同时,MECⅠ加载车路协同系统功能边端算法软件,支持车路协同系统信息发布控制。

②Ⅱ型路侧计算设备(MECⅡ)。

MECⅡ加载对 RSU、可变信息情报板的控制算法,支持车路协同安全预警、事件报警、应急诱导等系统功能。

(4)路侧发布设备。

网联发布设备主要采用路侧 RSU 向装载 OBU 的网联车辆进行信息发布,非网联路侧发布设备主要采用传统机电系统设计形成的可变信息情报板。

(5)可移动式一体化智能路侧单元。

施工作业区专用,集成有高清摄像头、毫米波雷达、RSU、MEC 及可变信息情报板,支持车路协同信息感知、计算和发布。

(6)中心设备。

主要为服务器,支持车路协同及数字孪生平台的计算与存储,由中心统一配置。

6. AR 智慧可视化增强技术示范

1)系统构成

昭阳西环项目通过设置 AR 实景指挥系统,为实现"一路多方"救援提供跨地域的立体调度指挥功能,满足"看得见、呼得通、拉得动"的扁平化"一路多方"的综合应急指挥调度需求。系统依托本项目的全息泛在物联感知体系中设置的视频感知、交通流感知、示范路段的雷达等感知设备,公路云控中心的计算系统和现有监控分中心的视频显示处理系统,接入本项目的收费广场视频、门架视频、服务区视频、隧道视频及道路沿线的监控视频,结合 AR 交通事件检测、综合管控的交通态势分析、交通态势预测,运用即时定位与地图构建多模态增强现实和智能交互等。AR 技术可为"一路多方"应急指挥、快速决策提供丰富便利的可视化数据展现,将本项目提升为全面可视化调度系统。利用 AR 在高速公路监控视频源上进行业务和数据的应用,通过 AR 算法引擎,在视频上叠加各种数据信息和视频信息,实现数据、指挥调度可视化,并通过 AR 眼镜载体传达 AR 可视化画面。系统逻辑架构和拓扑图如图 11-22 所示。

2)系统功能

(1)视觉标签管理平台。

视频监控画面可以针对视频画面中的人、车、道路、收费站、服务区、方向、区域、其他摄像机等信息,通过视频叠加标签的形式,对各种事物进行标注,让普通的视频监控看起来更通俗易懂,信息更直观全面。

目前,高速公路的监控摄像机的标识仅通过唯一桩号识别,如 SRCAM12 摄像机桩号为"K20+705",监控人员操作时不容易识别记忆,且输入时容易出错。AR 系统提供了一种映射桩号摄像头号码的标签叠加服务,将使监控人员更容易记忆和识别。通过与高速公路中特定位置、其他相关内容形象相联系的普通语言文字解读对应,使没有任何实质含义的数字自动与对应为监控视频相关内容,如方向、车道、地点等数据。AR 标签可省去记忆代码和位置关联的思维解析转换过程,并提供直接对包括位置、自定义标签等的快速搜索功能,找到目标监控节点和位置,减少查询时间。图 11-23 为部分典型静态标签示意图。

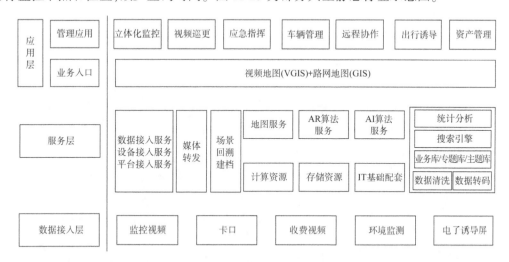

图 11-22　可视化增强示范系统逻辑架构

图 11-23　AR 静态标签示意图

①视频监控点 GIS 地图定位。

基于视觉标签管理平台,可实现视频监控点 GIS 地图定位和视频调阅,在 GIS 地图上对本项目的所有摄像机进行根据桩号或者 GPS 信息进行定位,同时可以对摄像机的视频进行调阅。

②GIS 地图元素定位。

基于视觉标签管理平台,可实现 GIS 地图元素定位。针对路网上的路段、收费站、服务区、桥梁、隧道、边坡、互通设施,可以在 GIS 地图上进行定位,方便监控人员查找对应的场景,调阅对应的视频。

③视频监控画面标签叠加。

视频监控画面可以各种标签叠加,对视频中的各种事物进行标注,针对视频画面中的人、车、建筑、道路、方向区域其他摄像机等信息,可以通过视频叠加标签的形式,对各种事物进行标注,让传统的监控看起来更通俗易懂,信息更直观全面(图11-24)。

④实时气象信息标签叠加。

在GIS地图上实时展示气象信息进行标签叠加,同时可以接入道路气象监测站信息,方便监控人员掌握实时的天气以及对特殊天气进行提前预警。

⑤实时拥堵信息标签叠加。

在GIS地图上实时展示道路拥堵信息进行标签叠加,方便监控人员实时掌握各路段的道路畅通情况以及对拥堵情况进行提前预警。

图11-24 视频叠加标签、视频标注

(2)路产管理数字化平台。

以"GIS/VGIS+数据"的方式将本项目各专业摄像机(传统监控、智慧高速公路、收费视频、隧道监控摄像机)的分散数据整合到同一个实景空间体系中,对全线的监控节点设置一个时间和空间的定位并标注标签。关联后的数据形成链条,可点击提取相关的录像、图片、文档、语音、信息组、三维模型等,充分利用GIS地图中的地理位置信息,以视频实景地图为核心,以矢量标签直观地标注本高速公路全部资产,包括道路方向、路产建筑、监控设备、接入设备等,进行信息展示(图11-25)。

图11-25 路产数字化管理展示图(1)

如通过接入各感知设备,包括服务区出入卡口监控、气象检测器、路面状态传感器、能见度传感器等的数据,对服务区建筑物等进行定位、数据标注叠加的实景可视化展示(图11-26)。

图11-26 路产数字化管理展示图(2)

(3)实景指挥调度平台。

在指挥监控过程中,从可视化实景空间和任意时间中提炼出更有用的信息,通过信息实时显示和历史检索调用,自动智能巡检、主动报警分配警力等可视化应用,实现本项目监控管理人员的"宏观-微观"可视化统筹调度和全方位深入交互,真正实现智慧高速公路视频指挥中心的信息化管理。

通过对视频空间数据的整合,建立以视频地图及实景地图为载体的视频空间操作系统,融合对接云控中心应急调度指挥系统,实现对视觉范围内的所有资源的实景化可视化上图展示,并实现视频资源的实景化管理及调用。

①日常监控实景AR化。

通过对接现有应急管理系统,结合现有应急管理系统相关功能,提取重要数据内容,以实现在AR实景指挥调度平台的全局实时展示(图11-27、图11-28)。

图11-27 AR实景指挥系统示意图

通过系统标签生成及交互功能手动添加地图的各种元素。对收费站、服务区建筑物、道路、沿线设施、外场设备等信息点,可添加静态和动态的元素,如元素的类型、属性、展示方式、功能属性等,可以添加一种元素或多种元素的组合。

图 11-28　应急指挥视频监控画面叠加标签抓拍示意图

下载百度地图、高德地图等互联网地图后，可以批量导入实景地图，实景指挥调度平台自动按照经纬度信息与视频图层关联，生成标签信息在视频实景地图上展示。元素批量导入地图中时，可对元素视频标签定位偏移进行拖拽纠偏。

②拥堵发生后实时报警。

针对每个车道，可通过视频流进行拥堵预测及拥堵检测，可提前进行预案处理（图11-29）。

图 11-29　实景监控拥堵路段预警

③车辆停车超时报警。

当车道有车辆的停留时间超过一定阈值时，系统可进行报警，尤其是对于无人值守的ETC车道，尽早发现车辆停留，会给收费站的安全水平及运营效率带来极大的提高（需站级图像分析服务器数据对接）。

④隧道实时感知警报。

实时向监控分中心上报隧道内出现的拥堵、停车占道、应急占道、超时占道、人员闯入等情况（图11-30）。

⑤其他应急报警处理及反馈。

通过对接其他报警系统，对各种报警类型弹出对应的报警派单处理流程，并实时反馈报警处理进度。

图11-30 警报实时感知

⑥一机三屏显示指挥调度。

AR实景指挥调度平台通过与应急处置调度平台对接,从现有应急处置调度平台应急管理系统中获取预案信息,直观形象地进行实景化展示,在系统界面上能够直观地查询到预警状态、应急处置责任人、联系方式、布防人员数量等信息。

一机三屏显示系统:主屏幕显示AR实景指挥调度平台主界面,联动屏显示重点部位视频,地图屏显示二维电子地图。系统由总体到全局,全局到局部细节,实现立体化的指挥调度,具体功能如下:

主屏:显示AR实景指挥调度平台主界面,支持所有业务功能的操作。

地图屏:能够从宏观上掌握高点资源及低点防控资源整体分布,支持从二维电子地图上快速切换高点位视频到主屏上,支持搜索及框选低点位视频在联动屏上显示。

联动屏:显示AR实景指挥调度平台推送过来的重点部位视频,显示从二维电子地图上选择播放的重点部位视频,并支持4幅画面、9幅画面分割方式轮播。

(4) AR眼镜远程协作支持。

本项目设置运营、管理、维护等多场景的AR远程协作平台,可解决传统远距离协作各类问题,通过AR远程协作系统真正实现"远在天边,近在眼前"的跨越距离的协同调度。

AR远程协作平台将建立"一路多方"的应急调度系统,增加远程协作能力,实现远程协作应用场景,并能增加通信功能,在远程协作中开启音视频通话,现场人员和监控分中心进行语音和视频通信,配置AR眼镜作为辅助,使监控分中心能够以第一视角获取现场图像等信息,如亲临现场,通过远程协作,可提升"一路多方"应急救援的效率,本项目配置5套AR眼镜。

本项目远程协作可应用在公路养护、日常机电运维、日常路产巡检、"一路多方"应急处置等情况,不同应用场景涉及的协作人员不尽相同,因此远程协作系统平时需要兼容临时人员的远程协作用管理机制,日常基于远程协作建立协作日常用会话组,具有一键邀请组内成员进入通话以及临时邀请非组内成员进入通话功能。

在AR远程协作会话中,获取授权的远程协作人员可对视频进行冻屏标注,通过实时标注的方法来演示指导,并将结果同步展现至远程现场人员。系统具有在通信过程中直接记录、保存现场数据的功能,可传输多种类型的文件,包括文档、图片、视频等数据文件(图11-31)。

图 11-31　AR 远程协作示意图

第三节　项目亮点

1）山区高速公路安全管控智慧化提升示范

昭阳西环智慧高速公路以"创新探索、示范引领"为理念，聚焦山区高速公路隧道和施工作业区两大安全薄弱场景，支持面向混合流的管控信息发布，结合应用数字孪生技术进行智慧化管理，形成山区高速公路安全管控智慧化提升方案，助力智慧高速公路的建设与发展。

2）面向混合流的车路协同应用示范

面向隧道、施工作业区两大应用场景，建设面向混合交通流的车路协同系统应用示范，支持隧道事件预警、隧道拥堵提醒、隧道紧急事件疏导、隧道内网联车辆精准定位、施工作业区提示、工程车辆防护预警等功能，实现车路协同创新应用。

3）AR 可视化增强技术示范

依托全息泛在视频感知体系、5G 移动网络和智慧云控平台的数据支撑，创新地使用 AR 可视化增强技术，提升了昭阳西环高速公路远程协作一路多方应急指挥的能力。通过 AR 在西环高速公路的应用，提升昭通高速公路的智慧化水平，成为全省乃至全国的智慧高速公路科技典范。

4）全天候出行保障应用与服务

在全面感知交通运行状态的基础上，进行交通态势分析，利用车道资源动态分配、路网交通流动态分配等手段，实现对交通的主动管控，并使高速公路上的车辆高效通行；通过智能安全诱导、重点营运车辆监管、主动发光标志提升、智能信息发布、导航服务等手段，为公众提供更为安全、智能的出行服务。

参 考 文 献

[1] AMANNA A. Overview of IntelliDrive/vehicle infrastructure integration(Ⅶ)[R]. Blacksburg:Vriginia Tech Transportation Institute, 2009.

[2] FENG S,FENG Y,YU C,et al. Testing Scenario Library Generation for Connected and Automated Vehicles, Part Ⅰ:Methodology. IEEE Transactions on Intelligent Transportation Systems. 2019,99(1):1-10.

[3] FENG S,FENG Y,SUN H,et al. Testing Scenario Library Generation for Connected and Automated Vehicles,Part Ⅱ:Case Studies. IEEE Transactions on Intelligent Transportation Systems. 2020.

[4] FENG S,FENG Y,SUN H,et al. Adaptive Testing Scenario Library Generation for Connected and Automated Vehicles. IEEE Transactions on Intelligent Transportation Systems. 2020. pp:1-10.

[5] CHRISTIAN,et al. A Scenario-Based Assessment Approach for Automated Driving by Using Time Series Classification of Human-Driving Behavior. IEEE 19th International Conference on Intelligent Transportation Systems. 2016:1360-1365.

[6] 孙敏,王妍颖,黄宇.基于多场景下车路协同应用的研究[J].交通节能与环保,2020,16(5):59-61+65.

[7] 常振廷,谢振东,董志国.面向公交营运管理的车路协同应用场景研究[J].智能网联汽车,2020(3):93-96.

[8] 周桥立,李睿硕.基于车路协同的开放道路应用场景落地研究[J].信息通信,2020(2):29-31.

[9] 高艺嘉,孙雨,郭沛.灾害天气下高速公路车路协同应用场景研究[J].中国交通信息化,2019(10):102-105.

[10] 李新洲,汤立波,李成,等.高速公路车路协同应用场景分析[J].信息通信技术与政策,2019(4):12-17.

[11] 李智.高速公路车路协同应用场景研究[J].市政技术,2019,37(2):17-21.

[12] 刘华.基于V2X系统的开放道路场景实现研究[J].信息通信,2020,214(10):182-184.

[13] 余冰雁,康陈,刘宏洁.MEC与C-V2X融合系统的关键技术与产业化研究[J].移动通信,2019,43(11):51-56.

[14] 3GPP. Study on LTE support for vehicle to everything (V2X) services:3GPP TR 22.885-2017[S].3GPP,2017.

[15] 3GPP. Study on enhancement of 3GPP Support for 5G V2XServices:3GPP TR 22.886-2018[S].3GPP,2018.

[16] 中国汽车工程学会.合作式智能运输系统　车用通信系统应用层及应用数据交互标

准:T/CSAE 53—2017[S].北京:中国汽车工程学会,2017.
[17] 中国汽车工程学会.合作式智能运输系统 车用通信系统应用层及应用数据交互标准:T/CSAE 53—2020[S].北京:中国汽车工程学会,2020.
[18] 展凤萍.智慧高速公路交通检测器组合布设方法研究[D].南京:东南大学,2017.
[19]《中国公路学报》编辑部.中国汽车工程学术研究综述·2017[J].中国公路学报,2017, 30(6):1-197.
[20] 公路工程适应自动驾驶附属设施总体技术规范(征求意见稿)[S].北京:中华人民共和国交通运输部,2020.
[21] 吴建波.延庆至崇礼高速公路雷达路况感知系统[J].中国交通信息化,2021(1): 105-107.
[22] 邵长桥,李敏.基于流量与占有率模型的交通事件检测器布设研究[J].北京工业大学学报,2016,42(9):1392-1397.
[23] 张雯靓.基于多源信息的高速公路交通事件检测方法研究[D].南京:东南大学,2018.
[24] 方青.高速公路固定检测器布设方案分析[J].交通科技与经济,2010,12(6):1-4.
[25] 熊丹,方晓丽,刘志亮,等.基于增量比较法的交通事件检测器布设研究[J].公路与汽运,2016(1):60-63.
[26] GENTILI M, MIRCHANDANI P B. Review of Optimal Sensor Location Models for Travel Time Estimation[J]. Transportation Research Part C: Emerging Technologies,2018,90(5): 74-96.
[27] 储浩,杨晓光,李克平,等.基于行程时间估计的快速路检测器布设密度优化方法研究[J].公路交通科技,2006,23(5):84-87.
[28] KIM J, PARK B B, LEE J, et al. Determining optimal sensor locations in freeway using genetic algorithm-based optimization[J]. Engineering Applications of Artificial Intelligence,2011, 24(2):318-324.
[29] EDARA P K, GUO J, SMITH B L, et al. Optimal placement of point detectors on Virginia's freeways: case studies of Northern Virginia and Richmond[R]. Virginia Transportation Research Council,2008.
[30] SHERALI H D, DESAI J, RAKHA H. A discrete optimization approach for locating Automatic Vehicle Identification readers for the provision of roadway travel times[J]. Transportation Research Part B Methodological,2006,40(10):857-871.
[31] BARTIN B, OZBAY K, IYIGUN C. Clustering-based methodology for determining optimal roadway configuration of detectors for travel time estimation[J]. Transportation Research Record,2007,2000(1):98-105.
[32] 王浩淼.面向多源数据融合的高速公路检测器布设方法研究[D].南京:东南大学,2015.
[33] 杜树樱.高速公路交通检测器布设优化方法研究[D].南京:东南大学,2019.
[34] HONG Z, FUKUDA D. Effects of Traffic Sensor Location on Traffic State Estimation[J]. Procedia-Social and Behavioral Sciences,2012,54(1):1186-1196.

[35] EISENMAN S M, XIANG F, ZHOU X, et al. Number and Location of Sensors for Real-Time Network Traffic Estimation and Prediction: Sensitivity Analysis[J]. Transportation Research Record Journal of the Transportation Research Board, 2006, 1964(1): 253-259.

[36] AHMED A, WATLING D, NGODUY D. Significance of Sensor Location in Real-time Traffic State Estimation[J]. Procedia Engineering, 2014, 77: 114-122.

[37] CANEPA E, ODAT E, DEHWAH A, et al. A sensor network architecture for urban traffic state estimation with mixed eulerian/lagrangian sensing based on distributed computing[C]//International Conference on Architecture of Computing Systems. Springer, Cham, 2014: 147-158.

[38] SHAN Z, ZHU Q. Camera location for real-time traffic state estimation in urban road network using big GPS data[J]. Neurocomputing, 2015, 169: 134-143.

[39] LI H, DONG H, JIA L, et al. Analysis of factors that influence the sensor location problem for freeway corridors[J]. Journal of Advanced Transportation, 2015, 49(1): 10-28.

[40] LIU H X, DANCZYK A. Optimal Sensor Locations for Freeway Bottleneck Identification[J]. Computer-Aided Civil and Infrastructure Engineering, 2010, 24(8): 535-550.

[41] CONTRERAS S, KACHROO P, AGARWAL S. Observability and Sensor Placement Problem on Highway Segments: A Traffic Dynamics-Based Approach[J]. IEEE Transactions on Intelligent Transportation Systems, 2016, 17(3): 848-858.

[42] 陈宇峰,向郑涛,陈利,等. 智能交通系统中的交通信息采集技术研究进展[J]. 湖北汽车工业学院学报, 2010, 24(2): 30-36.

[43] American Association of State Highway and Transportation Officials. Highway Safety Manual[M]. U.S.A: AASHTO, 2010: G-14.

[44] MAHMUD S, FERREIRA L, HOQUE S, et al. Application of Proximal Surrogate Indicators for Safety Evaluation: A Review of Recent Developments and Research Needs[J]. IATSS Research, 2017, 41(4): 153-163.

[45] WANG C, STAMATIADIS N. Surrogate safety measure for simulation-based conflict study[J]. Transportation Research Record, 2013, 2386(1): 72-80.

[46] ISMAIL K, SAYED T, SAUNIER N. Methodologies for aggregating indicators of traffic conflict[J]. Transportation Research Record, 2011, 2237(1): 10-19.

[47] PINNOW J, MASOUD M, ELHENAWY M, et al. A Review of Naturalistic Driving Study Surrogates and Surrogate Indicator Viability within the Context of Different Road Geometries[J]. Accident Analysis & Prevention, 2021, 157: 106185.

[48] XING L, HE J, ABDEL-ATY M, et al. Examining traffic conflicts of up stream toll plaza area using vehicles' trajectory data[J]. Accident Analysis & Prevention, 2019, 125: 174-187.

[49] LI Y, LI Z, WANG H, et al. Evaluating the safety impact of adaptive cruise control in traffic oscillations on freeways[J]. Accident Analysis & Prevention, 2017, 104: 137-145.

[50] LI Y, WU D, LEE J, et al. Analysis of the transition condition of rear-end collisions using time-to-collision index and vehicle trajectory data[J]. Accident Analysis & Prevention,

2020,144:105676.

[51] ZHAO P,LEE C. Assessing rear-end collision risk of cars and heavy vehicles on freeways using a surrogate safety measure[J]. Accident Analysis & Prevention,2018,113:149-158.

[52] UNO N,IIDA Y,YASUHARA S,et al. Objective analysis of traffic conflict and modeling of vehicular speed adjustment at weaving section[J]. Infrastructure Planning Review,2003, 20:989-996.

[53] RAHMAN M S,ABDEL-ATY M. Longitudinal safety evaluation of connected vehicles' platooning on expressways[J]. Accident Analysis & Prevention,2018,117:381-391.

[54] KUANG Y,QU X,WANG S. A tree-structured crash surrogate measure for freeways[J]. Accident Analysis & Prevention,2015,77:137-148.

[55] CHAN C Y. Defining safety performance measures of driver-assistance systems for intersection left-turn conflicts[C]//2006 IEEE Intelligent Vehicles Symposium. IEEE,2006: 25-30.

[56] SINHA A,CHAND S,WIJAYARATNA K P,et al. Comprehensive safety assessment in mixed fleets with connected and automated vehicles:A crash severity and rate evaluation of conventional vehicles[J]. Accident Analysis & Prevention,2020,142:105567.

[57] RESHEF D N,RESHEF Y A,FINUCANE H K,et al. Detecting Novel Associations in Large Data Sets[J]. Science,2011,334(6062):1518-1524.

[58] CHEN Y,MAO J,HUANG H,et al. Analysis of Different Graph Convolutional Network Prediction Models with Spatial Dependence Evaluation[C]// 2021 IEEE International Intelligent Transportation Systems Conference (ITSC). IEEE,2021:1780-1785.

[59] WANG C,STAMATIADIS N. Surrogate safety measure for simulation-based conflict study [J]. Transportation Research Record,2013,2386(1):72-80.

[60] ISMAIL K,SAYED T,SAUNIER N. Methodologies for aggregating indicators of traffic conflict[J]. Transportation Research Record,2011,2237(1):10-19.

[61] REVELLE C S,EISELT H A. Location Analysis:A Synthesis and Survey[J]. European Journal of Operational Research,2005,165(1):1-19.

[62] IVANCHEV J,AYDT H,KNOLL A. Information Maximizing Optimal Sensor Placement Robust Against Variations of Traffic Demand Based on Importance of Nodes[J]. IEEE Transactions on Intelligent Transportation Systems,2015,17(3):714-725.

[63] ALAHI A,GOEL K,RAMANATHAN V,et al. Social LSTM:Human trajectory prediction in crowded spaces[C]// IEEE Conference on Computer Vision and Pattern Recognition (CVPR). IEEE,2016:961-971.

[64] HOCHREITER S,SCHMIDHUBER J. Long short-term memory[J]. Neural Computation, 1997,9(8):1735-1780.

[65] 赵祥模,连心雨,刘占文,等. 基于MM-STConv的端到端自动驾驶行为决策模型[J]. 中国公路学报,2020,33(3):170-183.

[66] DEO N,TRIVEDI M M. Convolutional social pooling for vehicle trajectory prediction[C]//

IEEE Conference on Computer Vision and Pattern Recognition Workshops. 2018: 1468-1476.

[67] FENG S, FENG Y, YU C, et al. Testing Scenario Library Generation for Connected and Automated Vehicles, Part Ⅰ: Methodology [J]. IEEE Transactions on Intelligent Transportation Systems. 2019. 99(1):1-10.

[68] FENG S, FENG Y, SUN H, et al. Testing Scenario Library Generation for Connected and Automated Vehicles, Part Ⅱ: Case Studies [J]. IEEE Transactions on Intelligent Transportation Systems. 2020.

[69] FENG S, FENG Y, SUN H, et al. Adaptive Testing Scenario Library Generation for Connected and Automated Vehicles [J]. IEEE Transactions on Intelligent Transportation Systems, 2020: 1-10.

[70] RSENER C, FAHRENKROG F, UHLIG A, et al. A Scenario-Based Assessment Approach for Automated Driving by Using Time Series Classification of Human-Driving Behavior [C]. IEEE 19th International Conference on Intelligent Transportation Systems. 2016:1360-1365.

[71] 杨良义,陈涛,谢飞.车路协同系统功能实现的场景测试技术研究[J].重庆理工大学学报(自然科学),2018,32(5):43-47.

[72] 王庞伟,于洪斌,张为,等.城市车路协同系统下实时交通状态评价方法[J].中国公路学报,2019,32(6):176-187. DOI:10.19721/j.cnki.1001-7372.2019.06.018.

[73] 柴少丹.车路协同系统功能测试与评价方法研究[D].武汉:武汉理工大学,2013.

[74] 张家铭.车路协同仿真系统测试及其验证方法研究[D].北京:北京交通大学,2014.

[75] 张立爽.车路协同系统交通仿真环境构建及效率评估方法[D].北京:北京交通大学,2018.

[76] 赵晓华,陈雨菲,李海舰,等.面向人因的车路协同系统综合测试及影响评估[J].中国公路学报,2019,32(6):14.

[77] 牛皖豫.面向交通效率的车路协同系统仿真与测试评价[D].天津:天津职业技术师范大学,2022. DOI:10.27711/d.cnki.gtjgc.2022.000034.

[78] 虞晓芬,傅玳.多指标综合评价方法综述[J].统计与决策,2004(11):119-121.

[79] 江山,宋柯,谢维成,等.基于灰色关联与Apriori算法的道路交通事故数据分析[J].公路工程,2019,44(4):67-73.

[80] 荆妙蕾.几种织物风格和服用性能的灰色近优评价[J].棉纺织技术,2015,43(8):72-76.

[81] 梅年峰.基坑支护方案灰色多目标决策优选模型的建立与应用[J].中南大学学报,2013,44(5):1982-1987.

[82] 罗瑞发,郝慧君,徐桃让,等.考虑智能网联车队强度的混合交通流基本图模型[J/OL].吉林大学学报(工学版),2023:1.

[83] ZHANG H, WU Y, TAN H, et al. Understanding and modeling urban mobility dynamics via disentangled representation learning [J]. IEEE Transactions on Intelligent Transportation Systems, 2020.

[84] 孟辉,贾彦党.智慧公路泛在感知及多网融合传输体系探究与应用[J].中国交通信息化,2021,10:100-104.

[85] 重庆市市场监督管理局.智慧交通物联网数据服务平台信息融合通用要求:DB50/T 1173—2021[S].重庆:重庆市市场监督管理局,2021.

[86] 天津市市场监督管理委员会.高速公路可变信息标志技术要求:DB12/T 992—2020[S].天津:天津市市场监督管理委员会,2020.

[87] 戴亚平.多传感器数据智能融合理论与应用[M].北京:机械工业出版社,2021.

[88] BAI J,LI S,HUANG L,et al. Robust detection and tracking method for moving object based on radar and camera data fusion[J]. IEEE Sensors Journal,2021,21(9):10761-10774.

[89] WEBER D,GÜHMANN C,SEEL T. Neural networks versus conventional filters for inertial-sensor-based attitude estimation[C]//2020 IEEE 23rd International Conference on Information Fusion. Rustenburg,South Africa:IEEE,2020:1-8.

[90] 美国交通研究委员会.美国道路通行能力手册[M].北京:人民交通出版社,2007.

[91] 中华人民共和国交通运输部.公路网运行监测与服务暂行技术要求[M].北京:人民交通出版社,2012.

[92] HUSSEIN D,KIM T. Development and evaluation of arterial incident detection models using fusion of simulated probe vehicle and loop detector data[J]. Elsevier B. V.,2010,12(1).

[93] WASHBURN S S,KIRSCHNER D S. Rural freeway level of service based on traveler perception[M]. NY:Transportation Research Board,2006.

[94] 于荣,王景祥,郑继嫒,等.基于支持向量机的城市道路交通状态模式识别研究[J].交通运输系统工程与信息,2013,13(1):130-136.

[95] 李树彬,党文修,傅白白.基于收费数据的高速公路实时网络状态估计研究[J].交通运输系统工程与信息,2015,15(4):63-69+84.

[96] PARK B,QI H. Development,and evaluation of a procedure for the calibration of simulation models[J]. Transportation Research Record Journal of the Transportation Research Board,2005,1934(1934):208-217.

[97] HOU Z,LEE J. Multi-Thread Optimization for the calibration of microscopic traffic simulation model[J]. Transportation Research Record,2018,2672(20):98-109.

[98] MA J,DONG H,ZHANG H. Calibration of Microsimulation with Heuristic Optimization Methods[J]. Transportation Research Record Journal of the Transportation Research Board,2007,1999(1999):208-217.

[99] KRAUSE B,VON ALTROCK C,POZYBILL M. Intelligent highway by fuzzy logic:Congestion detection and traffic control on multi-lane roads with variable road signs[C]. The 5th International Conference on Fuzzy Systems,1996,3:1832-1837.

[100] LU J,CAO L. Congestion evaluation from traffic flow information based on fuzzy logic[C]. IEEE Intelligent Transportation Systems,2003,1:50-53.

[101] WANG Y B,PAPAGEORGIOU M,MESSMER A. Real-time freeway traffic state estimation based on extended Kalman filter:Adaptive capabilities and real data testing [J].

Transportation Research Part a-Policy And Practice,2008,42(10):1340-1358.

[102] YUAN Y F,VAN LINT J W C,WILSON R E,et al. Real-Time Lagrangian Traffic State Estimator for Freeways[J]. Ieee Transactions on Intelligent Transportation Systems,2012, 13(1):59-70.

[103] TREIBER M,HELBING D. An Adaptive Smoothing Method for Traffic State Identification from Incomplete Information[J]. Interface and Transport Dynamics,2003,32:343-360.

[104] 胡建荣,何磊. 基于尖点突变理论的高速公路交通流状态判别方法[J]. 中国公路学报,2017,30(10):137-144.

[105] 张源. 基于交通参数预测的城市快速路交通状态判别研究[D]. 北京:北京交通大学,2019.

[106] 董煦宸. 基于深度学习的交通状态判别和短时交通流量预测方法研究[D]. 北京:北京交通大学,2020.

[107] MONTAZERI-GH M,FOTOUHI A. Traffic condition recognition using the k-means clustering method[J]. Scientia Iranica,2011,18(4):930-937.

[108] 詹益旺. 基于手机信令的道路交通状态识别及预测研究[D]. 广州:华南理工大学,2017.

[109] ANTONIOU C,KOUTSOPOULOS H N,YANNIS G. Dynamic data-driven local traffic state estimation and prediction[J]. Transportation Research Part C-Emerging Technologies, 2013,34:89-107.

[110] TSUBOTA T,BHASKAR A,NANTES A,et al. Comparative Analysis of Traffic State Estimation Cumulative Counts-Based and Trajectory-Based Methods[J]. Transportation Research Record,2015(2491):43-52.

[111] 贾森. 基于实时信息的城市道路交通状态判别方法研究[D]. 北京:北京交通大学,2007.

[112] LU H,SUN Z,QU W. Big Data-Driven Based Real-Time Traffic Flow State Identification and Prediction[J]. Discrete Dynamics In Nature And Society,2015:1-15.

[113] 姜山,丁治明,徐馨润,等. 面向路网交通流态势预测的图神经网络模型[J]. 计算机科学与探索, 2021: 1-9.

[114] ZHANG Y, CHENG T, REN Y. A graph deep learning method for short-term traffic forecasting on large road networks[J]. Computer Aided Civil & Infrastructure Engineering, 34 (2): 877-896.

[115] GUO S, LIN, Y, FENG N, et al. Attention based spatial-temporal graph convolutional networks for traffic flow forecasting[J]. In Proceedings of the AAAI Conference on Artificial Intelligence, 33: 922-929.

[116] 陆百川,舒芹,马广露. 基于多源交通数据融合的短时交通流预测[J]. 重庆交通大学学报:自然科学版, 38(5): 13-19.

[117] WILLIAMS B M, AND HOEL L A. Modeling and forecasting vehicular traffic flow as a seasonal ARIMA process: Theoretical basis and empirical results[J]. Journal of Transpor-

tation Engineering 129(6):664-672.

[118] LIPPI M, BERTINI M, FRASCONI P. Short-Term Traffic Flow Forecasting: An Experimental Comparison of Time-Series Analysis and Supervised Learning[J]. IEEE Transactions on Intelligent Transportation Systems, 2013, 14(2):871-882.

[119] TANG T, HUANG H. A discussion of traffic flow forecast by using swallowtail catastrophe theory[J]. Journal of Mathematical Study, 2005, 1(1):462-470.

[120] ZHANG J, JIAO Y. Short-Term Traffic Flow Forecast Based on RBF Neural Network[J]. Journal of Shandong Jiaotong University , 2008:1.

[121] SUN S, ZHANG C, YU G. A Bayesian network approach to traffic flow forecasting. IEEE Transactions on Intelligent Transportation Systems, 7(1): 124-132.

[122] ZHANG Y, CHENG T, REN Y. A graph deep learning method for short-term traffic forecasting on large road networks[J]. Computer-Aided Civil and Infrastructure Engineering, 2019, 34(10): 877-896.

[123] Liu J, Guan W. A summary of traffic flow forecasting methods[J]. Journal of Highway and Transportation Research and Development, 2004(21):82-85.

[124] WU C, HO J, LEE D. Travel-time prediction with support vector regression[J]. IEEE Transaction on Intelligent Transportation System, 2004, 5(4): 276-281.

[125] 郭敏.道路交通流短时预测方法综述[J].自动化技术与应用,2009,28(6):8-9+16.

[126] AHMED M S,COOK A R. Analysis of freeway traffic time-series data by using Box-Jenkins techniques[J]. Transportation Research Record, 1979(722): 1-9.

[127] WILLIAMS B M, HOEL L A. Modeling and forecasting vehicular traffic flow as a seasonal ARIMA process: Theoretical basis and empirical results[J]. Journal of transportation engineering, 2003, 129(6): 664-672.

[128] 翁小雄.城市交叉路口交通流特征与短时预测模型[J].交通运输工程学报,2006,(1):103-107.

[129] 张利.基于 ARIMA 模型的短时交通流量预测算法研究[J].郑州轻工业学院学报,2008,(4): 89-92.

[130] KAMARIANAKIS Y, PRASTACOS P. Forecasting Traffic Flow Conditions in an Urban Network: Comparison of Multivariate and Univariate Approaches[J]. Transportation Research Record: Journal of the Transportation Research Board, 2003, 18(57): 74-84.

[131] SMITH B L, WILLIAMS BILLY M R, OSWALD K. Comparison of parametric and nonparametric models[J]. Transportation Research Part C: Emerging Technologies, 2002 (10): 303-321.

[132] AHMED M S, COOK A R. Analysis of freeway traffic time-series data by using Box-Jenkins technique[J]. Transportation Research Record, 1979(722): 214-221.

[133] HAMED M M, AL-MASAEID H R, SAID Z M B. Short-Term Prediction of Traffic Volume in Urban Arterials[J]. Journal Of Transportation Engineering, 1995,121(3): 249-254.

[134] LIN X F, HUANG Y. Short-Term High-Speed Traffic Flow Prediction Based on

ARMAGARCH-M Model[J]. Wireless Personal Communications, 2021, 117(4): 3421-3430.

[135] SHAHRIARI S, GHASRI M, SISSON S A, et al. Ensemble of ARIMA: combining parametric and bootstrapping technique for traffic flow prediction[J]. Transportmetrica a TransportScience, 2020, 16(3): 1552-1573.

[136] ZHANG G. Time series forecasting using a hybrid ARIMA and neural network model[J]. Neurocomputing, 2003, 50: 159-175.

[137] OKUTANI I, STEPHANEDES Y J. Dynamic prediction of traffic volume through Kalman filtering theory[J]. Transportation Research, Part B: Methodology, 1984, 18(1): 1-11.

[138] CHIEN S I J, KUCHIPUDI C M. Dynamic travel time prediction with real-time and historic data[J]. Journal of Transportation Engineering, 2003, 129(6): 608-616.

[139] ERMAGUN A, LEVINSON D J T R. Spatiotemporal traffic forecasting: review and proposed directions[J]. 2018, 38(6): 786-814.

[140] FRAZIER C, KOCKELMAN K M. Chaos theory and transportation systems-Instructive example[J]. Statistical Methods and Safety Data Analysis and Evaluation, 2004, 18(97): 9-17.

[141] 马庆禄. 基于混沌理论的交通状态预测研究[D]. 重庆:重庆大学,2012.

[142] 黄镐,陈森发,周振国,等. 城市交通流量的非线性混沌预测模型研究(英文)[J]. Journal of Southeast University(English Edition),2003,(4):410-413.

[143] 于泉,姚宗含. 交通流预测的马尔科夫粒子滤波方法研究[J]. 交通运输系统工程与信息,2019,19(2): 209-215.

[144] FENG B, XU J, LIN Y, et al. A Period-Specific Combined Traffic Flow Prediction Based on Travel Speed Clustering[J]. IEEE Access, 2020, 8: 85880-85889.

[145] 陈婧敏. 基于KNN回归的短时交通流预测[J]. 微型电脑应用, 2015, 31(9): 25-29.

[146] HANS V L, CHRIS V H. Short-term traffic and travel time prediction models[J]. Artificial Intelligence Applications to Critical Transportation Issues, 2012, 22(1): 22-41.

[147] LUO X, LI D, YANG Y, et al. Spatiotemporal traffic flow prediction with KNN and LSTM[J]. Journal of Advanced Transportation, 2019: 1-10.

[148] SOOMIN W, SEHYUN T, HWASOO Y. Data-Driven Prediction Methodology of Origin-Destination Demand in Large Network for Real-Time Service[J]. Transportation Research Record: Journal of the Transportation Research Board, 2016, 2567:47-56.

[149] XIAO H, SUN H, RAN B, et al. Fuzzy-neural network traffic prediction framework with wavelet decomposition[J]. Transportation Research Record, 2003, 1836(1): 16-20.

[150] KIM S S, REDDY A, VANNUCCI M. Detecting Traffic Anomalies Using Discrete Wavelet Transform[C]. Information Networking, Networking Technologies for Broadband & Mobile Networks, International Conference Icoin, Busan, Korea, February, Revised Selected Papers. DBLP, 2004:1.

[151] SUN Y, LENG B, GUAN W. A novel wavelet-SVM short-time passenger flow prediction in

Beijing subway system[J]. Neurocomputing, 2015, 166: 109-121.

[152] TAN M, YINGJUN L I, JIANMIN X U. A Hybrid ARIMA and SVM Model for Traffic Flow Prediction Based on Wavelet Denoising[J]. Journal of Highway and Transportation Research and Development, 2009:1.

[153] JEONG Y S, BYON Y J, CASTRO-NETO M M, et al. Supervised weighting-online learning algorithm for short-term traffic flow prediction[J]. IEEE Transactions on Intelligent Transportation Systems, 2013, 14(4): 1700-1707.

[154] ZHANG Y, CHENG T, REN Y. A graph deep learning method for short-term traffic forecasting on large road networks[J]. Computer-Aided Civil and Infrastructure Engineering, 2019, 34(10): 877-896.

[155] TEDJOPURNOMO D A, BAO Z, ZHENG B, et al. A survey on modern deep neural network for traffic prediction: Trends, methods and challenges[J]. IEEE Transactions on Knowledge and Data Engineering, 2020:1.

[156] LV Y, DUAN Y, KANG W, et al. Traffic flow prediction with big data: a deep learning approach[J]. IEEE Transactions on Intelligent Transportation Systems, 2014, 16(2): 865-873.

[157] HOCHREITER S, SCHMIDHUBER J. Long short-term memory[J]. Neural computation, 1997, 9(8): 1735-1780.

[158] MA X, TAO Z, WANG Y, et al. Long short-term memory neural network for traffic speed prediction using remote microwave sensor data[J]. Transportation Research Part C: Emerging Technologies, 2015, 54: 187-197.

[159] TIAN Y, PAN L. Predicting short-term traffic flow by long short-term memory recurrent neural network[C]. 2015 IEEE international conference on smart city. IEEE, 2015: 153-158.

[160] DING F, ZHANG Z, ZHOU Y, et al. Large-scale full-coverage traffic speed estimation under extreme traffic conditions using a big data and deep learning approach: Case study in China [J]. ASCE Journal of Transportation Engineering, Part A: Systems, 2019, 145(5): 1.

[161] 冉祥栋. 基于深度学习的交通时间预测模型与方法研究[D]. 北京:北京科技大学,2016.

[162] 马焱棋,林群,赵昱程,等. 基于深度学习LSTM对交通流状态的预测[J].数学的实践与认识,2021,51(4):47-56.

[163] 李文书,邹涛涛,王洪雁,等. 基于双尺度长短期记忆网络的交通事故量预测模型[J]. 浙江大学学报(工学版),2020,54(8):1613-1619.

[164] ZHAO Z, CHEN W, WU X, et al. LSTM network: a deep learning approach for short-term traffic forecast[J]. IET Intelligent Transport Systems, 2017, 11(2): 68-75.

[165] CHO K, VAN MERRIËNBOER B, BAHDANAU D, et al. On the properties of neural machine translation: Encoder-decoder approaches[J]. Computer Science, 2014:1.

[166] FU R, ZHANG Z, LI L. Using LSTM and GRU neural network methods for traffic flow prediction[C]. 31st Youth Academic Annual Conference of Chinese Association of Automation. IEEE, 2016: 324-328.

[167] MA X, DAI Z, HE Z, et al. Learning traffic as images: a deep convolutional neural network for largescale transportation network speed prediction[J]. Sensors, 2017, 17(4): 818.

[168] DAI X, FU R, ZHAO E, et al. DeepTrend 2.0: A light-weighted multi-scale traffic prediction model using detrending[J]. Transportation Research Part C: Emerging Technologies, 2019, 103: 142-157.

[169] CHEN M, YU X, LIU Y. PCNN: Deep convolutional networks for short-term traffic congestion prediction[J]. IEEE Transactions on Intelligent Transportation Systems, 2018, 19(11): 3550-3559.

[170] LV Z, XU J, ZHENG K, et al. Lc-RNN: A deep learning model for traffic speed prediction[C]. IJCAI. 2018: 3470-3476.

[171] WU Y, TAN H, QIN L, et al. A hybrid deep learning based traffic flow prediction method and its understanding[J]. Transportation research, 90(5), 166-180.

[172] LIANG Y, CUI Z, TIAN Y, et al. A deep generative adversarial architecture for network-wide-spatial-temporal traffic state estimation[J]. Transportation Research Record, 2018, 45: 87-105.

[173] LI Z, XIONG G, CHEN Y, et al. A hybrid deep learning approach with GCN and LSTM for traffic flow prediction[C]. 2019 IEEE Intelligent Transportation Systems Conference (ITSC). IEEE, 2019: 1929-1933.

[174] GUO S, LIN Y, FENG N, et al. Attention based spatial-temporal graph convolutional networks for traffic flow forecasting[C]. Proceedings of the AAAI Conference on Artificial Intelligence. 2019, 33(1): 922-929.

[175] YU B, YIN H, ZHU Z. Spatio-temporal graph convolutional networks: A deep learning framework for traffic forecasting[C]//International Joint Conference on Artificial Intelligence. International Joint Conferences on Artificial Intelligence Organization, 2018:1.

[176] LEE K, RHEE W. DDP-GCN: Multi-graph convolutional network for spatiotemporal traffic forecasting[J]. arXiv preprint:1905.12256, 2019.

[177] 陈喜群,周凌霄,曹震.基于图卷积网络的路网短时交通流预测研究[J].交通运输系统工程与信息,2020,20(4):49-55.

[178] ZHAO L, SONG Y, ZHANG C, et al. T-GCN: A temporal graph convolutional network for traffic prediction[J]. IEEE Transactions on Intelligent Transportation Systems, 2019, 21(9): 3848-3858.

[179] LI Y, YU R, SHAHABI C, et al. Diffusion convolutional recurrent neural network: Data-driven traffic forecasting[J]. arXiv preprint:1707.01926, 2017.

[180] YU J J Q, GU J. Real-time traffic speed estimation with graph convolutional generative

autoencoder[J]. IEEE Transactions on Intelligent Transportation Systems, 2019, 20 (10): 3940-3951.

[181] PAN Z, LIANG Y, WANG W, et al. Urban traffic prediction from spatio-temporal data using deep meta learning[C]. Proceedings of the 25th ACM SIGKDD International Conference on Knowledge Discovery & Data Mining. 2019: 1720-1730.

[182] CUI Z, LIN L, PU Z, et al. Graph Markov network for traffic forecasting with missing data [J]. Transportation Research Part C: Emerging Technologies, 2020, 117: 102671.

[183] WANG P, KIM Y, VACI L, et al. Short-term traffic prediction with vicinity Gaussian process in the presence of missing data[C]. Sensor Data Fusion: Trends, Solutions, Applications (SDF) IEEE, 2018: 1-6.

[184] DIAO Z, WANG X, ZHANG D, et al. Dynamic spatial-temporal graph convolutional neural networks for traffic forecasting[C]. Proceedings of the AAAI Conference on Artificial Intelligence. 2019, 33(1): 890-897.

[185] 李朝阳, 李琳, 陶晓辉. 面向动态交通流预测的双流图卷积网络[J]. 计算机科学与探索, 2020: 1-16.